下

婴幼儿生活探究课程

叶平枝——主编

刘　宁　覃文希　向嘉欣——副主编

教育科学出版社
·北京·

自　序

学前教育是 0 到 6 岁的教育。比较而言，3~6 岁的教育在理论和实践工作者的共同努力下取得了长足的进步，但 0~3 岁的教育却少人研究。对此，我们应该树立“大学前观”。当我们强调学前教育重要性时，一定要认识到学前教育并非只是 3~6 岁的教育，还包括 0~3 岁的教育，后者的重要性绝不亚于前者。在幼儿“三岁看大七岁看老”的关键时期，0~3 岁的科学保育和教育不能缺位。

作为跨越医学、心理学和学前教育三个学科的学前教育学者，我一直关注着 0~3 岁婴幼儿的保育和教育问题。近年来，我们团队在托育人才核心素养、托育课程的国际比较、托育课程的研发和实践方面进行了一些研究。本课程就是我们的研究成果之一。我们基于婴幼儿的发展特点和保教规律，特别是依据《托育机构保育指导大纲(试行)》进行了数年的理论和实践研究，进行了三年的实践检验和不断完善，直至本课程相对成熟、效果良好方敢正式出版。

托育机构是幼儿从家庭走向社会的第一个社会生活场域，这个场域不应该是训练的、挤压的、冷漠的、与生活和游戏分离的、不专业的，而应该是顺应幼儿天性的、生活的、游戏的、温情的、安全的、回应性的、专业而科学的。为此，本课程在如下四个方面力求有所进步。

一是幼儿天性和特点研究。这也是幼儿观的研究，是托育的基础和灵魂。对幼儿的不同看法就会有不同的教育。比如，将幼儿看成是一张白纸，未开发的宝藏，就会以填鸭和开发的方式进行教育，其结果可能带来幼儿天性的压抑、过度开发的不可持续性甚至各种身心伤害。结合已有研究，我们对于幼儿的认识主要集中在四个方面：丰富性、可塑性、脆弱性和游戏性。丰富性是指幼儿并不是一张白纸，而是带着人类发展的基因来到人世，他们是天生的艺术家、科学家、哲学家、探索者、学习者和游戏者。我们需要尊重和倾听幼儿，努力理解和读懂他们，给他们急需的安全和温情，帮助他们建立信任感和安全感。可塑性是指幼儿是出生后最具可塑性的阶段，处于生长发育的第一个高峰期，学习能力最强，是建立基本信任、基本情感、自我意识和个性发展的关键期。脆弱性是指幼儿正处于生理和心理非常脆弱的阶段，免疫力低，各个系统和组织比较娇嫩，容易生病，或者产生心理问题和心理隐患。游戏性是幼儿的天性，是他们学习发展的良好载体，也是他们身心健康成长的基础。

二是意向目标的确立。基于《托育机构保育指导大纲（试行）》的目标，本课程以思维倾向的养成为主干，以幼儿发展的九大必备能力为指向，建立了幼儿发展的完整目标体系。如果将这一目标体系比喻成为一棵小树苗的话，营养与喂养、睡眠、生活与卫生习惯、动作、语言、认知、情感与社会性发展等七大领域是树根，奠定幼儿全面发展的基础。积极思维、成长思维、探究思维是树干，决定幼儿生长的方向。生活能力、运动能力、语言能力、学习力、自信力、情绪情感能力、交往力、审美力和创造力等九大关键能力是树冠，决定幼儿发展的深度和广度。尽管这些方面的发展在幼儿阶段是初步的，但已经奠基了他们的未来发展根基。

幼儿发展意向目标体系构成

三是科学课程观的建立和重视。什么是课程？如果将课程与学科、教材等系统知识划等号，托育机构肯定是没有课程的，幼儿园也不会有课程。但是，如果将课程视为幼儿所获得的经验以及这些经验的质量和有效性，那么，就必须关注课程。课程具有目标性、选择性、系统性、连续性、有效性、前瞻性等特点，这些特点也是教育是否专业的衡量指标。课程是专业机构教育的心脏和载体，离开了课程就谈不上教育机构的专业性。所以，无论是托育机构、幼儿园都需要确立课程的重要性，如果只谈教育淡化课程无疑也在弱化这些机构的专业性。托育作为人生基础教育，根的教育，往往是差之毫厘失之千里的。所以，必须对这一时期的课程进行深入、专业的研究，就像研究高楼大厦的根基如何打牢一样重要。

四是托育课程的重点。为什么称为托育？这肯定是保育为先的，幼儿阶段的脆弱性和生活能力的低水平决定了这一阶段必须要保育为先。在保育中进行教育，在保证幼儿健康第一的基础上进行保教结合。因此，托育课程首先要以保育为先，保育为重。托育课程中的保育内容必须是主导的、重要的。其次，幼儿阶段的依恋是其生存发展的基础，也是奠定未来发展和幸福的基石，托育课程应把如何与幼儿建立安全依恋，满足幼儿情感需要作为重点，这既是保育也是教育。课程有助于托育人员与幼儿建立良好的关系和互动，营造充满温情的氛围和环境。再次，幼儿的活动和学习受到天性的引导，常常是无意识的、本能的，当然也是充满内在动机的。这时候的教育一定要尊重幼儿的天性和本能，开展回应性教育，进行因势利导的顺应和引领，一定是幼儿视角的，幼儿为本的。但是，幼儿为本并不否定保教人员的作用，他们有目标有方向有辨别力，才能清晰怎么顺应，怎么因势利导，怎样开展根的教育，浇灌培育一棵棵幼儿的小树苗。因此，课程也应该具有一定的计划性（预成性），具有意向性目标。所谓意向性目标就是方向性目标，弹性目标，可以帮助保教人员把握幼儿的兴趣和需要，进行有价值的生成。本课程不仅提供了意向性目标和意向性活动，还在每个活动后提供保教人员生成指引，帮助保教人员将预成和生成相结合。最后，让幼儿在情境中进行自然的探究和游戏。情境中的探究是自然的、整合的、充满吸引力的，也是温暖、自在、饶有兴趣的。幼儿在主题情境中，自然而然地被情境所吸引，感知、操作和探究情境中的各种相关事物，更容易获得有意义的学习，实现多方面的发展。这样的教育是整体的、情感的、润物无声和事半功倍的。因此，本课程以 12 个探究主题帮助幼儿在情境中体验、游戏、探究和发现，获得理想的发展。此外，为了能够帮助幼儿形成良性的思维模式，我们基于日常评价十余年的研究成果，在各个环节渗透积极性思维、成长性思维和探究性思维的影响，特别通过活动后的日常评价指引，帮助保教人员培养幼儿的三大思维。

本课程的研发酝酿已久。课程研发与课程实践同步进行，系统研究开始于2020年，2021年进行系统的实践检验。在课程研究过程中，广东新理念教育研究院的覃文希院长不仅给予课程研究的资金支持，还在课程理论和实践研究中提供了很多国外研究的宝贵资料，对课程进行积极的修改和完善。本课程由叶平枝教授全面负责，进行总体设计和统稿。在课程活动设计部分，大家集体讨论分头撰写再集体讨论，然后再反复修改，该部分由叶平枝、刘宁、孙维思、邱丽珍、吕茵、杨泳淇、刘心、肖生发、苏茵、张聪、陈映熹、邹燕君、吴灵灵等老师完成，刘宁老师、向嘉欣博士、吴灵灵老师、傅鑫老师、王志瑛老师对本课程不断优化完善。其中，刘宁老师、向嘉欣博士、王志瑛老师为本课程提供了很多创新性的理念和思路，做出了重要的贡献。几年来，多所幼儿园和托育机构参与实践检验和完善，比如，深圳小海豚托育园、广州市番禺区沙湾街浩贤幼儿园、广东省公安厅幼儿院、东莞翰林童爱托育园、广州市番禺区桥南街喜盈雅境幼儿园等，还有多位幼儿园和托育机构的同仁们在多次咨询会上提出宝贵意见，没有他们的信任、积极实践和智慧参与就不可能有我们今天的成果，在这里一并感谢！教育科学出版社学前教育分社赵建明社长、徐杰和孙冬梅编辑为本课程出版付出了大量心血，提高了本课程的质量。在此，我衷心地感谢团队各位同仁和出版社的领导及编辑！尽管我们都付出了极大的努力，但作为一本创新的托育专业课程，难免有疏漏和值得进一步探究的地方，期待各位读者不吝赐教。

叶平枝

2023年11月29日

目录

前　言

一、课程研发背景

（一）政府对托育事业空前重视

党的十九大首次将“幼有所育”作为保障和改变民生工作的重要内容之一，从此开启了托育元年。之后，政府密集颁布托育发展的各项政策，如《加大力度推动社会领域公共服务补短板强弱项提质量 促进形成强大国内市场的行动方案》《关于促进3岁以下婴幼儿照护服务发展的指导意见》《支持社会力量发展普惠托育服务专项行动实施方案（试行）》和《托育机构保育指导大纲（试行）》（简称《大纲》）。这些政策对托育机构的开办、管理和托育质量都提出了全面、具体的要求，不仅在托育服务的有效供给方面给予了充分的政策支持，也为托育服务的质量提供了政策保障。可以说，政府对托育工作空前重视。托育事业的发展对于减缓人口老龄化、促进经济发展、释放父母劳动力、继续保持一定程度的人口红利具有重要的作用。

（二）优质托育课程缺乏

目前，我国各类职前教育培养学校中较少设立0~3岁幼儿照护专业（早期教育专业），托育专业人才奇缺，托育机构缺乏高质量的托育课程。目前托育机构所使用的课程主要有：（1）国外或境外课程，如蒙台梭利课程、华德福教育、高瞻课程等；（2）领域课程，如美术课程、音乐课程、英语课程等；（3）大脑开发课程，如右脑开发课程、全脑开发课程等；（4）经验课程，根据育儿经验自主开发的课程。人们对这些课程的质疑是：这些课程是不是我国幼儿发展所需要的？是不是有科学的研究基础？对幼儿未来的发展是否具有良好的作用?

发展心理学家和神经科学家的研究表明:首先,尽管大脑结构在 3 岁前形成,但机会之窗在 3 岁就关闭的说法是毫无依据的。相反,大多数脑功能的机会之窗 3 岁以后仍然敞开。其次,没有证据支持过度刺激可以对幼儿大脑产生积极的和可测量的影响。最后,成人与幼儿所进行的专注的、滋养性的互动才是幼儿发展的重要影响因素[①]。0~3 岁的托育对孩子一生的发展至关重要,没有科学依据的课程对孩子的危害不可估量。2021 年 1 月 12 日国家卫生健康委印发了《大纲》,对幼儿营养与喂养、睡眠、生活与卫生习惯等保育重点工作提出了目标和要求。我们应以此作为课程研发的基础,依据科学的理论和实证研究研发真正能够促进幼儿发展的理想课程。

(三)《托育机构保育指导大纲(试行)》的印发

2021 年,为了给 3 岁以下幼儿提供科学、规范的照护服务,国家卫生健康委印发了《大纲》,这将积极推动托育机构专业化发展的历程。《大纲》包括总则、目标与要求、组织与实施三个部分。"总则"特别强调保育原则,强调托育机构的保育工作是幼儿照护服务的重要组成部分,是生命全周期服务管理的重要内容。"目标与要求"部分将幼儿的发展分为营养与喂养、睡眠、生活与卫生习惯、动作、语言、认知、情感与社会性七个方面,每一方面都从目标、保育要点和指导建议三个方面进行了规范和具体指导。"组织与实施"部分对托育机构的环境、托育机构负责人的责任、保育人员的要求、托育工作的要求、托育机构的疾病预防和安全保护以及托育机构与家庭社会的密切合作等方面进行了规定和指导。

根据《大纲》的保育原则、目标、保育要点和实施建议,我们研发了本课程,希望落实《大纲》规定的四项基本原则,即尊重儿童、安全健康、积极回应、科学规范。我们将《大纲》的"目标与要求""组织与实施"具体落地,通过创设适宜的环境,合理安排营养与喂养、睡眠、生活与卫生习惯、动作、语言、认知、情感与社会性等一日生活和活动,提供生活照料、安全看护、平衡膳食和早期学习机会,促进幼儿身体和心理的全面发展。

---

① Maguire-Fong M J. 与 0—3 岁婴幼儿一起学习:支持主动的意义建构者[M]. 罗丽,译. 北京:中国轻工业出版社,2020.

二、婴幼儿生活探究课程的理论依据

（一）依恋理论

在幼儿照护研究中，必须关注依恋理论的研究，因为情感的联结和生理的需要是幼儿健康发展的优势需要，这二者又在最初的互动中同时获得，这种获得是以依恋的形式呈现的。对于依恋，我们要把握如下几个方面。①

1. 依恋是幼儿与照护者所建立的情感联结。这种情感联结使幼儿获得舒适感、安全感和归属感，对于幼儿的生存和发展非常重要。

2. 与照护者建立的关系有安全依恋、回避依恋、抵抗依恋和混乱 / 紊乱依恋 4 种类型。安全依恋可以给幼儿带来健康的情感联结，给幼儿安全保障，使他们愿意交流和探索。

3. 建立了安全依恋的幼儿在角色游戏中表现得更精确、更热情、更灵活，在解决问题时更有耐心，4 岁的建立了安全依恋的幼儿被描述为自尊心强，社交能力强，善于合作，更自主，更受人欢迎，更有移情能力。可见，幼儿期的安全依恋对日后的认知、情绪、社会性发展和个性发展都有积极的影响。

4. 幼儿不仅可以与父母产生依恋关系，还可以与兄弟姐妹、老师等熟悉的人产生依恋关系。

5. 安全依恋的稳定性最强，但也会受到照护者后期的教养品质的影响。如果后期照护者对孩子冷漠、不敏感，安全依恋也会转化为不安全依恋。相反，不安全依恋也会因为后期的教养品质的提升而改善。

上述理论和实证研究说明，依恋对于幼儿情感的满足和身心发展具有重要价值，幼儿可以与多个照护者建立依恋关系。依恋虽然在 2 岁前建立，却可在随后的生活中改变，托育机构的工作人员需要与幼儿建立安全依恋关系，给予幼儿关爱、倾听、积极回应和悉心照料。

---

① 贝克 . 儿童发展：第五版［M］. 吴颖，等译 . 南京：江苏教育出版社，2002.

（二）最近发展区理论

维果斯基的最近发展区理论给出的启示包括以下几个方面。①

1. 儿童发展是一个社会建构和共享的过程。成人对幼儿的发展具有促进作用，他们可以在幼儿的最近发展区内，通过与幼儿互动，激发幼儿正在萌芽的心理机能并实现它，然后通过日常的文化和社会传递将幼儿从自然人引向社会人。

2. 幼儿的发展不是自然而然的，是教师激发或发现了幼儿的兴趣，促进了幼儿在最近发展区内发展，发展的内在规律决定了幼儿发展的状况。

3. 幼儿的发展是在直接经验和探究中进行的，游戏、操作、互动等亲身经验是其发展的主要途径。

（三）发展适宜性教育

幼儿教育首先是发展适宜性的，值得借鉴的原则包括以下几个。②

1. 幼儿发展的多个领域都是重要的且相互关联的，营养与喂养、睡眠、生活与卫生习惯、动作、语言、认知及情感与社会性都要全面和谐地发展。

2. 幼儿的发展具有快慢、领域等个体差异。

3. 发展和学习结果既有生理成熟的原因，也是经验的持续动态积累的结果。

4. 幼儿的早期经验对其发展和学习有着深远的影响，也存在着发展的关键期。

5. 成人与幼儿建立安全、持续的关系会促进幼儿积极发展。

6. 游戏可促进幼儿自我调控、语言、认知和社会交往等多方面的发展。

7. 幼儿在最近发展区内发展可以变得越来越卓越。

8. 幼儿的经验会影响他们的思维方式和学习品质的发展。

（四）自我决定论

该理论是美国心理学家德西（Esward L. Deci）和瑞安（Richard Ryan）共同提出的，关心的中心问题是一个人的行为究竟是自主的还是受控的。真正自主的行为是由

---

① 冯晓霞 . 幼儿园课程［M］. 北京：北京师范大学出版社，2000.

② Copple C，Bredekamp S. 0—8 岁儿童发展适宜性教育［M］. 刘焱，等译 . 北京：中国轻工业出版社，2021.

内在动机所驱动的。内在动机是创造、责任、健康行为和持久改变的核心所在。德西发现，学龄前儿童对世界充满了好奇，渴望探究和学习，到了学校却开始丧失了学习的动力，其主要原因是忽视了内在动机的缘故。德西提出提升内在动机的三个因素：自主、胜任和联结。将这一理论应用在托育课程中，我们需要做到如下几个方面。

1. 幼儿的内在动机是其生命力的体现，表现在好奇、好问、好探索，我们要珍视这些宝贵的内在动机，并给予积极的激发、回应和满足。

2. 在保证安全的前提下，尽可能让幼儿自主，托育课程以幼儿自主性的发挥为课程设计和实施的重要目标之一。

3. 托育课程应能让幼儿获得更多的成就感、胜任感，成人提供支架帮助幼儿获得胜任感，并给予积极的鼓励，让幼儿自己激励自己。

4. 关爱幼儿，以积极乐观的态度对待他们，以观察和倾听读懂他们，与他们建立良好的关系，让他们能够自在、轻松、没有压力地表达自己的情绪和感受。

三、婴幼儿生活探究课程的意向目标

婴幼儿生活探究课程并没有必达的目标，而是根据《大纲》和幼儿的发展规律确定了婴幼儿生活探究课程的意向目标——所谓意向目标是方向性的弹性目标，可根据幼儿的兴趣和需要进行调整。这些意向目标可概括为培养具有三大思维、九大能力，全面发展的中国儿童。幼儿发展就像一枚冲向浩瀚天空的火箭，意向目标决定了这枚火箭的方向和承载内容（见图 0-1）。

图 0-1 婴幼儿生活探究课程意向目标图

其中，积极思维、成长思维、探究思维是火箭头，指向发射的方向；生活能力、运动能力、语言能力、学习力、自信力、情绪情感能力、交往力、审美力和创造力等九大关键能力是火箭的助推器；营养与喂养、睡眠、生活与卫生习惯、动作、语言、认知、情感与社会性发展等七大领域的全面发展是火箭主体。

（一）全面发展意向目标

《大纲》是本课程遵循的政策文本，其中的全面发展目标如表 0–1 所示。

表 0–1　《大纲》中七大领域的目标

领域	目标
营养与喂养	1. 获取安全、营养的食物，达到正常生长发育水平； 2. 养成良好的饮食行为习惯。
睡　眠	1. 获得充足睡眠； 2. 养成独自入睡和作息规律的良好睡眠习惯。
生活与卫生习惯	1. 学习盥洗、如厕、穿脱衣服等生活技能； 2. 逐步养成良好的生活卫生习惯。
动　作	1. 掌握基本的大运动技能； 2. 达到良好的精细动作发育水平。
语　言	1. 对声音和语言感兴趣，学会正确发音； 2. 学会倾听和理解语言，逐步掌握词汇和简单的句子； 3. 学会运用语言进行交流，表达自己的需求； 4. 愿意听故事、看图书，初步发展早期阅读的兴趣和习惯。
认　知	1. 充分运用各种感官探索周围环境，有好奇心和探索欲； 2. 逐步发展注意、观察、记忆、思维等认知能力； 3. 学会想办法解决问题，有初步的想象力和创造力。
情感与社会性	1. 有安全感，能够理解和表达情绪； 2. 有初步的自我意识，逐步发展情绪和行为的自我控制； 3. 与成人和同伴积极互动，发展初步的社会交往能力。

（二）思维方式发展意向目标

从建构主义学习理论来看，学习是以原有的经验、心理结构和信念为基础来建构的，具有主观性、社会性和情景性。新西兰 1996 年颁布的学前教育课程纲要引入了

“工作理论”的概念，认为每名幼儿都具备独特的认知世界的思维方式和行为方式。这些思维方式和行为方式有助于幼儿（和成年人）参与家庭、社区和文化生活，理解他人和世界。[①] 这些思维方式和行为方式其实就是看待事物的角度和方法，如能在幼儿时期建立积极的思维方式，对其后期的经验建构和个性建构有着至关重要的影响。基于积极心理学和学习心理学的研究，我们提出积极思维、成长思维和探究思维 3 种思维方式，并提出了如下目标。

1. 积极思维

积极思维就是从积极的角度看待事物，与积极思维相对的就是消极思维。幼儿建立积极思维有助于幼儿养成乐观的个性。积极思维有如下表现。

（1）爱笑。

（2）积极情绪较多。

（3）容易转换负性情绪，如容易破涕为笑。

2. 成长思维

成长思维主张天赋只是起点，人的才智通过锻炼可以提高，只要努力就可以做得更好。与固定型思维相对，成长思维关注过程而不是结果。不断成长是幼儿的天性，支持并激励他们成长，以发展的眼光看待幼儿的错误会保持幼儿宝贵的成长思维，这也是“日新”精神的思维基础。成长思维有如下表现。

（1）不怕挫折，愈挫愈勇。

（2）愿意倾听并接受成人的建议。

（3）精力旺盛，喜欢探索。

3. 探究思维

探究思维就是深度探究、专注探索和打破砂锅问到底的思维习惯，与浅尝辄止相对。幼儿对世界充满好奇，喜欢对世界进行探索和询问。欣赏并保持这种探究习惯就可以发展幼儿的探究思维。探究思维有如下表现。

（1）好奇心强，喜欢探究。

（2）做事情比较专注。

（3）喜欢游戏，喜欢提问。

---

① Hedges H，Jones S. Children’s Working Theories： The Neglected Sibling of Te Whariki’s Learning Outcomes［J］. Early Childhood Folio，2012，16（1）： 34–39.

（三）关键能力发展意向目标

1. 生活能力：具有简单的生活能力。

（1）摆脱大人的帮助，自己照顾自己，成功带来的快乐和失败带来的沮丧同时存在，并快速地互相转化。

（2）对秩序敏感，表现为喜欢遵守固定的流程、用固定的器具等。

2. 运动能力：具有基本的活动和运动能力。

运动能力是幼儿身体形态、身体素质、身体机能、活动能力和适应能力等因素的综合表现。

（1）具有自我意识和一定的适应能力。

（2）能运用各种感官去探索事物。

（3）身体发育良好，能够维持一定的运动量。

（4）具备基本的生活技能，经过引导，能够形成良好的生活习惯。

3. 语言能力：倾听、理解、表达语言的能力。

（1）说话积极性高，能快速学会新的词语和句子，说的话以简单句为主。

（2）喜欢听大人对自己说话，能理解直接感知的语言和非直接感知的、简单的叙述性语言，比如故事，尤其喜欢韵律性强的儿歌，喜欢跟读。

4. 学习力：通过学习认识事物，获得发展。

（1）具有强烈的好奇心和探索兴趣。

（2）思维具有直觉行动性，在行动中思考，在操作中认识。

（3）注意力维持的时间较短。

5. 自信力：通过不断探究获得相信自己的能力。

（1）通过感受家庭和外部环境中温暖、和谐、愉快的氛围来建立内在的安全感，进而愿意自主探索周围环境。

（2）在独立自主的探索活动中，体验获得成功的喜悦。

（3）能通过周围人积极的评价与反馈来获取对自己的肯定。

6. 情绪情感能力：可初步感受、认识、表达和管理自己的情绪情感。

（1）感受并在行为中表现出很多复杂的情绪，会用简单词语表达一些情绪，用自己的方式对自己不喜欢的境况做出反应，包括哭泣和忍耐。

（2）能判断自己的行为是好还是坏，能辨别别人的态度（友好、难过、愤怒等）。

（3）开始练习等待或轮流做事，对参与活动感到愉快，无法继续玩玩具或参与活动时会哭。

7. 交往力：能与成人和同伴建立并维持亲密关系。

（1）用自己的名字来指代自己，有独立完成一件事的意愿，越来越多地用“不”来表明自己的独立。

（2）在放松的情境下乐于玩耍和探索环境中的事物，并分享给亲近的人。

（3）越来越注意到同伴的存在，从模仿其他幼儿的游戏，慢慢过渡到尝试加入同伴的游戏，还会出现性别特征明显的游戏倾向。

（4）有一颗关心他人的心，慢慢发展出安慰、谦让与分享等亲社会行为。

8. 审美力：具有初步感受、喜欢、评价和创造美的能力。

（1）认识基本的颜色和形状，具有初步的审美感知。

（2）想象与记忆的界限不明显，审美想象依靠感知动作，特别是视觉形象。

（3）有初步的自我意识，移情能力开始发展，具有初步的审美情感。

9. 创造力：具有一定的想象力。

（1）好奇心强烈，有探索和操作的欲望。

（2）喜欢观察、模仿他人。

（3）具有能够基于现实事物进行较为合理的想象的倾向。

四、婴幼儿生活探究课程的内容

（一）婴幼儿生活探究课程的主题

婴幼儿生活探究课程的主题及幼儿发展的关键能力见表 0–2。

表 0–2　婴幼儿生活探究课程的主题及幼儿发展的关键能力

主题	关键能力
开心乐园	自信力、生活能力
我的情绪	情绪情感能力、生活能力

续表

主题	关键能力
秋天来了	学习力、审美力
五感	审美力、创造力
冬天真好玩	学习力、自信力
新年到	学习力、交往力
幸福一家人	生活能力、情绪情感能力
美好的春天	审美力、创造力
好饿的毛毛虫	语言能力、运动能力
神气的小动物	学习力、运动能力
夏天	创造力、情绪情感能力
交通工具	交往力、自信力

（二）婴幼儿生活探究课程的一日生活安排

在托育班级的一日生活中，游戏与生活为基本活动，它们占据了大部分的时间。从组织形式来看，游戏和生活各自都有集体、小组与个别活动，这取决于活动内容的需要以及幼儿的发展水平。

1. 托育班级一日生活安排的要点

（1）入园和离园时间

半日入园和全日入园是托育班级常见的两种主流入园形式。全日制托育园一般早上 7:30~8:30 入园（见表 0–3、表 0–5），少数托育班级不提供早餐，幼儿通常在 8:30~9:00 入园。半日入园的托育园所一般有上午入园和下午入园两种方式，上午半日入园的孩子通常和全日入园的孩子一起入园，在午饭后回家（见表 0–4）；下午半日入园的孩子比较少，一般在午睡后入园，离园时间与全日入园幼儿一致。

表 0–3　深圳市托育机构一日生活安排表

班级种类	活动时间	活动内容
托小班 托大班	7:30~8:00	入园、晨检
	8:00~8:30	早餐

续表

班级种类	活动时间	活动内容
托小班 托大班	8:30~9:00	盥洗、饮水、如厕、自主游戏
	9:00~10:00	户外活动
	10:00~10:30	盥洗、饮水、如厕、餐点
	10:30~11:30	自主游戏 / 集体游戏
	11:30~11:45	盥洗、如厕
	11:45~12:15	午餐
	12:15~12:30	漱口、餐后自主活动
	12:30~15:00	午休
	15:00~15:30	盥洗、饮水、如厕、餐点
	15:30~16:30	户外活动
	16:30~17:30	自主游戏 / 离园

表 0–4　婴幼儿生活探究课程半日生活对照表

时间	半日活动	幼儿生活探究课程
7:30~8:30	入园、班级整理	晨新时刻
8:30~9:00	早餐、餐后整理和如厕	生活时刻
9:00~10:00	户外活动，小组活动	户外时刻 游戏（学习）时刻
10:00~10:30	整理、交流与水果餐	生活时刻
10:30~10:45	大组活动（故事 / 音乐 / 音乐表演 / 生活探究 / 感官探究……)	游戏（学习）时刻
10:45~11:30	室内自主游戏，老师的个别指导	区域时刻
11:30~12:30	整理，如厕，准备午餐、吃午餐	生活时刻
12:30	离园	再见时刻

表 0–5 婴幼儿生活探究课程一日生活对照表

时间	一日活动	幼儿生活探究课程
7:30~8:30	入园、班级整理	晨新时刻
8:30~9:00	早餐、餐后整理和如厕	生活时刻
9:00~10:00	户外活动，小组活动	户外时刻 游戏（学习）时刻
10:00~10:30	整理、交流与水果餐	生活时刻
10:30~10:50	大组活动时间（故事 / 音乐 / 音乐表演 / 生活探究 / 感官探究……)	游戏（学习）时刻
10:50~11:30	室内自主游戏，老师的个别指导	区域时刻
11:30~14:45	整理，如厕，午餐准备、吃午餐及餐后整理，散步，午睡准备及午睡	生活时刻
14:45~15:30	起床整理，如厕、餐点	生活时刻
15:30~15:45	大组活动（故事 / 音乐 / 音乐表演 / 生活探究 / 感官探究……）	游戏（学习）时刻
15:45~16:30	室内 / 室外自主游戏	户外时刻
16:30	整理，如厕，离园	再见时刻

（2）尊重幼儿当下的兴趣，安排一日活动

稳定的一日生活安排有助于幼儿建立安全感和秩序感，托育班级的幼儿每天会遵循可预测的时间表，进行生活、游戏、运动、学习和休息。当孩子们不在睡觉和进餐的状态下时，保教人员就会积极地与他们一起活动。但是，托育班级不要求每名幼儿一定按照班级的时间表来依次完成各项活动，比如有时孩子不想参加老师发起的集体活动，那么他就可以在其他教师的看顾下，在一旁自由游戏。老师会在一对一的指导时间帮助幼儿进行相应的练习，获得应有的发展。比如有的孩子在生活环节对数字产生了兴趣，教师就根据兴趣即时进行教育，组织一个简短、好玩的一对一游戏。可以说，托育班级的一日活动安排既稳定又灵活，保教人员须随机应变，根据“兴趣优先”的原则来安排活动。

（3）更加重视户外活动时间

托育班级的户外活动格外重要，越小的孩子越是迫切需要新鲜的空气和随意活动身体的自由。研究表明，这个年龄阶段的幼儿其大脑发育仍和动作发展密切相关，充分且合理的户外活动有利于幼儿更专注地投身到学习活动当中。因此，在托育班级中，只要天气允许，最好在上午和下午都安排户外活动。在婴幼儿生活探究课程中，户外活动不局限于体育活动、体育游戏，与主题相关的有目的的学习和游戏活动也可以放在户外进行。

（4）强调“弹性”的价值

科学合理的一日生活安排会带给幼儿强烈的安全感和归属感，是幼儿学习与发展的基础。托育园所一日生活安排强调“弹性”的价值，这是因为幼儿年龄越小，完成活动的节奏差异就越大，因此园所一日生活的安排要兼顾集体与个体的时间节律。表现在一日生活安排表上，除划分幼儿一日生活的必要活动节点外，不要过分将一日时间碎片化，要给幼儿的活动留有“可商讨”的空间。表现在活动实施过程中，教师不要求所有活动都整齐划一的开启和结束，因为整齐划一的节奏势必会造成很多不必要的等待，也会无形中给幼儿带来压力，教师应允许幼儿根据自己的需要选择进入或退出活动。

（5）重视生活活动的价值

重视“生活活动”的价值则是因为，此年龄段的幼儿最感兴趣、最能获得价值感的事情就是胜任诸如吃饭、换衣、如厕等生活上的任务。生活活动也是幼儿与照料者进行密切的一对一互动、让幼儿获得安全感以及发展学习能力的时间，所以，教师不要回避幼儿在生活环节所遭遇的困难，不要包办代替，因为这样很可能让幼儿错失成长以及建立自信的机会。请留足生活环节的时间，并鼓励和帮助幼儿接受生活自理方面的挑战，比如，鼓励幼儿参与“家务整理”。参与生活、家务是幼儿共同的兴趣，在其中，他们不仅与各种人和事打交道，发现世界运行的规律，而且还会在“助人”的过程中形成积极的自我概念和交往技能。有研究发现，帮大人做家务可以让孩子的脾气明显稳定下来，得到了大人的感谢和夸赞后，这种效应尤其明显。所以，即便在托育园所的集体场景中，教师也应该将足够多的“家务”交由幼儿来做，比如餐前、餐后、游戏后、睡前、睡后等时间的生活整理事项。

（6）组织集体如厕和提醒个别如厕相结合。

1.5~3 岁幼儿是建立主动如厕技能的关键时期。教师需要根据幼儿一日生活安排建立有规律的如厕常规，组织幼儿定时如厕，同时，也需要满足幼儿的个性化需求，以组织集体如厕与提醒个别如厕相结合。在此基础上，教师需鼓励幼儿随时随地勇敢提出如厕的需要，并学会如何请求教师的协助。

2. × × 托育园一日生活记录

每个孩子都可以有和其他孩子不完全一样的一日活动，他们的个性特征、生理需求应被充分地重视。× × 托育园老师对所在班级幼儿一日生活的记录将直观地描述“幸福课程”的一日安排。

× × 托育园的一日生活

在我们班上，一共有 20 名 2~2 岁半的孩子，我和芙（副班主任）、叶（保育教师）共同照看他们。

入　园

早上 7 点 30 分，托育园开门了，孩子们陆陆续续来到幼儿园。芙早早地等在园所门口，将孩子从家长手里接过来，提醒家长是否有需要交代的事情，并且和孩子一起与家长告别。这种郑重的“交接”仪式每天都在上演，这样做是为了帮助孩子们在心理上进行“交接”，孩子们知道自己即将离开父母，从家中来到幼儿园，做好开启一天集体生活的准备。（晨接问好）

“交接”仪式完成后，芙目送着孩子们前往教室。我站在教室内远远地看着孩子们走过来，热情地和他们打招呼。当孩子们走近时，我们相互拥抱、问候，孩子们自己脱掉鞋袜，换上室内拖鞋，就像回到家一样，这样的行为让孩子们在幼儿园感受了到家的温暖、舒适、自在。我会在旁边静静地看着他们，让孩子们知道当需要帮忙时我一直都在。（晨间整理）

对于来得早的孩子，我会请他们去照看一下小鱼和植物（我在班级里养了很多动植物，孩子们都很喜欢照顾它们）。当然，他们也可以帮助我和叶进行备餐，如擦桌子、摆椅子。（早餐准备）

早　餐

8 点 15 分，餐车来了。叶将一桶桶的饭菜拎过来，我招呼孩子们将餐垫摆到自己的位置上，然后去洗手。接着他们走到叶的身边，接过我递过来的餐盘，依序将餐盘放在分餐的桌面上，方便叶将饭菜放进餐盘里。叶在盛餐的时候，会轻轻提醒孩子们如何端稳。孩子们说完“谢谢”就小心地将餐盘端到自己摆好的餐垫上。

自主取餐的过程难免会有洒落、倾倒的情况出现，但一些突发情况的发生有时候也会变成机会，孩子们不就是在各种经历中成长的吗？我们为孩子们的进餐环节留足了时间，不仅仅是因为他们吃饭慢一些，更是为他们留出收拾的时间。哪怕孩子年龄很小，我们依然鼓励他们效仿教师，自主收碗、擦桌子以及捡起不小心掉落在地上的食物。

餐后整理

早饭后是故事时间。孩子们吃完饭的时间不同，吃完并收拾好的孩子来找我或芙。孩子们可以挑选他们想听的绘本，让我讲给他们听，有时我也会带新的故事来。除了讲故事，我们还会聊自己的故事，如在家里或来幼儿园路上发生的事（晨间谈话）。等大部分孩子过来后，我们开始听音乐、做律动（晨新律动）。读绘本、聊天以及播放音乐做律动，这些是我们每天都做的事情，但不是每名幼儿都被要求必须加入，“不打扰他人地、专注地做事情”是我们统一遵循的原则，因为总会有孩子不愿意加入，想要坐在椅子上静静地发呆或做其他事情，在我们的活动室内，这是被允许的，孩子们可以专注地做自己的事情，不用担心被打扰。

户外游戏时间

大约 9 点钟，在愉快地度过了早餐后的消遣时光后，我们和孩子们就充满期待地来到了户外。（早餐后，大多会接着自由游戏，根据天气的情况，可能是在户外自由游戏，也可能是在室内自由游戏。一般不建议餐后就进入集体学习时间，这点和大孩子有些不同。集体学习时间通常是在充分游戏之后，如户外游戏回来后、用过点心后，因为适量的运动更有利于学习，已有研究证明了这一点。）户外时间对于孩子们来说是充满魔力的，大多数时候孩子们在户外自由地玩耍，我们可以在户外放置很多低结构的材料，孩子们可以用充满想象力的方式在户外游戏，一个木桩便可以令他们沉迷许久。有些时候，我和芙会发起一些挑战，有时是帮助孩子们发展大肌肉的体育活动，有时是启发孩子们进行探索和体验的活动，后者往往与主题相关。此外，我们还会将音乐、美术等活动搬到室外，因为宽阔的、无拘无束的场地会激发出孩子们更多的热情。在户外的时长与天气状况有关，但通常不会超过 1 小时。

整理和吃水果餐

大约 10 点，孩子们回到室内，在洗手、如厕之后，开始换衣服。有些孩子有能力并且也要求自己换衣服，有些孩子想要自己换衣服但却做不到，还有一些孩子不愿意自己换衣服，这些情况每天都有，而且可能在一个孩子身上同时出现。面对这种情况，我们不轻易出手相帮，而是鼓励孩子们做力所能及的事情，哪怕仅仅是将书包递给老师这样简单的事情。不同的孩子想做的事情不一样，我们不要求所有的孩子在同样的时间达到同样的水平，只要孩子有意愿自己做，他就会获得充足的时间和鼓励来尝试。我们三个人都需要时刻关注每个孩子的状态并给予他们恰当的建议。在刚刚开学的一个月，叶会借助一个大娃娃道具，将换衣服的整个过程演示给孩子们。换过衣服的孩子去接水，接着就是他们的水果时光了。这个过程是休息和放松的时间，孩子们像是回到家中。这大概会持续30分钟。

伴随着孩子们享用水果，我和芙开始播放孩子们刚刚游戏的视频或照片，我们会讨论“发生了什么”“他怎么了”等问题，这不仅锻炼了孩子们的语言表达能力，更能通过回忆发展孩子们的记忆力和表征能力，通过推测别人的想法发展孩子们的心理理论。所以，我们每天都会以讨论刚刚发生的事情作为水果餐结束的尾声。

大组活动

水果餐结束之后，我和芙走到班里的大地毯上，这是一个信号，是我和芙想和孩子们坐在一起开始集体教学活动的信号。集体教学活动来自课程计划（我一般提前一周制订课程计划），但是也会因为中间孩子们的表现而提前一天临时更改，或者因为当天孩子们在户外有特别的发现而随时更改。为托班孩子制订集体活动计划需要考虑各种可能性，所以，我和芙常常会随机应变，最重要的是，时刻呼应孩子们的兴趣和最近发展区。

区域活动

集体活动之后，孩子们四散开来，开始自由自在的室内游戏。孩子们在室内游戏区的投入让我们成人都感到钦佩，大多数孩子比较清楚自己要去哪里、做什么，并能够较为专注、持续地进行自主游戏。当然也会有孩子突然变得迷茫而无所事事。这个时候我会告诉孩子们，如果不知道想要玩什么可以来找我玩，大多数与我秘密聊天的孩子很快就会找到自己的“花园”了。自主游戏也是我、芙、叶和孩子们一对一交流的好时间，我们会依据孩子们当下的游戏表现推动他们走向更高水平，这种指导对于孩子们来说是非正式的、自然的，我们通常以加入游戏的申请者、解决难题的支持者、诉说需求的聆听者的角色出现在孩子们身边。我会教会孩子们如何让我知道他需要我，以及如何等待我的回应。如果我正在帮助另一个小朋友，后面的小朋友就会把手放在我的肩头，等待我解决完上一桩事情再回答他的问题。

整理，餐前准备

孩子们游戏的时候总是特别投入，往往会忘记吃饭的时间，叶会贴心地来提醒我们，虽然我们不提倡打断孩子们专注于自己的事情，但是此时的打断是必要的。通常在 11 点 30 分，我会轻声提醒孩子们，或用音乐作为信号，提醒他们收拾房间，准备吃饭。孩子们用小桶捡拾地上散落的玩具和积木，并将它们送回各自的收纳筐里。伴随着轻柔的音乐，10 分钟后，房间已经恢复了整洁。

为了让流程更为顺畅，我尽量让吃饭的桌面与游戏的桌面分开，这样，午饭前的消毒环节就不会打扰正在游戏的幼儿。如果班级较小，可以额外准备轻便的塑料桌子，在孩子们游戏的时候，餐桌被叠放在角落，直到饭前拿出来，在走廊里进行消毒再使用。

午餐及午睡

桌面的消毒工作完成后，刚好是孩子们洗完手准备就餐的时间。像早餐一样，孩子们自主地摆餐垫、取餐、进餐。我和芙轮流陪伴孩子们进餐，顺便进行正确动作的食育引导。经过与家长的沟通与有意的观察，我们了解到每个孩子的进餐偏好（比如有的孩子喜欢将饭和菜混合在一起）。午餐也是指导每个孩子养成好的进餐习惯的重要契机。

午饭后有 20 分钟的消化时间，餐后收拾、摆放寝具、换睡衣、刷牙、如厕、散步等生活活动已经占据了其大部分时间。我们坚信，生活活动蕴含着促进孩子发展的良机。经过上午足量的运动加上年纪尚幼，此时的他们已经昏昏欲睡。但是，我还是会花 10 分钟为孩子们讲睡前故事，通常是连续故事，帮助少数困意不明显的孩子入睡。偶尔，班上会有拒绝午睡的孩子，我们会请这些孩子去其他地方活动，但是不能出声打扰到午睡的孩子。我、芙和叶会轮流在午睡房间照看睡觉的孩子和没有睡觉的孩子，我们会密切关注每一个孩子午间的状态，防止午睡的孩子发生意外事故，注意尚未午睡孩子的精神状态并引导他们及早午睡。托班孩子午休的时间在一个半小时到两个半小时，因为总有早早睡的孩子，他们已经习惯完全睡醒之后便起床，安静地去上厕所，然后在一旁游戏。

吃 点 心

下午 2 点 45 分，我用轻柔的声音提醒还在睡觉的孩子们起床，我不会用电脑音乐，因为那种突兀的声响会让孩子们感到惊慌。我们会和孩子们一起整理收拾，孩子们喜欢做这些。我会组织孩子们依次去如厕，同时，叶将点心准备好，放在进餐区，孩子们整理收拾后就陆陆续续地去吃午点，给慵懒的身体注入能量。

大组活动

吃完点心后，我们会聊一聊上午发生的事情以及下午想玩什么，唱一唱歌曲或童谣，唤醒身心。接着，我和芙会组织一个室内游戏。游戏过后，孩子们可以在室内进行自主游戏，也可以去室外进行活动，这要视天气状况而定。

区域活动 / 户外活动

班级里的孩子发展有一定的差距，有些孩子可以自主地选择材料并专注于其中，但有些孩子还不能建立材料和自身的联系，特别是新来的、年龄较小的孩子。对于这种情况，我们会引导孩子认识材料，邀请他们加入我的游戏，慢慢熟悉。我和芙也很默契，在我陪孩子游戏时，芙会把注意力放在其他孩子身上，在孩子需要帮助的时候进行引导。每天下午的时间是我最喜欢的，因为房间里的每个人都在做着自己喜欢的事情，每个人的幸福好像都马上就溢出来了。

告　别

下午 4 点 10 分，叶会提醒孩子们整理收拾，准备放学。整理房间是孩子们和我们共同的工作。在整理之前，我们征求孩子们的意见，哪些作品要保留在班上，哪些作品需要带回家，哪些作品可以拆掉收起来。我会把画作收集起来放进孩子的档案袋；不便于收进档案袋的，我会拍照留起来（离园整理）。然后，原本满满的房间变得干净又整洁。整理结束后，我号召大家围在一起互相道别——这是属于孩子们的专属告别时间。告别结束后，孩子们背着自己的小书包来到户外，一边玩，一边等待自己的家长。我会亲手将他们送到家长的手里，就像我早上从家长手里接过他们那样，我拥抱孩子们，并告诉家长他们今天带给我的惊喜、帮助、快乐……。下午的时候，将每个孩子送走就像在细数这一天的幸福。然后，我开始整理当天的课程生活记录，稍晚一些时发给家长，并与特定的家长进行沟通。（家长沟通）

大概 6 点钟，我下班了，离开了园所。

五、婴幼儿生活探究课程的实施

婴幼儿的课程首先强调保育，其次是教育，在这其中，环境、关系等潜课程在幼儿的发展中发挥着重要的作用。本课程的实施从环境（包括心理环境）、生活照料和教育活动三个部分进行介绍。

（一）婴幼儿生活探究课程的环境创设要点

幼儿刚刚学会行走，他们乐此不疲地运用这种新生的能力，在环境中穿行。他们热衷于用身体去探索周围的一切人和事物，建立对世界的理解。与运动能力的大幅提升相伴随的是幼儿还不太熟练的表达技巧和理解能力，以及自我控制能力，所以，教育者应该同时看到幼儿已经拥有和尚未拥有的能力，并深入思考如何营造适合幼儿发展的环境，满足幼儿身体运动的需求、无止境的好奇心、短暂的注意时间、自主感和自我意识感的发展。

在婴幼儿生活探究课程中，我们将根据课程主题的不同，设置与主题相关的环境，具体设置将在每个主题中进行分述。这里根据《大纲》的建议和精神，归纳了托育机构为幼儿所做的环境创设要点。

1. 要点一：安全健康

托育机构是实施保育的场所，应当提供健康、安全、丰富的生活和活动环境，配置符合婴幼儿月龄特点的家具、用具、玩具、图书、游戏材料和安全防护措施，并根据场地条件合理确定收托规模，配备符合要求的保育人员。

——《大纲》

托育机构的环境必须是安全健康的，以确保好奇、好动的幼儿能够在探索时不会受到过多来自教师的约束，呵护幼儿的自主意愿。安全健康的托育机构环境具有以下特点。

（1）确保幼儿不会因误食而受到伤害

* 慎重挑选玩具和家具，确保所有材料不含有害物质，如使用环保油漆。

* 将洗涤剂、药物、纽扣电池等放在上锁的柜子里，或放到幼儿远远够不到的

地方。

* 检查自主游戏的玩具是否可以被拆卸成小于 2 厘米的物品，或者可以被抠碎，好奇的幼儿可能会吞咽这些物品或把它们塞进鼻孔。

* 筛选植物的种类，尽量选用可食用的植物作为装饰物。

（2）确保幼儿不会因触电而受到伤害

* 检查电源插座，用安全插头遮盖住电源插座。

* 将电器放置在幼儿够不到的地方，尤其注意拉扯电线造成的伤害。

（3）确保幼儿不会因家具、玩具倾倒而受到伤害

* 移除幼儿可能会攀爬或拉扯的不稳固的家具，如又高又窄的书架。

* 妥善固定带滚轮的家具，如带滚轮的柜子、被叠高的塑料床。

（4）确保幼儿远离危险的空间

* 设置障碍，防止幼儿随意走到楼梯或其他危险的地方，如教室内的教师备餐区。

* 随手将封闭的小空间锁上，如储藏室。

（5）避免幼儿被尖锐的物品伤害

* 环境中不应该放置特别怕摔坏的东西。

* 除幼儿工具外，教师自己使用的工具也尽量选用安全用具。如果是尖锐的用具，要放在上锁的柜子里或幼儿爬不到、够不到的地方。

* 家具和玩具的表面光滑、干净，不会划伤幼儿的皮肤。

（6）保持环境卫生

* 教师按照要求进行清洁工作，尤其要及时处理便溺物，避免隐性传染和感染。

* 在多个地方放置清洁手的物品，除了洗手液，还要有清洁湿巾、纸巾等，大人和孩子可随时随地清洁手部。

* 餐具、寝具按照要求及时清洗、消毒，有条件的最好将寝具分隔开存放。

（7）应对突发状况

* 在显眼的位置张贴急救程序、号码以及清晰的疏散程序。

* 教师示范正确的动作，而不仅仅是告诉幼儿不能怎么做。

* 教师要时刻关注幼儿，即使在他们睡着的时候。

2. 要点二：舒适放松

协助婴幼儿进食，并鼓励婴幼儿表达需求、及时回应，顺应喂养，不强迫进食。

——《大纲》

幼儿可以感受到压力，并且他们欠缺成熟的应对压力的能力。相比大孩子，压力会带给正在快速成长的大脑以严重的影响，长期应对压力的幼儿，不仅在情绪上，在身体健康上也会受到影响。我们须尽量减少陌生环境带给幼儿的压力。舒适放松的托育机构环境具有以下特点。

（1）生活空间家庭化

* 活动和休息空间温度、湿度适宜，空气通畅。

* 有柔软的家具和玩具、温暖偏黄的灯光，窗帘不会完全遮蔽光线，造成室内过于昏暗。

* 幼儿的活动室应该更像家庭而不是教室，区域划分按照家庭习惯划分为休息、吃饭、探索、运动等空间。

* 玩具存储的方式丰富，要方便取用，不会像大孩子的教室一样，整齐划一地存放在架子上。

（2）活动流程和常规可预测、稳定

* 与家庭习惯衔接，活动遵循着大致相同的顺序进行，让幼儿觉得活动可预测。

* 幼儿知道自己可以做什么、不可以做什么。

（3）活动流程尊重个别差异

* 活动之间可以弹性过渡，幼儿不必遭受过大的“按时完成”的压力。

* 准备单独入睡的空间，让幼儿可以在固定的午睡时间之外小憩，单独睡在角落或睡室的幼儿可以被教师时刻查看。

* 准备富余的水果、牛奶或饼干，用来给在非用餐时间感到饥饿的幼儿加餐。

（4）游戏材料带来心理满足

* 提供低结构的、有更多玩法的材料，幼儿可以以自己的方式来操作材料。

* 游戏材料的数量刚好够用，既不至于因过少造成争抢，也不会因过多引起幼儿的混乱。

* 有适合一个人待着、不被打扰的环境，满足幼儿独处的需要。

（5）教师引导

* 教师从儿童视角判断其行为，而不是从成人的视角看待他们。

* 营造充分包容错误的氛围，积极看待幼儿的错误，甚至给孩子一些挑战，让他们有机会暴露错误。

* 教师保证有与幼儿一对一共处的时间，如共同关注一件事物、谈论一个话题，让孩子们觉得老师和自己有密切的联系，老师是可以信任和求助的人。

* 当幼儿遇到困难时，教师帮助他们解读信息和线索，而不是告诉他们应该怎么办。

* 当幼儿感到困惑时，教师用亲身示范代替言语指导。

* 关注日常琐事的重要性，重视随时随地为孩子提供即时的知识结构（敏感回应）。哪怕不能马上回应，也要教会孩子等待。

* 营造促进社交的环境，因为 1.5~3 岁的孩子开始注意到同伴，友谊开始萌芽，喜欢互相学着做事情。

* 留点时间放空，不要太满、太赶，准备一些非常有价值的过渡时间小游戏，如“抑制控制游戏”。

3. 要点三：鼓励探索 / 学习

引导幼儿运用各种感官探索周围环境，逐步发展注意、记忆、思维等认知能力。……创设环境，促进幼儿通过视、听、触摸等多种感觉活动与环境充分互动，丰富他们的认识和记忆经验。

引导幼儿运用各种感官反复持续探索周围环境，逐步巩固和加深对周围事物的认识。

——《大纲》

很多里程碑式的发展都在 2~3 岁，比如感知运算阶段向前运算阶段的转化、心理理论和去自我中心的快速发展等。1.5~3 岁幼儿在探索环境时展现出非凡的主动学习能力，探索环境的质量将影响他们是否可以获得充分的发展，教学也高度依赖幼儿在探索环境时获得的直接经验。鼓励探索的托育机构环境须具有以下特点。

（1）符合幼儿发展水平

* 材料具有丰富的、可被感知的特性，幼儿可以敲击、摸、品尝、捡起并扔掉材料，拖动材料到各个地方去，把材料分解，比如幼儿总是用非常规的方式玩拼图，比

如把拆出来的拼板当成敲击的鼓槌或被装载的货物。

* 材料没有复杂的规则，幼儿不会因为不理解而无视它们。

* 用来发展精细动作的玩具，比如串珠、编织材料，不要过难，避免幼儿因为屡屡遭受失败而沮丧。

* 将家具陈设和布局设置成流线型，减少碰撞，符合幼儿在运动中进行学习和探索的特点。幼儿总是好动的，频繁地在不同区域间穿行，遇到感兴趣的事情时会停下来，大一点的孩子停留的时间更长一些。

* 在地面放置一些用来存储材料的软筐，相比从柜子中拿出托盘，幼儿对于弯腰拿取物品更自如。

（2）应答兴趣的丰富环境

* 朴素、低结构的自然材料，比如沙、水、植物果实等。

* 除了朴素的自然材料之外，幼儿也喜欢漂亮的材料，他们总是会被闪亮、精美的物品所吸引，比如漂亮的小盒子。

* 可以在环境中张贴孩子特别喜欢的游戏的图示，包括轨迹、旋转、围合、包裹、搬运、连接、定位、定向。

* 可以玩多种游戏的环境，比如探究细节的、艺术表现的游戏等。

* 有多种工具，比如放大镜、滴管等。

* 从生活中来的非玩具物品，可以积极回应生活背景，比如用完的漂亮瓶子，小时候穿过的衣服、用过的奶瓶及钱包。

（3）具有发展价值

* 通过合理的摆放，使材料传递出重要的概念，比如颜色、触感等，帮助幼儿建立有关逻辑的知识。

* 发展幼儿的执行力，也就是制定目标并实现目标的能力，幼儿的执行力发展最常体现在自助行为中，教师可以提供儿童规格的清洁工具。

* 提供正确的语言示范，保持与幼儿的交流与沟通，引导其倾听、理解和模仿成人的语言。

* 提供丰富的绘本，以帮助幼儿理解玩具材料，并启发他们运用更有想象力的方法操作材料。

* 提供有助于维持幼儿专注力、让他们沉浸在游戏中的环境，比如有很多细节可

以观察，有助于孩子产生问题并愿意寻找答案的环境。

* 有助于幼儿对人际合作产生兴趣的环境，比如娃娃家，同时发展幼儿的假想能力。

（4）教师引导

* 教师欣赏幼儿旺盛的精力，欣赏他们的兴奋、他们的能力，幼儿不会因为不断遭受阻止或惩罚而产生害羞和怀疑。

* 接受幼儿本来的样子，不拿他们与大孩子比。

* 保持敏感，时刻观察幼儿，理解其生理和心理需求，并即时给予积极适宜的回应，比如对处于秩序敏感期的孩子保持开放的心态，邀请其建立自己的秩序。

4. 要点四：体验成就

鼓励幼儿参与协助分餐、摆放餐具等活动。

引导幼儿自主做好睡眠准备，养成良好的睡眠习惯。

——《大纲》

生活自理是幼儿最感兴趣的领域，它既是孩子生长发育准备就绪的自然结果，也孩子在成长过程中展现自己各方面进步的机会。幼儿在发起活动、完成活动、欣赏自己成就的过程中获得了积极的自我意识，增强了主动感与自尊心。让幼儿可以体验成就感的托育机构环境具有以下特点。

（1）发展自我服务技能

* 让餐前准备和餐后收拾变成很重要的事情，比如增加餐垫，鼓励幼儿参与餐前准备和餐后清理工作。

* 给刷牙、漱口、换睡衣等生活环节留足时间，不要让教学活动占据了生活环节的时间。

* 帮助幼儿发展如厕技能，让他们可以自如地使用洗手池和厕所。

* 毛巾挂钩、镜子、衣服挂钩等都符合幼儿的身高，鼓励他们自己穿、脱外衣和使用毛巾。

* 玩具架低矮、开放、便于拿取，每天把玩具和材料摆放在同样的位置，并用图画（物品的照片或幼儿使用物品的照片）标示出来，便于幼儿恢复秩序。

* 鼓励幼儿自己收拾玩具，准备一些小桶来帮他们更方便地捡起玩具并放回架子上。

* 在可能洒水的地方摆放抹布或海绵，便于幼儿随时擦拭。

（2）呵护自主选择的权力

＊创设少数几个隐蔽但安全的空间，满足幼儿躲避教师关注的意愿，比如侧面开口的大包装箱，这会激发他们的自主性。

＊幼儿可以在区域游戏中随时去自己更感兴趣的地方玩，因为他们还不能在一个区域或玩具上投入非常长的时间。

（3）可以展示成就

＊有妥善存放作品的区域，包括半成品和成品，尤其是妥善存放半成品将有助于幼儿坚持做事情。

＊用照片展示幼儿努力做事情的过程。

（4）教师引导

＊总是鼓励幼儿自己吃饭、换衣，欣赏幼儿效仿成人整理卫生的尝试，不厌其烦地进行正确动作的示范。

＊确保幼儿和成人可以在预期的位置找到游戏材料，幼儿可以预测区域里面有什么，也能在那里遇到新的玩具。当幼儿知道在哪里可以找到自己喜欢的物品或其他物体时，他们的注意力就会转向创造性游戏。

（二）婴幼儿生活探究课程的生活照料要点

1.5~3 岁的幼儿在生活中探究与学习，在探究与学习中胜任生活。之所以将“生活”提至如此重要的地位，皆因 1.5~3 岁幼儿的自我意识以及自我照顾的意愿特别强烈。成功掌握自我照顾要领的幼儿，其“我能”的自信开始建立，而“我能”的萌芽将会帮助他们养成主动学习的习惯。但是，很多托幼工作者虽然意识到了生活自理、自我照料能力的重要性，但仅仅将其作为教育的目的，甚至急于求成，破坏了孩子们获得“我能”的机会，让孩子们觉得“我不能”。教师应该充分理解和妥当对待正在努力建立自我照料能力的幼儿，并理解以下理念。

理念一：生活能力建立的心理意义大于生理意义。

理念二：幼儿天然渴望成为“能干”的人，他们想要照顾自己，并会因为其间遭受的阻挠而气馁。

理念三：生活能力的建立是孩子生长发育准备就绪的自然结果，切忌揠苗助长，不同儿童获得同样技能的时间会有不同，无须盯着别人。

理念四：生活能力的建立是孩子在成长过程中展现自己各方面进步的机会，体现在理解、记忆、表达、迁移等认知领域，也体现在情绪控制、自尊、自信等社会性领域。

理念五：生活照料是家长、教师与孩子练习亲子沟通、师幼沟通的机会，是难得的一对一的沟通机会，是建立信任和依恋的机会。

理念六：生活能力的建立是孩子体验制定目标、朝着实现目标迈进、最终获得成功的乐趣的机会，是最初的执行力的体现。

（三）婴幼儿生活探究课程的教育实施

1. 以幼儿生活为中心进行保教结合

幼儿在生活中学习与成长，吃喝拉撒睡都含有教育的契机，是保教活动的原点。对于这个年龄段的幼儿来说，保育的意义远大于教育，因此本课程以生活为纽带，将保育与教育有机结合。保教结合首先表现在课程主题的选择上，本课程基于幼儿的兴趣，围绕幼儿的生活适应、自然探究、自我意识和传统节日来进行主题设计。这些主题幼儿喜闻乐见，可驱动幼儿的内在兴趣和持续探究，围绕着幼儿的生活选择适宜的主题，以建立幼儿生活与学习所需的关键能力，促进幼儿的全面发展。其次表现在课程理念上，本课程珍视幼儿生活的价值，在一日生活中进行适切教育，真正实现一日生活皆课程。另外，本课程还强调营造“家庭式”的生活环境氛围，包括良好的师幼关系的建立以及投放生活化的游戏材料等。

2. 以主题为情境激发幼儿的探究热情

本课程是以生活探究主题为统整的课程，既强调生活性，也强调探究性。本课程以主题为引，将幼儿带入到充满兴趣和问题的情境中，让幼儿情不自禁地投入情境，让他们潜移默化地受到影响。主题情境成功的关键是让幼儿沉浸情境、喜爱情境、探究情境，好的主题情境可以通过四种方式促进幼儿的发展：（1）通过“关注—激起—移入—加深—利用”等情境暗示法让幼儿投入情境之中；（2）通过情境引发的情感体验驱动幼儿主动、积极地投入活动，对幼儿的心灵产生潜移默化的作用；（3）通过情境诱发幼儿的角色转换，然后通过角色转换，让幼儿从原来习惯等待、接纳的被动学习者，转变为积极参与的主动学习者；（4）利用情境作为心理场进行心理场整合，让情境像磁石一样吸引着幼儿，让他们全身心投入情境，发挥天性和潜力。情境教育优选、优化过的“情境”，以其力度、真切感和美感满足幼儿的心理需求，使教育目标自然而然地得以实现。

六、婴幼儿生活探究课程的评价

对幼儿的评价不是要判定好坏，也不是为了给家长制造焦虑，而是诊断和改进我们的教育教学，促进幼儿在原有基础上的提高和发展。认识 1.5~3 岁幼儿的认知发展特点有助于我们选择正确的方式评价幼儿。首先，该年龄段的幼儿对口头语言的理解和表达都十分有限，即使他们对周围事物和事物之间的关系已经有一定的了解。相较于口头语言，他们更擅长用操作活动来表现自己的理解。其次，幼儿的操作行为具有选择性的特点，在熟悉的场景中能够完成任务的幼儿并不一定能够将技能迁移到新的场景中，在某一特定的场景没有完成的任务不能说明幼儿缺乏相关的知识和技能。最后，幼儿的情绪以及当下的情境因素都会影响他的行为反应。因此，1.5~3 岁幼儿的认知发展特点决定了我们不能从其语言和行为的结果上片面地分析和判断他们的发展情况，否则，将不利于教师全面地了解幼儿，对幼儿的发展情况做出准确的判断。教师应该在一段过程中，关注幼儿在真实情境中的言行表现，力求用多种手段和信息来源对幼儿进行全面综合的评估。

（一）1.5~3 岁幼儿评价的特点

1. 形成性评价和终结性评价相结合。终结性评价反映的是儿童目前的发展情况，不能说明更深层次的原因，比如幼儿怎么学会的，或者为什么学不会。结合形成性评价将使我们以一种持续性、过程性和综合性的评价方式来看待幼儿个体的发展，为之后的课程提出合理的参考依据。

2. 评价内容和对象的多元化。幼儿的评价标准不仅是认知、动作等较为容易观测到的发展情况，还涉及情感、社会性等的发展情况。同时，我们还应帮助家长认同和参与评价，家长也是评价的主体。

3. 评价的个性化。儿童有一百种语言，他们的表现形态是多姿多彩的，我们可将日常观察到的幼儿的外显行为以及表现他们成长轨迹的作品收集成册，既可以用来做纵向比较评价，也可以用来与其他幼儿进行横向比较评价。

4. 评价的有效性。评价应该采用质性评价和量性评价相结合的方式，以质性评价对现象的深刻挖掘弥补量性评价，以量性评价的科学和客观性弥补质性评价。

（二）幼儿发展检核表

我们依据《大纲》分别制定了1.5~2岁和2~3岁幼儿发展检核表，以此作为教师全面评价幼儿的框架。教师在使用检核表时应尽可能依据多渠道的信息对儿童进行评价，分析表格上的数据不仅帮助教师了解幼儿的发展情况，还为教师提供了制订教学计划、开展个性化教学的有效参考信息。但由于数据较简单，并不能揭示幼儿学习更深层次的原因，因此，了解幼儿发展与学习情境之间的关系需要与其他评价方式结合使用。详见表0−6、表0−7。

表0−6　1.5~2岁幼儿评估检核表

领域	目标	表现行为	经常	有时	较少
一、营养与喂养	获取安全、营养丰富的食物，使幼儿达到正常生长发育水平。	尝试用水杯喝水；			
		能够用语言、肢体动作等信号发出进食需求。			
	养成良好的饮食行为习惯。	尝试在成人的协助下自己进食。			
二、睡眠	获得充足的睡眠。	符合月龄的睡眠时长，在专属的地方睡觉。			
	养成独自入睡和作息规律的良好睡眠习惯。	有固定的睡眠和起床时间，在成人的提醒下醒来。			
三、生活与卫生习惯	学习盥洗、如厕、穿脱衣服等生活技能。	能及时表达大小便需求，学会自己坐便盆；			
		能够在成人的协助下洗手和脱衣服。			
	逐步养成良好的生活卫生习惯。	在成人的帮助下，逐渐学会用正确的方式咳嗽和打喷嚏。			
四、动作	掌握基本的大运动技能。	在教师的引导下进行跑、跳、双脚跳等运动。			
	达到良好的精细动作发育水平。	能够进行简单的涂画、拼搭、叠套等精细动作；			
		尝试自己喝水、翻书、用小勺吃饭。			

续表

领域	目标	表现行为	经常	有时	较少
五、语言	对声音和语言感兴趣，学习正确发音。	尝试用词语表达自己的动作或实物。			
	学会倾听和理解语言，逐步掌握词汇和简单的句子。	能够执行简单的语言指令，与他人用语言交流。			
	学会运用语言进行交流，表达自己的需求。	模仿和学习使用词语或短句表达自己的需求。			
	愿意听故事、看图书，初步发展早期阅读的兴趣和习惯。	能参与成人组织的看绘本、讲故事、念儿歌等活动。			
六、认知	充分运用各种感官探索周围环境，有好奇心和探索欲。	愿意用各种感官探索周围的事物。			
	逐步发展注意、观察、记忆、思维等认知能力。	尝试辨别生活中常见物体的大小、形状、颜色、软硬、冷热等明显特征。			
	学会想办法解决问题，有初步的想象力和创造力。	尝试在操作、摆弄、模仿等活动中想办法解决问题。			
七、情感与社会性	有安全感，能够理解和表达情绪。	尝试用表情、动作、语言等方式表达自己的情绪；			
		对他人的情绪做出反应。			
	有初步的自我意识，逐步发展情绪和行为的自我控制力。	知道自己的身体部位的名称和作用；			
		尽量保持适宜的态度和行为。			
	与成人和同伴积极互动，发展初步的社会交往能力。	拓展交往范围，对他人的情绪做出反应。			

表 0–7　2~3 岁幼儿评估检核表

领域	目标	表现行为	经常	有时	较少
一、营养与喂养	获取安全、营养丰富的食物，达到正常生长发育水平。	认识和喜欢常见的食物；			
		愿意进食多种类的食物。			
	养成良好的饮食行为习惯。	能够专心进食；			
		能够协助成人分餐、摆放餐具。			
二、睡眠	获得充足的睡眠。	有规律作息的习惯，能够独立入睡。			
	养成独自入睡和作息规律的良好睡眠习惯。				
三、生活与卫生习惯	学习盥洗、如厕、穿脱衣服等生活技能。	能够表达自己大小便的需求，学会坐便盘；			
		能够在成人的提醒下洗手和脱衣服。			
	逐步养成良好的生活卫生习惯。	能够用正确的方式咳嗽和打喷嚏。			
四、动作	掌握基本的大运动技能。	喜欢并愿意进行跑、跳、双脚跳等运动。			
	达到良好的精细动作发育水平。	能够进行简单的搭建、绘画等手工制作活动；			
		能够自己用水杯喝水、用勺子吃饭、协助成人收纳等。			
五、语言	对声音和语言感兴趣，学会正确发音。	能够用词语说出简单的句子。			
	学会倾听和理解语言，逐步掌握词汇和简单的句子。				
	学会运用语言进行交流，表达自己的需求。	能够用语言表达自己的所闻所见以及需求和感受。			
	愿意听故事、看图书，初步发展早期阅读的兴趣和习惯。	喜欢阅读绘本、讲故事、念儿歌。			

续表

领域	目标	表现行为	经常	有时	较少
六、认知	充分运用各种感官探索周围环境，有好奇心和探索欲。	喜欢利用各种感官探索周围的事物。			
	逐步发展注意、观察、记忆、思维等认知能力。	能够观察生活中常见物品的特征和用途，进行分类。			
	学会想办法解决问题，有初步的想象力和创造力。	能够在感兴趣的事情上保持一定的专注力；			
		喜欢动脑，积极提问，大胆猜想。			
七、情感与社会性	有安全感，能够理解和表达情绪。	能够以语言和行为等方式表达自己的情绪情感。			
	有初步的自我意识，逐步发展情绪和行为的自我控制力。	尝试用一些简单的情绪调节策略控制情绪。			
	与成人和同伴积极互动，发展初步的社会交往能力。	喜欢并愿意与他人交往，初步用分享、轮流、等待、协商尝试解决同伴的冲突；			
		能够理解和遵守简单的规则。			

（三）观察法

教师通过叙事、图解等方法在情境中对幼儿的言行进行有目的的观察和记录，然后将获得的信息（其中包括学习的过程以及结果）进行质性的分析，这能够更深层次地解读幼儿在学习活动中的行为，评价教育活动的有效性。但由于教师平时的自然观察容易受到多种情景的影响，使得观察结果具有主观色彩，所以教师要尽可能带有更为明确的目标，较为客观地描述、记录幼儿的发展。详见表 0-8。

表 0–8　幼儿观察记录表

观察记录表
时间： 班级： 地点： 对象： 观察者： 目标：
观察背景：
观察目标：
观察事件：
观察分析：
教育建议：

有时，当教师没有特定的观察目标，想观察幼儿的全面发展情况时，也可以依据《大纲》的目标框架进行观察，为后续提供针对性的帮助。详见表 0–9。

表 0–9 《大纲》的目标框架观察表

领域	目标	注意（观察的事件）
一、营养与喂养	获取安全、营养的食物，达到正常生长发育水平；	
	养成良好的饮食行为习惯。	
二、睡眠	获得充足睡眠；	
	养成独自入睡和作息规律的良好睡眠习惯。	
三、生活与卫生习惯	学习盥洗、如厕、穿脱衣服等生活技能；	
	逐步养成良好的生活卫生习惯。	
四、动作	掌握基本的大运动技能；	
	达到良好的精细动作发育水平。	
五、语言	对声音和语言感兴趣，学会正确发音；	
	学会倾听和理解语言，逐步掌握词汇和简单的句子；	
	学会运用语言进行交流，表达自己的需求；	
	愿意听故事、看图书，初步发展早期阅读的兴趣和习惯。	
六、认知	充分运用各种感官探索周围环境，有好奇心和探索欲。	
	逐步发展注意、观察、记忆、思维等认知能力；	
	学会想办法解决问题，有初步的想象力和创造力。	
七、情感与社会性	有安全感，能够理解和表达情绪；	
	有初步的自我意识，逐步发展情绪和行为的自我控制；	
	与成人和同伴积极互动，发展初步的社会交往能力。	
识别（我觉得幼儿在这里进行了什么学习？）		回应（我该如何鼓励幼儿下一步发展？）

（四）作品分析法

教师有目的地收集幼儿在各种活动中能表现他们进步的作品、半成品或相应的照片，然后与评价指标相对应，撰写幼儿在不同领域的学习过程和成果方面的描述性评价。这些作品通常是幼儿的绘画作品、手工类制作品以及搭建的积木作品照片，它们反映了幼儿在活动和游戏中的真实表现，能帮助教师在情境中了解幼儿的发展情况。

总而言之，由于1.5~3岁幼儿认知和语言表达能力较弱，所以我们难以判定他们学习的稳定性，难以观测一些较为隐蔽的发展，如情感、能力等。因此，首先，教师要认真学习和仔细思考目标在幼儿身上的多种表现，增强自身观察幼儿发展的敏锐度。其次，教师要及时利用影像或文字记录幼儿的行为，为幼儿提供适度、适宜的帮助，也为之后的评价提供一手资料。再次，教师要学习相关专业知识，要能够针对幼儿的表现进行客观和准确的分析，提供针对性的策略，比如，1.5~3岁幼儿的游戏多为练习性游戏，他们喜欢通过身体动作和摆弄、操作具体的物体重复已习得动作，享受运动带来的快乐。最后，教师也应提供一个理想的环境，以丰富的材料或活动观察幼儿的多种表现，只有这样，我们观察的结果才是最真实的。

七、婴幼儿生活探究课程的理念和特点

（一）课程设计的理念

1. 幼儿具有巨大的学习潜力

大量研究表明，幼儿具有巨大的学习潜力，在认知、语言、社会交往方面都有着令人惊艳的天赋本能。

首先，幼儿是“语言的侦探”，他们的大脑渴望语言，渴望在日常对话中发生的语言交流。研究发现，仅仅通过音频或视频发出的语音不会促进幼儿的语言发展，只有互动性的语言才可以促进幼儿的语言发展。诞生伊始，婴儿就像一位世界公民，他们能发现每种语言中所使用的微妙声音，即使是陌生的语言也是如此。在幼儿阶段，如果被剥夺了与人交流的机会，幼儿就可能失去连贯、清晰表达的能力，即使获得高强

度的康复治疗，也难以达到熟练使用语言的程度。

其次，幼儿是“摇篮里的科学家”。他们会通过诸如摇铃铛、将物体扔到地上来探索世界、认识世界，做出判断，并建立自己对世界的理解。

再次，幼儿是“交往的高手”。他们通过言语和非言语的交流吸引成人满足他们的需要，与他人维系关系，理解和表达情感。

最后，他们也是“运动健将”，在基因、模仿、联系等的多重作用下，他们“二抬四翻六会坐，七滚八爬周会走”学会了直立行走，发展了爬、走、跑、跳、钻等各种动作，通过抓、拿、捏等手部动作学会使用工具，逐渐变得心灵手巧。

2. 幼儿可塑性和脆弱性并存

幼儿的大脑具有巨大的可塑性，大脑细胞的数量、质量以及细胞之间的联系都在出生后得到明显的发展。大脑的可塑性是幼儿发挥学习能力、适应独特生活环境的基础。我们需要注意的是，幼儿的可塑性和脆弱性并存。幼儿生活的环境在塑造他们的大脑，这也意味着他们极易受到环境的伤害，可以这样说，我们参与幼儿的生活，就是在参与他们大脑的塑造。幼儿总是无选择地接纳环境带给他们的一切，因此以幼儿生活为中心为其创造有质量的生活环境（包括物理环境和心理环境）至关重要。婴幼儿生活探究课程关注幼儿发展的可塑性与脆弱性，以主题为载体，将园所、家庭卷入共同的教育场中，家园共同优化幼儿的生存环境。

3. 幼儿在关系中成长

依恋理论和自我决定理论都表明，幼儿对情感和互动的需要是天性，也是发展的需要。首先，良好的人际关系可以帮助幼儿建立或稳定与成人安全依恋的关系，满足其情感需要和安全需要；其次，良好的人际关系可以保护和激发其探索世界的内在动机，促进其获得认知、情感、个性等方面的健康、理想的发展；最后，幼儿的学习是一个社会建构和分享的过程，保育人员可以为幼儿营造良好的物理和心理环境，提供情境、问题、激励等发展支架，促进幼儿的发展和学习。

基于上述原因，托育课程必须强调保育人员与幼儿建立良好的关系，积极回应他们的发展需要。托育中心的一名女婴啼哭时，托育教师温柔地抱起她，给她喂奶，还一边抚摸着她的头发，温柔地说：“你真是一个小可爱，一定是饿了，吃饱就可以去玩了哦。”女婴满足地吸了几下奶嘴，然后满足地脱离了教师的怀抱。相反的情况是，教师被迫应对婴儿的啼哭，很不耐烦地把奶嘴塞进婴儿的嘴巴里，然后要么继续与别人聊天，要么训斥婴儿。此时婴儿一定会吐掉奶嘴，绝望地啼哭。温柔以待不仅能满足幼儿身体的需求，更能满足他们的心理需求；不仅是幼儿的现实需求，更是使其成为温暖、有爱心、体贴的人的基础。

4. 幼儿在自主游戏和生活中成长

游戏和生活是幼儿发展的必需。游戏是幼儿学习的基本方式，他们在游戏中学习与发展。喜欢游戏是幼儿的天性，游戏的过程是幼儿探索世界同时建立与世界的联系的过程。首先，幼儿生活探究课程支持幼儿的游戏，特别是自主游戏，并通过游戏促进他们的发展；其次，对于这个年龄阶段的幼儿来说，目前最重要的事情是“学会生活”，获得基本的生存能力，帮助幼儿建立对世界的掌控感、安全感，因此这一阶段幼儿的学习应该是与他们的生活密切相关的，他们在生活中学习，在生活中成长。教师在园所一日生活中要特别珍视幼儿想要胜任生活的愿望，他们想要自主做的就让他们去做，帮助他们获得成就感和胜任感，让他们成为生活的小主人。

（二）课程特点

1. 注重关系建立和情感互动

在本课程中，我们会从如下几个方面建立关系和情感互动。

第一，慷慨给予幼儿怀抱和身体接触，让幼儿感受到安全、接受、爱和幸福感。教师轻抚宝宝的头发和肩膀，亲吻宝宝的额头，这些身体接触都会给幼儿带来幸福的感觉。幼儿以同样的方式温柔地回应教师。有的幼儿可能通过拽头发、拉眼镜表示亲昵，教师要做的不是愠怒，而是温柔地表达自己的感觉：“头发扯得好痛啊！”“眼镜没了，老师就看不到东西了！”

《大纲》指出：提供支持性环境，敏感观察幼儿，理解其生理和心理需求，并及时给予积极适宜的回应。

第二，对于幼儿难以克服的压力和情绪，用仪式来帮助幼儿及其家人共同克服。比如，一个宝宝跟着爸爸来到托育中心，教师热情地跟宝宝打招呼，宝宝一直把头埋在爸爸的肩膀上。教师见状，很有同理心地说：“跟爸爸在一起感觉真好啊！昨天晚上睡得怎么样啊？早餐吃了什么呢？”宝宝瞥了教师一眼，教师趁机说：“我看见你在看我，来吧，你爸爸去上班的时候让我抱着你，你知道该怎么做，给爸爸一个吻或一个拥抱，然后我们走到窗前跟爸爸挥手告别。”这就是分离仪式。仪式是对重要事件的重视和强化，可以加深人与人之间的联系和关系。童年早期可以通过仪式克服或缓解焦虑、恐惧和压力。又比如，分离仪式是一种特殊的练习，可以让幼儿和家长在这种反复练习的分离仪式中感受到舒适感和控制感，增加彼此的情感体验，逐渐克服分离的不适感。

第三，敏感地感受幼儿的压力和不适，给予积极的安抚和回应。呆滞的眼神可能暗示着他们需要更多亲密的、充满爱的交流；紧张的肩膀和严肃的表情通常意味着孩子在害怕或担心强迫式的摇摆，可能意味着婴儿感到绝望孤独，要注意他们的孤独寂寞和萎靡不振的状态。有些婴儿在一天快要结束的时候会变成“软骨头”，需要被抱和依偎着。①

也许幼儿不会记得托育教师对他们无数次的温柔照护，但那种被爱和被珍惜的感觉将会成为他们生命中的身体记忆。这种记忆会渗透到他们的情感和社会关系中，成为他们热爱生活、温柔待人、勇于探索、不断成长的内在动力。

2. 主题与自发探究性融合

0~3 岁幼儿的学习是按照他们自己的大纲进行的。幼儿只会做他们感兴趣的事情，基本上是通过与周围环境互动获得发展的。此阶段的教学是一种自发性教学。比如，以交往能力发展为例，幼儿交往的策略和水平尽管受到母亲等周围人的影响，但却不是由母亲的教学大纲所决定的，幼儿交往能力发展的内在规律是不可忽视的因素。

如何在教育和兴趣之间找到结合点？我们先回顾一下婴儿与母亲交往的情景：当婴儿通过微笑、眼神和动作召唤母亲，希望母亲跟他玩时，母亲如积极回应，彼此会很快进入到快乐互动的过程中。相反，如果母亲忙于其他事情或比较迟钝，婴儿的需要得不到满足，他们就会通过啼哭表达自己的需要。如果母亲直接拿橡胶奶嘴让婴儿吸吮，而不是积极回应，与婴儿玩，婴儿的自我效能感就会受挫，交往的积极性降低，交往能力的发展也因此受到影响。

因此，在自发性教学中，并非成人不发挥任何作用，而是要捕捉、激发幼儿的兴趣，并给予积极的支持。

本课程根据幼儿面临的生活、自然和自身问题，通过对幼儿发展规律和兴趣的把握，确定可以发展价值和深入探究的主题，营造幼儿感兴趣的情境，观察幼儿的表现，

---

① Copple C, Bredekamp S, Koralek D, 等 . 0~3 岁婴幼儿发展适宜性实践[M]. 洪秀敏，宋佳，赵思婕，等译 . 北京：中国轻工业出版社，2020.

然后进行引导和评价，进行积极的对话和互动，激励幼儿进行持续的探究。

比如，幼儿第一天在室外收集了很多宝贝，第二天要对自己的宝贝进行分类整理，教师可以用下面的提问来导入。

——小朋友，昨天我们收集了好多宝贝，宝贝们不想老待在袋子里，我们怎么办呢?

——宝贝们想跟自己的好朋友在一起，请你帮它们找找自己的好朋友吧!

根据幼儿的兴趣，引导他们将叶子按照自己的喜好粘贴到纸上，或者把石子摆放成一定的形状，也可以让幼儿把石子放到透明的玻璃瓶中。

然后，教师根据幼儿的表现进行引导和评价。(1)观察幼儿如何分类，顺着他们的思路进行引导；比如："你找到了叶子的好朋友啊，它们有几个好朋友呢?"(2)"我们把它们分别放到瓶子里和纸上吧。"引导幼儿把石子装在透明瓶里，把叶子贴在画纸上等。(3)采用具体激励的方法，比如："你把叶子的朋友都找到了呢，它们好开心!你把石头的朋友也找到了!"(4)"在瓶子里还真好看呢!"

这样，就把主题和自发性探究结合起来。这里的教案不是一般意义上的教案，而是给幼儿创设感兴趣的环境，让幼儿进行自发探究，教师再根据他们的探究进行支持和激励。

3. 纵横结合，预成与生成兼备

在上述案例中，教师通过让幼儿为收集到的宝贝找朋友引发了他们的探究活动，教师再给予积极的引导和评价，再进一步推动幼儿的探究活动，生成新的活动。努力实现预成是生成的基础，生成是预成的拓展和深入，有价值的课程生成有赖于周密的预成。在本课程中，以主题为载体，通过预成的情景和问题，激发幼儿的生成活动，主题的推进是以幼儿经验和适配能力的发展逻辑推动的，使幼儿在获得关键能力的同时促进全面发展。课程是一个系统工程，需从系统整体的视角来规划幼儿的发展，兼顾预成和生成。游戏和体验固然重要，最近发展区的引领、自主探究同样重要，幼儿和教师主体性的发挥也很重要。

4. 体现一日生活皆课程的保教结合

幼儿可塑性强，具有吸收性心智，是积极主动的学习者。通过主题情境将每日的晨新时刻、游戏(学习)时刻、生活时刻、户外时刻、区域时刻、再见时刻等环节有机结合。晨新时刻的唤醒、游戏(学习)时刻的引领和激发、生活时刻的应用、户外时刻的拓展、区域时刻的自主探究、再见时刻的整理回顾，都能实现一日生活皆课程的保教结合。其中，情境、环境以及材料、照护常规和与幼儿的互动对话都是课程。

比如，在吃饭环节，教师可以这样说："我看到宝宝把小碗放到了桌子的上面，把小勺放到了小碗的里面，把小椅子放在桌子的下面，用小手扶住小碗的外面，扶得真稳！"也可以在外出散步时这样说："我们现在来到了滑梯架的旁边。我们现在走到了游戏场的中间。"幼儿在亲身感知和参与中理解了如何用词语去描述物品的方位，保育过程变成保教结合的过程。

5. 融合特色课程，多方共同成长

课程融合促进了共同成长，不仅促进幼儿的成长，也能够促进教师和家长的成长。好的课程应该是将教师、家长都纳入其中，教育质量的提高有赖于教师和家长的成长与改变。精心设计的课程、持续的教师成长平台、创新性的家园共育，以幼儿的成长为核心、以教师的成长为基础、以家长的成长为助力，发挥幼儿、教师和家长的多主体性，使幼儿、教师和家长三方共同成长。

6. 多元动态观察与评价

幼儿的发展日新月异，动态的观察和评价非常重要。本课程提供专门的观察评价工具，帮助教师和家长了解幼儿发展的动态，形成一个课程闭环，不断调整课程内容和保教方法，促进幼儿健康发展。在评价内容上，将能力评价与全面发展评价相结合；在评价主体上，既注重教师的评价与反思，也关注家长的评价与反思；在评价方式上，既有量化的观察评价表，也有质性的观察记录表、学习故事、课程故事等。

（三）实施本课程的注意事项

为了达到更好的课程效果，使用本课程应注意如下问题。

第一，本课程是一个面向未来的基础课程，在保证幼儿获得全面和谐发展的基础上，发展面向未来的三大思维和七种能力。课程每日只有一个设计的学习活动，留下充足的时间让幼儿进行自主探究。

第二，体会课程对《大纲》的落实途径和措施。

第三，使用课程之初，应首先理解课程目标、内容和实施的契合度，在理解课程精髓后开展课程活动。

第四，在实施课程时，先模仿后创新，积极参加线上课程辅导平台的学习和交流。

第五，课程的实施效果既在于课程的设计水平，也有赖于教师的专业水平。教师应注重对幼儿已有经验和特点的了解、对幼儿兴趣的有价值生成、引发深度探究的提问和有效引导、幼儿主体性的发挥、家园共育的引领等。

第六，课程的环境创设由教师引领，由幼儿丰富完善。环境既是幼儿课程学习的成果，也是与幼儿互动的第三位教师，幼儿对环境有发言权。教师的作用正如叶圣陶先生指出的那样：施教之功，贵在引路，妙在开窍。

总之，通过幼儿生活探究课程，希望幼儿能够自由自在地度过每一天，在一日生活中自主探究、愉快生活、健康成长，栽下幸福苗。教师可以享受工作，与幼儿幸福互动、启智润心，成为具有教育思想的课程专家，在与同行的交流中绽放专业光彩，使托育机构能够方向明确，质量迅速提升，形成区域性影响力。

主题 1　幸福一家人

主题构想

一、主题导言

家是婴幼儿人生旅程的第一站，家意味着幸福和温暖，爱和包容，还有认同和归属。婴幼儿通过了解其家人（包括爸爸、妈妈、爷爷、奶奶、外公、外婆及兄弟姐妹等），用爱的语言与行为与家人互动，体会与家人互相照顾与关心的快乐。婴幼儿来到托育园这个“家外家”，将这种幸福在教师和同伴之间传递。教师们温暖友爱的举动也将潜移默化地影响婴幼儿，帮助他们发展出亲人的品质，展现更多亲社会行为，获得价值感，从而提高婴幼儿的生活能力，使其情绪情感得到抚慰。

本主题适应年龄为 1.5~3.5 岁，可根据婴幼儿年龄和兴趣选择。主题分为我爱爸爸妈妈、我爱家人、我爱教师和我爱同伴四个部分，开展时间为 1~2 个月。

二、主题意向目标

根据《大纲》建议，本主题制定如下意向目标。

1. 思维模式：积极思维和探究思维

首先，幼儿在温暖友爱的氛围中感受家人的爱，建立良好的亲幼关系，在积极向上的氛围中发展积极思维。

其次，幼儿在适应园所的生活和习得自我照顾能力的同时发展成长思维。

2. 关键能力：生活能力和情绪情感能力

生活能力	情绪情感能力
1. 能够尝试照料自己，感受自我掌控。 2. 在做力所能及的事情中，体会成功感，获得主动感。 3. 提高生活自理能力，体验集体生活。	1. 感知自己的情绪。 2. 能够用语言表达自己的心情和情绪。 3. 有初步的自我意识，逐步发展情绪和行为的自我控制。

幼儿生活能力发展具有如下特点

（1）能逐渐学习照顾自己，体验成功带来的快乐和失败带来的沮丧。

（2）对秩序敏感，表现为喜欢遵守固定的流程、用固定的器具等。

幼儿情绪情感能力发展具有如下特点

（1）感受并在行为中表现出一些复杂的情绪，会用简单词语表达一些情绪。能用自己的方式对不喜欢的境况做出反应，包括哭泣和忍耐。

（2）能判断自己的行为是好还是坏，并产生骄傲或羞愧的情绪，能辨别别人的态度（友好、难过、愤怒等），并会为了配合成人而行动，表现出对他人的情感。

（3）情绪不稳定，耐心不足，开始练习等待或者轮流做事，对参与活动感到愉快，无法继续玩玩具或参与活动会哭闹。

基于《大纲》和幼儿生活能力和情绪情感能力发展的研究成果，研发本主题。

3. 全面发展意向目标

（1）生活：适应园所的一日生活，如吃、喝、拉、撒、睡、穿衣等，能够主动参与园所的一日生活。

（2）语言：愿意倾听家人、教师、同伴讲的故事，尝试分享自己的感受。

（3）动作：积极参加室内外活动，通过绘画、搭建发展精细动作，通过体育游戏和运动发展大肌肉动作。

（4）认知：能够识别和说出自己家人的名字，能够在和教师、同伴的互动中保持专注，主动认识新鲜事物。

（5）情感与社会性：感受家人、教师、同伴的爱，能够向家人、教师、同伴表达自己的情感和关心，积极参与活动。

三、主题脉络

在“幸福一家人”的主题设计中，发展幼儿生活能力和情绪情感能力的纵向路径是：感受爱，建立安全依恋—表达关心与照顾—建立关系，认同自我—体验幸福感和成就感。

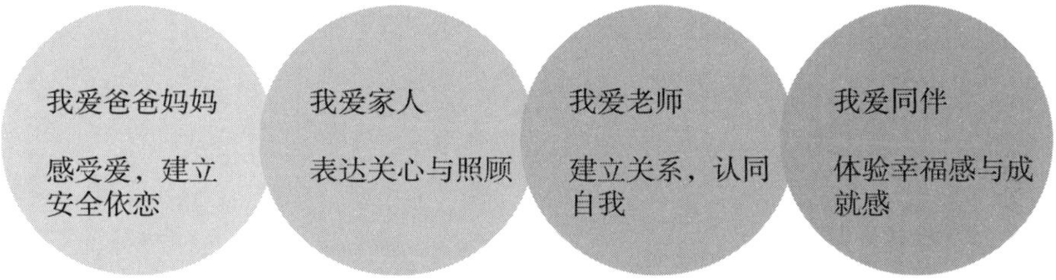

我爱爸爸妈妈。通过共读绘本《我妈妈》和体验妈妈照顾宝宝，幼儿能够感受爸爸妈妈对自己的爱，尝试分享一些家里的趣事。通过感知自己与父母的关系，培养幼儿的安全感和归属感，形成安全依恋。

我爱家人。通过了解家庭成员及其外貌特征、喜好，感受家人对自己的爱，愿意表达自己对家人的关心与照顾。

我爱老师。通过与教师做游戏、互动，幼儿能够感受到教师对自己的爱，与教师建立良好关系，在与教师互动的过程中感受自己，认同自我。

我爱同伴。通过共读绘本，与同伴一起做游戏、踏青等，幼儿与同伴的互动机会增多，相互增进情感。同时，在前三阶段营造的其乐融融的氛围里，幼儿体会家人、教师、同伴之间的爱，获得幸福感和成就感。

四、主题环境创设

1. 第一周布置一个幼儿全家的照片墙，用牛皮纸制作树的枝干，再挂上幼儿带来的家庭合照。

2. 根据活动过程不断增设幼儿和教师、同伴的班级照片墙。

3. 主题桌：布置一个家庭场景，自制木偶一家人、围裙、领带、白胡子、老花镜等；放置幼儿带来的物品，比如贴身娃娃。

我爱爸爸妈妈

一、总体构想

意向目标	1. 能尝试说说爸爸妈妈的一些特征，比如外貌、喜好，能分享一些家里的趣事。 2. 喜欢爸爸妈妈，并体会爸爸妈妈的爱带来的快乐。
主题音乐	《爱我你就抱抱我》
区域布置	生活区：投放穿鞋带、扣扣子的生活技能练习材料，还有给小娃娃穿衣服的练习材料。 娃娃家：提供各种场景道具，比如娃娃和各类角色服装。 美工区：放置婴幼儿收集的自然材料供艺术创作。 表演区：放置铃铛、铃鼓、响板、风铃和相关服饰等。 阅读区：放置《我妈妈》《我爸爸》《爸爸的拥抱》《我和妈妈》等各类与家相关的主题绘本。 建构区：投放一些简单积木、小型木块等建构材料。 注：每次投放一种新玩具或教具时可用游戏的方式向婴幼儿介绍。
互动要点	1. 教师要营造积极乐观的教育氛围，适时鼓励幼儿的每一次进步。 2. 鼓励幼儿用词语、短句分享家中的趣事，让幼儿感受到爸爸妈妈的爱。 3. 尝试引导幼儿用自己的方式向家人表达关心与爱。
家园共育	1. 给家长写一封信说明本周课程的价值和需要做的事。 2. 家长鼓励孩子做力所能及的家务，可拍照分享到家长群。 3. 家长与孩子一起收集生活照片，并拿幼儿园分享。 4. 家长在家里可以与孩子做一些互动游戏，增进亲子关系。

二、课程计划

晨新时刻	1. 晨接问好：教师早上自然地与幼儿打招呼、关注幼儿的情绪；关注幼儿的衣物穿着情况，注意及时给他们增减衣服。 2. 晨间整理：教师协助幼儿的来园活动，比如放书包、换鞋子、放水杯等；引导婴幼儿洗手。 3. 早餐准备：吃早餐前，教师可以和幼儿做手指谣，或者给婴幼儿讲故事。 4. 晨间律动：围绕主题音乐《爱我你就抱抱我》进行晨新身体律动，还可以根据幼儿的表现进行游戏律动、节奏律动。 5. 晨间谈话：谈话内容可以从“昨天你在家和爸爸妈妈做了什么事？”到“你帮爸爸妈妈做了什么？”
生活时刻	在过渡环节，可引导幼儿用词语、短句谈论自己的妈妈，说说妈妈的外貌特征等。在自由活动时间，可引导幼儿和同伴玩过家家的游戏，体验当大人的感受。 餐前童谣：《宝宝一家》。教师在活动前或餐前和幼儿一起唱该童谣。
游戏（学习）时刻	活动 1　我妈妈 活动 2　给宝宝建个家 活动 3　我来照顾宝宝 活动 4　我给宝宝做蛋糕 活动 5　爱的拥抱
区域时刻	自选，根据幼儿对家的感受选择不同的区域自主游戏。
户外时刻	通过各种室内外运动养成爱运动的习惯，感受运动后的快乐。钻洞洞、玩球、彩虹伞游戏、感统游戏都是可以经常开展的游戏。
再见时刻	1. 离园整理：关注幼儿的情绪，关注幼儿的衣物穿着情况，如有必要，帮助幼儿增添衣服，鼓励幼儿尝试整理自己的书包，提醒幼儿关注自己的生理需求，引导有需要的幼儿如厕、喝水。 2. 唱再见歌：在愉快的音乐声中，与幼儿告别，还可以拉圈，与每名幼儿愉悦地告别（教师和每名幼儿相互拥抱）。 3. 与家长沟通：利用短暂的时间向部分家长介绍幼儿的在园情况。

三、童谣

我 们 一 家

我有一个家
那里有我爱的
爸爸
我有一个家
那里有我爱的
妈妈
我有一个家
那里有我爱的
爸爸和妈妈
我有一个家
那里有最爱我的
爸爸和妈妈
我爱我的家

生成引导和日常评价

教师可以根据幼儿的年龄特点、兴趣以及掌握程度进行动作的创编。待幼儿熟悉后，可将爸爸、妈妈换成其他家人。

四、游戏（学习）活动

活动 1　我妈妈

意向目标

通过绘本故事感知妈妈，体会拥抱带来的美妙感觉。

活动准备

自制绘本《我妈妈》、大布娃娃、小布娃娃。

活动过程

1. 情境导入。

教师拿着一个大布娃娃当妈妈，小布娃娃当宝宝，然后扮演妈妈。

—我好喜欢你呀，我要给你一个大大的拥抱（大布娃娃拥抱小布娃娃）。

—我们一起看看妈妈和宝宝会发生哪些故事吧？

2. 教师与幼儿共读绘本，整体感知故事内容，教师在讲述过程中要展现妈妈角色的特点，让幼儿身临其境，引发幼儿继续阅读的兴趣。

3. 教师通过问题引发幼儿的思考和互动。

—你的妈妈是什么样的呢？高高的？长头发？会不会给你做饭呀？会不会买好吃的呀？

—那我们要怎样感谢妈妈呢？引导幼儿说出自己的想法。

生成引导和日常评价

1. 如果幼儿不明白教师提的问题，教师要提出更具体的问题加以引导，或者用语言描述具体场景，引导幼儿表达。

2. 引导幼儿说说自己的妈妈以及喜欢妈妈的哪些方面。

3. 在环境中悬挂、摆放一些妈妈的照片、使用的物品等。

4. 当幼儿愿意分享时，教师给予积极的回应，引导其他幼儿积极分享。

5. 教师可根据幼儿的年龄特点引导其介绍自己的妈妈。年龄较小的幼儿可指认自己妈妈的照片，或者在教师的引导下简述自己妈妈的特征，比如“你的妈妈有长长的头发”；年龄较大的幼儿可以用短语分享自己和妈妈的故事，教师也可用问题引导他们尝试分享。

活动拓展

1. 教师将绘本《我妈妈》投放至阅读区。

2. 鼓励家长在家和孩子共读绘本《我妈妈》。

活动 2 给宝宝建个家

意向目标

通过搭建感受家的结构，感受游戏的快乐。

活动准备

长短不一的木板、小椅子、桌子、布类、小夹子、小床，一些玩具娃娃，厨房玩具物品及其他替代品等。

活动过程

1. 教师手拿娃娃，创设情境导入。

—小宝宝没有家，我们给他建一所小房子吧！

2. 教师示范建起一个家的大结构，引起幼儿自然围观，吸引幼儿参与搭建。

—老师，你在做什么呀？

—在建房子呀，你能帮我送一些木头砖块吗？

3. 幼儿选择材料，为宝宝搭建房子。等搭建好后，幼儿可以在房子旁玩游戏，比如照顾宝宝、给宝宝做饭等角色游戏。

生成引导和日常评价

1. 在开展活动的过程中，当幼儿出现冲突时，教师及时用语言示范，引导幼儿合理表达需求。

2. 教师根据幼儿的年龄特点开展本活动。年龄较小的幼儿可能需要具体的示范与引导，比如："请你帮忙给宝宝找一个床吧！""小司机，你可以帮我一个忙吗？"

3. 关注幼儿的活动进展，采用激励性语言，具体评价幼儿的成果，比如："哇，你这个屋顶配上这个颜色真的很美哟。""小宝宝一定很喜欢你的这个新家哟。"

4. 房子快建成时，提醒幼儿将未用到的材料送回玩具原来的家。

活动拓展

1. 如果幼儿对家感兴趣，这次搭建的材料还可以继续在建构区投放并使用。

2. 请幼儿和家人一起聊聊自己的家，聊天的内容可以包含家住哪里，附近有什么，几栋几楼，让幼儿更熟悉自己的家。

活动3　我来照顾宝宝

意向目标

通过游戏的方式感受照顾宝宝的过程，体验爸爸妈妈的生活。

活动准备

建好的小家，一些玩具娃娃、小衣服、玩具奶瓶，一条纸尿裤，儿歌。

活动过程

1. 教师示范抱着一个娃娃，边哼着儿歌，边一步一步地给娃娃穿衣服、纸尿裤，喂奶，自然吸引幼儿来体验。

—我这里还有一些宝宝需要你们来帮助照顾。

2. 教师可增设一些场景引导幼儿尝试照顾宝宝，比如当宝宝出现一些需求时，应该如何做。

3. 教师和幼儿可回顾刚才照顾宝宝的场景，引导幼儿说说自己是怎样照顾娃娃的，再说说家人是如何照顾自己的。

生成引导和日常评价

1. 教师可提醒幼儿在照顾宝宝时需要注意的事项，比如："小宝宝的身体很软，我们在照顾它时动作要轻轻的、慢慢的。"教师第一次示范时，每一个动作一定注意要慢下来，以便幼儿模仿。

2. 教师及时观察幼儿的游戏进展情况，并多次示范照顾宝宝的慢动作。

3. 给予幼儿一些适当的具体肯定评价，比如："我猜你的小宝宝很喜欢你给他穿的衣服她好喜欢呢！"

4. 关注需要帮助的幼儿，鼓励他参与活动。

5. 游戏快结束时，教师降低音量提醒幼儿："嘘，小宝宝要睡觉了。"自然进入下一个环节。

6. 教师可根据幼儿的年龄特点开展本活动，对年龄较小的幼儿可进行具体引导。

活动拓展

可建议幼儿在家照顾自己的家人，比如给家人一个拥抱、捶背、说“爱你”等。

活动 4　我给宝宝做蛋糕

活动目标

通过做蛋糕的游戏，初步感知正方形、圆形的不同，感受玩沙玩水的快乐。

活动准备

沙池；水，不同形状蛋糕模具筒，假花 / 野花，用来装饰蛋糕的装饰品。

活动过程

1. 教师创设宝宝过生日的情境，提出今天的话题。

—今天，宝宝要过生日了，我们去沙池给他做一个美味的蛋糕吧！

2. 教师先和幼儿共同做一个圆形或正方形的蛋糕，然后教师协助幼儿做自己想要形状的蛋糕，幼儿可用假花、叶子等材料装饰蛋糕。

3. 制作完成后，教师和幼儿一起围绕蛋糕展开讨论，根据幼儿的认知提问，先从他们能够回答的问题问起，逐渐引到形状。

—这是什么蛋糕呢？

—你制作的这个蛋糕是什么形状的？

4. 蛋糕制作完成后，大家一起给娃娃过生日，唱生日歌、跳舞。

生成引导和日常评价

1. 如果在沙池不方便，可以使用轻黏土或其他材料制作蛋糕，但要注意关注年龄较小的幼儿，避免误食轻黏土或沙。

2. 开始前可以进行简单的谈话，问幼儿吃过的蛋糕是什么样的，还喜欢吃什么味道的蛋糕。

3. 可提前和幼儿一起采摘一些野花、叶子作为装饰，确认采摘的安全问题。

4. 用激励性评价，及时发现幼儿做的蛋糕的特别之处，予以具体评价，比如：“你这个蛋糕特别好，能给我介绍一下吗？”

5. 教师可根据幼儿的年龄特征开展本活动。在幼儿制作蛋糕的过程中，教师可适当引导幼儿说说蛋糕的味道，再逐渐引入形状，不要强求幼儿学会正方形和圆形的概念，可以用幼儿熟悉的具有代表性形状的食物或事物来描述，比如："你这个像圆圆的西瓜呀！""你做的这个蛋糕像一块积木，方方的。"

活动拓展

幼儿可以在家里和爸爸妈妈一起唱生日快乐歌，爸爸妈妈可以和幼儿一起看着照片分享之前过生日的故事。

活动 5　爱的拥抱

意向目标

体验游戏的乐趣，发展平衡能力，感受拥抱的温暖和幸福。

活动准备

合适的户外场地，一些障碍物器材。

活动过程

教师创造情境，A 教师在终点，B 教师带着幼儿从起点出发。起点和终点之间利用障碍物器械，制造幼儿需要爬、跳、钻等才能通过的障碍。

—× × 老师因为心情不好被抓走了，我们需要穿过这片障碍物，给老师一个爱的抱抱，帮助老师心情变好才能救回老师。你们愿意和我一起解救 × × 老师吗?

A 教师和幼儿一起游戏，模仿来到了树林，穿越障碍物，一起寻找 B 教师。

A 教师和幼儿一起玩游戏，当幼儿到达终点时，引导幼儿拥抱 B 教师，同时 B 教师张开双手，温柔地拥抱着幼儿，可以停留几秒，并可以温柔地说："谢谢你，你的拥抱真温暖，我的心情变好了。"

生成引导和日常评价

1. 拥抱时注重让幼儿真正感受到拥抱的快乐和爱，所以教师一定要真诚而投入。

2. 注意个体差异，对于害羞或不喜欢拥抱的幼儿可以用握手的方式表达。

3. 在游戏时培养幼儿的秩序感和规则感。比如在游戏前，向幼儿示范基本的游戏规则。

4. 教师可根据幼儿的年龄段开展本活动，年龄较小的婴幼儿在穿越障碍物时要注意安全，可放慢速度。

活动拓展

建议幼儿给家人一个爱的拥抱。

我爱家人

一、总体构想

意向目标	1. 喜欢家人，体会家人之间相互关心带来的温暖和快乐。 2. 尝试关心和照顾家人。
主题音乐	《爱我你就抱抱我》
区域布置	生活区：放系带子、扣扣子的生活技能练习材料，还有给小娃娃穿衣服的练习材料。 娃娃家：提供娃娃和各类角色服装。 美工区：放置幼儿收集的自然材料等供艺术创作。 表演区：放置铃铛、铃鼓、响板、风铃和相关服饰等。 建构区：放置不同形状的积木等玩具供婴幼儿进行简单的积木搭建。 阅读区：放置《妈妈的肚脐》《我弟弟》《拥抱》《我会关心》《我是小帮手》等各类与家相关的主题绘本。 主题桌摆放有关家的材料。 注：每次投放一种新玩具或教具时都很仔细地向幼儿介绍。
互动要点	1. 教师要营造积极乐观的教育氛围，适时鼓励幼儿的每一次进步。 2. 引导幼儿尝试用词语、短句来说明家中发生的快乐的事。 3. 鼓励幼儿用多种方式表达对家人、同伴、教师的关心与爱，比如给对方一个拥抱、分享玩具等。
家园共育	1. 给家长写一封信说明本周课程的价值以及需要做的事。 2. 家长鼓励孩子做力所能及的家务，可拍照分享到家长群。 3. 家长与孩子一起拍摄游戏、生活的照片。

二、课程计划

晨新时刻	1. 晨接问好：教师自然地与幼儿打招呼、关注幼儿的情绪；关注幼儿的衣物穿着情况，注意及时增减衣服。 2. 晨间整理：协助幼儿进行来园活动，比如放书包、换鞋子、放水杯等；引导幼儿洗手。 3. 早餐准备：在等吃早饭前，教师可组织幼儿唱童谣、讲故事，年龄较大的幼儿可帮教师准备早餐，比如摆放餐具等。 4. 晨新律动：围绕主题音乐《爱我你就抱抱我》进行晨新律动，还可以根据幼儿的表现增加更丰富的形式，比如游戏律动、同伴律动、节奏律动。 5. 晨间谈话：教师可以与幼儿进行谈话，比如："你的家人还有谁？""和爸爸妈妈一起做了什么好玩的事？"
生活时刻	1. 教师可根据收集的幼儿与家人的故事，讲述幼儿与家人之间的故事，也可根据情况邀请家长入园做助教。 2. 教师根据当下的季节、温度等提醒幼儿增减衣物，引导幼儿学习关心家人。 3. 餐前童谣：《我们一家》，开展手指或肢体游戏。
游戏（学习）时刻	活动 1　我会关心别人 活动 2　我的家人 活动 3　爱我你就抱抱我 活动 4　我是按摩师 活动 5　我是小厨师
区域时刻	自选，根据幼儿对家的感受选择不同的区域自主游戏。
户外时刻	通过各种运动开展户外和室内运动，养成爱运动的习惯，感受运动后的快乐。水果蹲、某某动物最爱玩、玩球、彩虹伞游戏、感统游戏都是可以经常开展的游戏。
再见时刻	1. 离园整理：关注幼儿的情绪，关注幼儿的衣物穿着情况，如有必要帮助幼儿增减衣服，鼓励幼儿尝试整理自己的书包。 2. 提醒幼儿关注自己的生理需求，引导有需要的幼儿如厕、喝水。 3. 唱再见歌：在愉快的音乐声中，与幼儿告别，还可以拉圈，与每名幼儿愉悦地告别（教师和每名幼儿相互拥抱）。 4. 与家长沟通：利用短暂的时间向部分家长说明幼儿的在园情况。

三、童谣

我们一家

我有一个家
那里有我爱的
爸爸
我有一个家
那里有我爱的
妈妈
我有一个家
那里有我爱的
爸爸和妈妈
我有一个家
那里有最爱我的
爸爸和妈妈
我爱我的家

生成引导和日常评价

教师可以根据幼儿的年龄特点、兴趣以及掌握程度进行动作的创编。待幼儿熟悉后，可将爸爸、妈妈换成其他家人。

四、游戏（学习）活动

活动1　我会关心别人

意向目标

喜欢倾听故事，知道如何关心他人。

活动准备

绘本《我会关心别人》。

活动过程

1. 教师创设故事情境引发幼儿的兴趣。

—在家里，爸爸妈妈会给我们做好吃的，关心照顾我们。今天有一个小朋友，他也学会了关心别人，我们一起来看看。

2. 教师与幼儿共读绘本，教师完整讲述故事，带领幼儿整体感知故事内容。故事分享完后，继续引导幼儿交流如何关心家人和同伴。

—平时在家里，爸爸妈妈会照顾宝宝，还会给宝宝做饭吃，受伤了会关心宝宝，饿了会给宝宝好吃的，这些都是关心。那么，当妈妈生病的时候，你会怎么关心她呢？当爸爸累的时候，你会怎么关心他呢？

3. 教师引导幼儿感受什么样的行为是关心，幼儿可以分享自己是如何关心家人的。

—我们在这里，怎么关心同伴呢？如果同伴累了、伤心了，我们要怎么关心他呢？

4. 教师根据幼儿的反应引导他们知道如何关心别人。

生成引导和日常评价

1. 教师可以举具体的例子来说明家人是如何关心幼儿的，比如，接我们上下学、和我们玩游戏等，然后引导幼儿进行回应和互动。

2. 教师可以使用一些玩偶、娃娃等，让幼儿模仿和练习照顾宝宝。

3. 当幼儿表达自己的想法时，教师要支持幼儿，鼓励他们大胆表达，并做出进一步的引导。

活动拓展

1. 在娃娃家，幼儿可以进行照顾病人、关心宝宝的游戏。

2. 回家后，幼儿可以用自己的方式关心照顾家人。

活动 2　我的家人

意向目标

能够通过照片识别自己的基本家庭成员，尝试介绍家人。

活动准备

在墙面创建家庭树，将收集来的家庭照片悬挂在树上。

活动过程

1. 教师出示自己的家庭照，介绍家庭成员。

—今天老师带来了一张家庭照，我来介绍一下吧（介绍家庭成员并说些家人发生的有趣的事）。

2. 教师引导幼儿介绍自己的家人。

—这里有好多照片，他们也想跟大家认识一下，请小朋友来找找你家的照片，试试告诉大家照片里都是谁，好不好？

3. 教师可提示幼儿介绍的内容，比如家人的外貌、喜好、有趣的故事等，只要幼儿愿意分享表达就好。

生成引导和日常评价

1. 在分享环节，可以分组介绍家庭成员。如果分享时间太长，幼儿也可以在其他的时间，比如餐后、区域活动时间介绍。

2. 如果幼儿不愿意介绍也没关系，教师可以这样鼓励，比如："哦，这个小朋友还没有准备好，他准备好会介绍的。""这个小朋友的声音虽然有点小，但是我们还是听到了，老师相信他下次说话就会像小鸟一样清脆响亮了。"

3. 教师可以根据幼儿的年龄段开展本活动，对于年龄较小的幼儿，教师可以协助介绍，比如，用"这是你的爷爷吗？他戴着眼镜吗？他个子很高呀"等这样引导性的话语；对于年龄较大的幼儿，教师可以提示和鼓励他们自主介绍。

活动拓展

1. 教师和幼儿拍摄集体照发到家长群，请幼儿向家人介绍班上熟悉的同伴和教师。

2. 请幼儿和家人一起做一个全家大头贴（将照片剪下粘贴到纸上），可以装饰家里，也可以带回本班。

活动 3　爱我你就抱抱我

意向目标

知道妈妈爱自己，尝试用行动表达对家人的爱。

活动准备

音乐《爱我你就抱抱我》。

活动过程

1. 教师播放音乐，邀请幼儿一起跳舞。

—今天我们一起来唱歌、跳舞吧。

2. 教师请幼儿在宽敞的场地跳舞，教师在前面边唱边跳，幼儿随着音乐由表达对音乐的理解。

3. 当音乐唱到“爱我你就抱抱我”“爱我你就亲亲我”时，可以与幼儿互动，引导幼儿相互抱抱、拉拉手等。

生成引导和日常评价

1. 教师在跳舞时，可以鼓励幼儿参与进来，吸引幼儿模仿舞动。

2. 当幼儿自由跳舞时，教师可给予具体肯定的回应激励幼儿，比如：“你的这个拥抱真温暖。”“我很喜欢你转圈时挥动双手的这个动作。”

3. 教师也可以鼓励幼儿和同伴互动，拉近幼儿之间的距离，同时让幼儿感受到教师对他们的爱。

活动拓展

建议家长在家和孩子进行音乐游戏，让孩子感受到家人的爱，除了爸爸妈妈，还可以和其他长辈一起听音乐做游戏。

活动 4　我是按摩师

意向目标

尝试在抚触的动作练习中，促进触觉和手部精细动作的发展，感受被照顾的快乐。

活动准备

轻音乐，空旷场地。

活动过程

1. 两位教师创设场景，一位教师扮演奶奶，另一位教师扮演爷爷，奶奶请爷爷按摩。两位教师示范按摩的动作，在按摩的过程中可表达接受按摩的感受，比如："真舒服！""可以轻点吗？"

2. 幼儿可坐成一条毛毛虫或一个甜甜圈的形状，后面的幼儿给前面的按摩。一边按一边数数"一下、两下……"，然后换相反方向继续按摩。

3. 在按摩期间可以引导幼儿尝试各种按摩的动作和方法，用手捶、捏、拍打、按压等，被按摩者可以表达自己接受按摩时的感受，比如"轻点""重点"。

4. 教师请幼儿说出按摩时的感受，并引导幼儿感知可以通过按摩来关心照顾家人。

生成引导和日常评价

1. 通过多种力度的按摩动作，感受力量的轻重，引导幼儿知道身体喜欢轻轻的按摩。

2. 及时对幼儿进行激励性评价，看到每一名幼儿的努力和进步，并给予具体的反馈，比如："××小宝宝给我按摩后，我感觉舒服极了，我都快睡着了。""我看××小宝宝开心的样子，他的小伙伴一定是按摩高手吧。"

活动拓展

1. 幼儿可以在娃娃家继续玩按摩游戏。

2. 鼓励幼儿回家开一个按摩小店，给家人按摩。

活动 5　我是小厨师

意向目标

体验做食物的快乐，发展手指动作。

活动准备

简单的厨房玩具，儿童专用刀，纸盘子。（可以使用真实的瓜果蔬菜。）

活动过程

1. 教师创设情境。

—我们的小宝宝说肚子饿了，我需要一些小厨师来帮忙。

2. 教师和幼儿一起使用材料进行厨房游戏，可以用以下的问题引导幼儿。

—请你帮我把这个洗干净，请你把胡萝卜切好，好吗？

—我想吃西红柿鸡蛋饭，你能给我做吗？

—我的肚子好饿，你能给我多煮一些菜吗？

—这个菜有点甜，它是什么菜？这是什么点心？好吃又好看，这又是什么菜？看起来像是鸡肉炖土豆呢！

3. 教师请幼儿分享家里谁做饭，自己喜欢吃的食物，引导幼儿懂得感恩。

生成引导和日常评价

1. 幼儿玩角色游戏时，教师要提醒他们注意用刀的安全，可这样提醒："我看到 ×× 切菜时，小手和小刀成了好朋友，一起认真地工作，切得可好了。"

2. 教师及时对幼儿进行激励性评价，比如，"你们做的菜真香，谢谢你们。"

活动拓展

1. 给家长写一封信，请家长允许孩子在家参与做饭的过程。

2. 鼓励幼儿用自己的方式表达对家人的爱，比如给家人一个拥抱、吻，或者送礼物等。

我爱老师

一、总体构想

意向目标	1. 喜欢园所生活。 2. 能够和教师建立良好的关系。 3. 乐意向教师表达自己的感受，认同自己。
主题音乐	《听我说谢谢你》
区域布置	生活区：投放一些毛巾条 / 毛线条，供幼儿练习叠 / 卷。 美工区：投放画有图案的纸供幼儿涂色，放置装饰纸 / 画。 娃娃家：张贴一些教师和幼儿游戏的照片，投放一些教师经常会使用的物品。 建构区：投放一些简单积木、小型木块等建构材料。 阅读区：放置《一起玩》《我的幼儿园》《我会关心》等相关的主题绘本。 主题桌上摆放有关园所的照片、班级合照和其他主题材料。
互动要点	1. 教师需要营造积极乐观的教育氛围，适时鼓励幼儿的每一次进步。 2. 鼓励幼儿用词语、短句分享自己的事；教师多和幼儿拥抱；轻声唤幼儿的小名。 3. 当幼儿做错事时，给予谅解并说明正确的做法。
家园共育	1. 给家长写一封信说明课程以及安排。 2. 家长和幼儿在家里谈及教师，说说教师是如何关心和照顾幼儿的。 3. 建议家长陪幼儿练习叠自己的衣服，整理物品。

二、课程计划

晨新时刻	1. 晨接问好：教师自然地与幼儿打招呼、关注幼儿的情绪；关注幼儿的衣物穿着情况，注意及时给幼儿增减衣服。 2. 晨间整理：教师协助幼儿进行来园活动，比如放书包、换鞋子、放水杯等；引导幼儿洗手。

续表

晨新时刻	3. 早餐准备：在吃早餐前，教师可组织幼儿念童谣，给幼儿讲故事，年龄较大的幼儿可帮教师准备早餐，比如摆放餐具等。 4. 晨新律动：围绕主题音乐《听我说谢谢你》进行晨新身体律动，还可以根据幼儿的表现增加更丰富的形式，比如游戏律动、同伴律动、节奏律动。 5. 晨间谈话：教师和幼儿围绕“你喜欢的老师”进行晨间谈话，适当时可抱抱幼儿。
生活时刻	1. 在过渡环节，教师引导幼儿尝试说说班级教师的名字，教师尽量关注每一名幼儿，建立良好关系。多拍一些班级教师和幼儿互动的照片，可用来讲述幼儿和教师的故事。 2. 在自由活动时间给予幼儿较多机会谈论自己教师的感受，比如喜欢哪位教师，喜欢和教师做什么等。 3. 餐前伴随童谣《我爱老师》，开展手指或肢体游戏。
游戏（学习）时刻	活动 1　老师的拥抱 活动 2　颜色宝宝 活动 3　我们一起舞蹈 活动 4　卷啊卷 活动 5　装饰我的教室
区域时刻	自选，根据幼儿对教师的感受选择不同的区域自主游戏。
户外时刻	通过各种运动开展户外和室内运动，养成爱运动的习惯，感受运动后的快乐。开火车、玩球、彩虹伞游戏、感统游戏都是可以经常开展的游戏。
再见时刻	1. 离园整理：关注幼儿的情绪，关注幼儿的衣物穿着情况，如有必要帮助幼儿增添衣服，鼓励幼儿尝试整理自己的书包。 2. 提醒幼儿关注自己的生理需求，引导有需要的幼儿如厕、喝水。 3. 唱再见歌：在愉快的音乐声中，与幼儿告别，还可以拉圈，与每名幼儿愉悦地告别（教师和每名幼儿相互拥抱）。 4. 与家长沟通：利用短暂的时间向部分家长说明幼儿在园情况。

三、童谣

我们一家

我有一个家

那里有我爱的

爸爸
我有一个家
那里有我爱的
妈妈
我有一个家
那里有我爱的
爸爸和妈妈
我有一个家
那里有最爱我的
爸爸和妈妈
我爱我的家

生成引导和日常评价

教师可以根据幼儿的年龄特点、兴趣以及掌握程度进行动作的创编。待幼儿熟悉后，可将爸爸、妈妈换成其他家人。

四、游戏（学习）活动

活动 1　老师的拥抱

意向目标

感受教师的爱，愿意用拥抱表达爱。

活动准备

无。

活动过程

1. 教师创设情境，吸引幼儿的兴趣。

—今天早上，我给每个小朋友一个大大的拥抱，谁还想和老师抱抱呀？

2. 几位教师和幼儿依次抱抱，引导他们说说自己拥抱时的感受，比如暖暖的、热热的、舒服的。

—你知道班上还有哪些老师?

—让我来抱抱你，让我们拉拉手。

3. 教师引导幼儿尝试说说自己班级的教师，并和幼儿一起说说发生在园里的故事，让幼儿知道在园有任何事都可以找教师，教师说说最喜欢幼儿的哪些方面，和幼儿建立亲密的关系。

4. 教师播放《爱我你就抱抱我》，与幼儿一起跟随音乐进行律动和拥抱。

生成引导与日常评价

1. 教师可提前了解每名幼儿的特点、优点，让幼儿知道教师是爱自己的。

2. 班上多位教师都参与这个活动，可避免有些幼儿感受不到爱意。

活动拓展

1. 在娃娃家投放班级教师的照片供幼儿游戏；在美工区投放教师的身体轮廓，引导幼儿用涂色的方式给教师做衣服。

2. 建议家长在家里和孩子谈谈自己的教师，说说发生在园里的事。

活动 2　颜色宝宝

意向目标

感受几种常见的颜色，乐意和教师、同伴玩游戏。

活动准备

户外场地，幼儿身穿两种颜色的衣服。

活动过程

1. 教师创设情境，吸引幼儿的兴趣。

—我看到小朋友们穿着不同颜色的漂亮衣服，我们一起来玩“颜色宝宝”的游戏吧!

—你的衣服是什么颜色的？那你就是什么颜色的宝宝。

2. 教师鼓励幼儿说说自己衣服的颜色，并按照衣服的颜色来分组，然后根据颜色做不同的动作。

—红色宝宝，请你们抬一抬手臂；蓝色宝宝，请你们转一个圈。

生成引导与日常评价

1. 除了集体活动时间，在其他时间，比如餐前等待、户外游戏时也可以称呼幼儿为某颜色宝宝。

2. 可以用颜色相近的幼儿熟悉的物品给颜色宝宝起别的名字，比如红色的是火龙果或草莓宝宝，绿色的是树叶或青菜宝宝。

3. 平时户外散步或者吃水果餐时，可以引导幼儿说说自己观察到的物品的颜色。

活动拓展

建议家长在家里和孩子玩这样的游戏，或者玩亲亲抱抱的游戏，以增进亲子关系，同时发展孩子对颜色的感知。

活动 3　我们一起舞蹈

意向目标

感受教师的爱，尝试用自己的方式表达对教师的爱。

活动准备

音乐《听我说谢谢你》。

活动过程

1. 教师播放音乐，和幼儿一起互动。

—我们一起跳舞吧！

2. 教师一边哼唱歌曲，一边舞动。幼儿围成一大一小的圈，手拉手摆动身体。

放第二遍音乐，教师和幼儿一起舞动，幼儿模仿教师的动作舞动。

3. 幼儿自由舞动，也可以和同伴、教师互动舞动。

生成引导与日常评价

1. 教师先做示范，跳简单的舞蹈动作，让幼儿便于模仿。

2. 适当采用激励性评价，当幼儿沉浸在舞动中时，可以用具体的话语肯定幼儿。

3. 在其他的时间也可以播放这首音乐，和幼儿一起舞动。

4. 教师可根据幼儿年龄段开展本活动，对于年龄较小的幼儿能乐于参与活动，舞动身体就好；对于年龄较大的幼儿可以逐渐加入哼唱和互动。

活动拓展

婴幼儿在家里也可以和家人一起随着音乐舞动。

活动 4　卷啊卷

意向目标

体会帮助他人的快乐，学习卷的动作，发展手部精细动作。

活动准备

色彩鲜艳的毛线编织的长条（蜗牛卷），宽度约成人的 3~4 个手指宽，长度约从指尖到手肘长；小竹筐（上面标注不同颜色的色板）。

活动过程

1. 教师拿出一筐散开的毛线长条。

—小宝宝们，这里有一群小蜗牛，它们出来找好朋友玩，玩得太久了，忘记了该怎么爬回家。我们来帮帮小蜗牛，送它们回家吧！

2. 教师把小竹筐分开排列在不远处（最好中间有一些给小蜗牛爬行的轨道或滑梯等，增加趣味性）。

3. 教师示范，双手轻轻卷起散开的蜗牛卷，并用儿歌引导。

卷卷，卷啊卷，卷成小蜗牛，

卷卷，卷啊卷，卷成大蜗牛。

4. 观察幼儿的动手情况，等幼儿有了足够的练习机会，大部分蜗牛卷都被卷起来后，教师示范，轻轻地握着小蜗牛往前爬，爬进与自己相同颜色的竹筐里，并用儿歌《我是一只小蜗牛》引导。

我是一只小蜗牛，
慢慢爬呀，慢慢走，

我有许多好朋友，

大家一起慢慢走！

幼儿将所有的毛线条都整理好后，教师表扬幼儿的行为，并将这些物品各自放回原处。

生成引导与日常评价

1. 幼儿在卷毛线条的过程，需要比较专注，教师轻轻念儿歌，让幼儿既专注又放松地操作。

2. 如果有幼儿卷毛线条有困难，或容易散开，教师可以提供一条稍微短一点的毛线条，并用语言引导，比如：“这个小蜗牛宝宝也想请你送它回家，你愿意帮帮它吗？”

3. 教师可根据幼儿年龄段开展本活动，当年龄较小的幼儿分辨颜色有困难时，教师可以在旁边用语言描述：“我是黄色小蜗牛，我住在黄色的房子里”“哦，抱歉，我是绿色的房子，黄色的房子在我的旁边。”

4. 活动完成后，教师可适当地表扬幼儿，比如：“我听到小蜗牛宝宝在说‘谢谢你们，谢谢你们送我回家’。”

活动拓展

1. 在幼儿收拾一些长条形物品时，教师可以轻声哼唱儿歌。

2. 在幼儿排队往前走时，教师们也可以用儿歌《我是一只小蜗牛》引导幼儿有秩序地慢慢走，不要拥挤。

活动5　装饰我的教室

意向目标

尝试用涂鸦、拓印的方式进行创作，体验创作的快乐，感受色彩的魅力。

活动准备

白纸、水洗颜料。

活动过程

1. 教师提前准备好材料，将颜料分装在几个容器中。幼儿分组，每组一种颜色，然后告知幼儿今天准备装饰教室。

2. 教师将手心沾满颜料，然后拓印到白纸上，呈现出一双手的画面，其他地方可以用手指随意涂抹线条。

3. 幼儿自由创作。

制作完成后，和幼儿一起把双手洗干净，并将作品放置在阴凉处晾干。

生成引导和日常评价

1. 当幼儿有不同的想法时，鼓励他们自由创作，可以有多样化的表达。

2. 如有幼儿不愿意参加活动，不必强迫，可请他们在旁边观看或者帮助其他幼儿。

3. 当幼儿有新的创作时，教师应给予肯定的评价。

4. 活动结束后，可以引导幼儿一起收拾，然后把双手洗干净。

5. 教师可根据幼儿年龄段开展本活动，对于年龄较小的幼儿，教师可给予适当的帮助；对于年龄较大的幼儿，可以引导他们自己尝试拓印和创作。

拓展活动

作品晾干后可以拼成一个爱心或爱心树的，上面可以粘贴幼儿的照片，也可以作为背景用于悬挂幼儿后期的作品，作为环境创设的一部分。

我爱同伴

一、总体构想

意向目标	1. 喜欢园所生活，能体会同伴、教师之间相互关心带来的快乐。 2. 乐意关心身边的其他人。 3. 愿意参与同伴活动。
主题音乐	《听我说谢谢你》
区域布置	娃娃家：在娃娃家投放娃娃、玩偶，其他地方悬挂幼儿和班上同伴玩耍的照片。 美工区：放置幼儿收集的自然材料等拓印材料。 表演区：放置铃铛、铃鼓、响板、风铃和相关服饰等。 建构区：放置不同形状的积木等玩具供幼儿进行简单的积木搭建。 阅读区：放置《好朋友》《一起玩吧》等与同伴相处有关的主题绘本。 主题桌上摆放有关幼儿和同伴互动的照片和其他主题材料。
互动要点	1. 教师需要营造适合幼儿和同伴互动的场景，比如，邀请幼儿帮忙做一些事，这些需要多个人才能完成。 2. 鼓励幼儿用词语、短句来描述自己的同伴，分享和同伴的故事。 3. 将幼儿与同伴的冲突拍照，然后帮助幼儿尝试解决冲突。
家园共育	1. 给家长写一封信说明课程与需要做的事。 2. 家长可与孩子在家一起制作一些美食带到托育园分享。 3. 家长利用周末时间约一些同伴玩耍，给孩子创造交往的机会与条件。

二、课程计划

晨新时刻	1. 晨接问好：教师自然地与幼儿打招呼，关注幼儿的情绪；关注幼儿的衣物穿着情况，注意及时增减衣服。 2. 晨间整理：教师协助幼儿进行来园活动，比如放书包、换鞋子、放水杯等；引导幼儿洗手。 3. 早餐准备：在吃早餐前，教师可组织幼儿念童谣，给幼儿讲故事，较大的幼儿可帮教师准备早餐，比如摆放餐具等。 4. 晨新律动：围绕主题音乐《听我说谢谢你》进行晨新身体律动，还可以根据幼儿的表现增加更丰富的形式，比如游戏律动、同伴律动、节奏律动。 5. 晨间谈话：说说自己的朋友以及和同伴一起做游戏的故事。
生活时刻	1. 在过渡时间，教师可引导幼儿谈论在园里的好朋友，多拍一些幼儿和同伴互动的照片，可用来讲述幼儿之间的故事，说说好朋友的外貌特征等。 2. 一起观看班级照片，教师引导幼儿尝试识别自己班级的小朋友，可称呼小朋友的名字。 3. 教师可引导幼儿多和同伴活动，给幼儿创造和同伴游戏的机会。 4. 餐前伴随童谣：《我们一家》，开展手指或肢体游戏。
游戏（学习）时刻	活动 1　一堆好朋友 活动 2　好朋友来串门 活动 3　好朋友一起做面条 活动 4　好朋友吵架了 结题　亲子活动——踏青
区域时刻	自选，根据幼儿对同伴的感受选择不同的区域自主游戏。
户外时刻	通过各种运动开展户外和室内运动，养成爱运动的习惯，感受运动后的快乐。水果蹲、某某动物最爱玩、玩球、彩虹伞游戏、感统游戏都是可以经常开展的游戏。
再见时刻	1. 离园整理：关注幼儿的情绪，关注幼儿的衣物穿着情况，如有必要帮助幼儿增添衣服，鼓励幼儿尝试整理自己的书包。 2. 提醒幼儿关注自己的生理需求，引导有需要的幼儿如厕、喝水。 3. 唱再见歌：在愉快的音乐声中，与幼儿告别，还可以拉圈，与每名幼儿愉悦地告别（教师和每名幼儿相互拥抱）。 4. 与家长沟通：利用短暂的时间给部分家长说明幼儿在园情况。

三、童谣

我们一家

我有一个家
那里有我爱的
爸爸
我有一个家
那里有我爱的
妈妈
我有一个家
那里有我爱的
爸爸和妈妈
我有一个家
那里有最爱我的
爸爸和妈妈
我爱我的家

生成引导和日常评价

教师可以根据幼儿的年龄特点、兴趣以及掌握程度进行动作的创编。待幼儿熟悉后，可将爸爸、妈妈换成其他家人。

四、游戏（学习）活动

活动1　一堆好朋友

意向目标

体验大家一起玩的快乐，愿意与同伴互动，培养乐群的性格。

活动准备

绘本《一堆好朋友》、企鹅娃娃 / 企鹅面具、故事角色头饰。

活动过程

1. 教师戴上企鹅宝宝面具，假装企鹅宝宝走路的样子走入幼儿的视线。

—我是一只小企鹅，我有一点儿不开心，因为我遇到了困难，请小朋友们听听我的故事吧！

2. 教师完整讲述故事，带领幼儿整体感知故事内容。教师在讲述过程中要表现出小企鹅的情绪变化，让幼儿有身临其境的感觉，引发幼儿继续阅读的兴趣。

3. 教师和幼儿一起讨论关于绘本的场景。

—小企鹅怎么了？为什么不开心？她想做什么事？

—后来哪些朋友来帮忙啦？

—最后小企鹅开心吗？为什么开心？

4. 教师和幼儿一起戴着头饰进行扮演。当遇到叠叠高的故事场景时，可以手拉手，做出一起开火车的姿势。

生成引导与日常评价

1. 教师可这样鼓励幼儿："×× 宝宝听故事时真认真。"

2. 在角色扮演时教师要关注幼儿的安全。

3. 在最后总结时，教师可引导幼儿体会互帮互助的快乐，可与幼儿回忆自己与同伴互相帮助的场景。

4. 教师可根据幼儿年龄阶段开展本活动，年龄较小的幼儿愿意听故事即可，年龄较大的幼儿可以用词语、短句表达自己的想法。

活动拓展

1. 在户外活动时间，教师和幼儿一起玩接力过河的游戏。

2. 在区域游戏时间，幼儿可与同伴一起合作玩叠叠高的游戏，比如在娃娃家，使用小玩偶叠叠高，在建构区可使用积木叠叠高。

活动 2　好朋友来串门

意向目标

1. 发展身体大运动和空间意识。

2. 乐意与人交往，感受与人交往的快乐。

活动准备

粉笔（也可使用呼啦圈代替粉笔画的圈），空旷场地，音乐《小兔子乖乖》。

活动过程

1. 教师先在地板上用粉笔画出很多个圈，尽量让每名幼儿的房子之间有活动的空间。在自己站的位置上画一个房子来代表家。

—宝贝们，这里是我家，你们也去选一个家吧！

2. 幼儿寻找地面的圈圈来作为自己的家。

—哦，×× 的家在这边，×× 的家在那边。

—我们可以来串门了呦。

3. 教师可以先示范，然后开心地跳到一位邻居家，邀请朋友玩，可唱开门歌“小兔子乖乖，把门开开”。幼儿开门后跟在教师的后面，然后依次串门，直到把所有的幼儿邀请出来。

4. 最后，教师和幼儿围成圈唱歌作为活动结束。

生成引导与日常评价

1. 鼓励幼儿自由发挥，用双脚跳或双脚走着去串门。

2. 观察幼儿的状态，如果不愿意串门的宝宝比较多，教师可以在旁边画一个颜色丰富的公园，一边画一边说公园里的设备和游戏项目吸引幼儿来公园玩滑梯、跳水坑等。

3. 在游戏过程中注意安全，可适当地放慢速度。

活动拓展

1. 可以准备一桶水和一些刷子，洗掉粉笔印。这是一个很好的方式来显示婴幼儿完成了活动，同时洗刷的过程可以锻炼幼儿的手指力量和臂力。如果幼儿还沉浸在串门活动中，那么这个事情可以留着在当天的其他时间来做。

2. 建议住得较近的家长们可以周末相约，串串门或一起去户外玩耍。根据观察，在园外有过游戏经验的幼儿，回园后常常会把这个经历在自主游戏中呈现出来，这样的想象游戏非常有助于发展他们的创造力。

活动 3　好朋友一起做面条

意向目标

发展精细动作，学会等待，与人合作，感受与同伴合作的快乐。

活动准备

已经和好的面团（制作面条用，加少许盐）、擀面棍、成人和宝宝围裙、塑胶面条切刀、食品硅胶垫等。（也可以用橡皮泥代替面团。）

活动过程

1. 情境导入。

—小宝宝们，饿了吗？我们一起来做美味的面条吧！

幼儿清洁双手后，围桌坐下。

2. 教师先示范揉面团，并把大面团分成小面团后给幼儿。

—把小面团揉到光滑成团后，用擀面棍把它们压成面饼。

3. 教师一边擀面条，一边轻声哼歌，带领幼儿专注又放松地工作。

小手小手揉揉，
小手小手揉揉，
揉一揉啊揉一揉，
揉一揉啊揉一揉。

4. 面饼压至手掌厚度，即可放入面条机，压出面条。由教师和力气比较大一点儿的幼儿负责压面条。想来尝试一下的幼儿也可以轮流来。

5. 面条压好后，可以邀请幼儿给面条撒上面粉，以防面条粘起来。

6. 面条压完后，一位教师可以邀请一名幼儿一起把面条拿到厨房，其他教师带领年龄较大的幼儿收拾台面、地板。

生成引导与日常评价

1. 教师观察幼儿揉面团和压面饼的情况，多给幼儿一些时间，让其自由感受面团的变化。

2. 如果有幼儿不感兴趣，或排斥手上有面粉，教师可以邀请他帮忙做其他事，比如拿取物品。

3. 在做面条的过程中，幼儿可能会发生冲突，教师可将其拍照，作为以后帮助解决冲突的素材。

活动拓展

1. 把幼儿的作品拍下来，照片展示在美工区墙面较低处，方便幼儿观察和讨论。

2. 建议家长在家里邀请幼儿一起做食物。

活动 4　好朋友吵架了

意向目标

能够区分生气的情绪状态，尝试和同伴交往。

活动准备

提前拍好的幼儿发生冲突的视频。

活动过程

1. 教师引出幼儿之间发生冲突的场景，播放幼儿之间争抢玩具 / 物品的视频。

—我看到有小朋友在争抢玩具，究竟是为什么呀？

2. 教师帮助幼儿分析减少冲突的方法，比如交换玩具、先玩其他的、同伴一起玩等。

生成引导与日常评价

1. 可以请幼儿说说自己和同伴玩耍的场景，尝试和同伴建立良好关系。

2. 教师也可以给幼儿提供一些正面示例，帮助幼儿知道正面的沟通方法。当看到幼儿之间发生良好的互动时，可以具体评价幼儿的做法，比如："刚才你和妞妞在交换玩具，是吗？做得可真好！"

3. 在幼儿互动的时候多观察他们的行为表现，利用适当的时机进行干预。

活动拓展

把幼儿之间好的相处方式分享给家长，请家长们在家里也尝试和幼儿这样做。

结题 亲子活动——踏青

意向目标

认识同伴的家人，愿意分享食物，在亲子活动中体会大家庭的快乐。

活动准备

1. 提前找好附近的公园（最好步行能去），或在园内的户外场地进行该活动。

2. 提前一周邀请家长前来参加活动，并请家长抽空和幼儿在家做些美食。

3. 准备小药箱、桌布、湿纸巾、水果及水果刀等，音箱、音乐《丢手绢》、手绢若干。

活动过程

1. 情境导入。

—小朋友们，今天我们邀请家人坐上我们的小火车（排成几小队），带上行李，出去玩了，在路上我们要牵好家人的手走路，因为你们是一节车厢的，不能脱轨了哟！

2. 在户外引导家长带幼儿拉成一个圈坐下，放音乐《丢手绢》，大家一起跟着唱。家长带着幼儿一起围圈跑，输了的一方给对方一个拥抱，游戏继续。

3. 休息时间，把园里准备的食物和家长带来的食物放在圆圈中间，并请家长介绍和幼儿做的是什么食物。

4. 大家把手擦干净后，请一些幼儿把食物分享给每个人，大家尽情享用美食。

5. 结束时，引导幼儿和家长、教师一起整理收拾物品，返回园所。

生成引导与日常评价

1. 考虑到参与人数比较多，维持活动需要更多人手，可以邀请园内其他工作人员同行，教师要留意每一名幼儿的安全。

2. 教师要特别关照一些家长没来的幼儿，需要一直陪在他们身边，帮助他们参与游戏。

3. 提醒家长照顾好年龄较小的幼儿，教师也可以根据幼儿年龄分阶段组织适合他们的小游戏。

4. 可以邀请一名家长拍照记录美好时光。

活动拓展

1. 把活动照片做成公众号等分享给大家，让幼儿再次感受快乐的园所生活。

2. 在教室墙面上粘贴活动照片，幼儿在园时可以继续观看和回忆，或者在娃娃家准备相应的材料，供幼儿玩春游游戏。

主题 2　美好的春天

主题构想

一、主题导言

春天是一个万物复苏的季节，小草长高了，种子发芽了，花儿绽放了，动物醒来了，一切都是那么美好。五颜六色又生机盎然的春天给小宝宝们带来了许多美好的感受，激发了他们探寻美好事物的愿望，鼓励他们在这美丽的季节里自由地探索与创造，从而使他们的审美力和创造力得到发展。

本主题适应 1.5~3.5 岁幼儿，可根据他们的年龄和兴趣进行选择。主题分为春天真美丽、春雨落下来、花儿真漂亮和春天真有趣四个部分。

二、主题意向目标

根据《大纲》建议，本主题制定如下意向目标。

1. 思维模式：积极思维和探究思维

首先，幼儿在温暖的氛围中感受春天植物的生长，在积极向上的氛围中发展成长思维。其次，婴幼儿在与教师、同伴了解互动的过程中发展探究思维。

2. 关键能力：审美力和创造力

审美力和创造力的意向目标如下图。

1. 通过各种感官体验春天的美，丰富有关春天的经验，发展审美感知。
2. 喜欢探索春天的美好事物。
3. 愿意尝试各种简单的艺术活动，用艺术表达对春天美的感受。

审美力

创造力

1. 仔细观察，积极模仿。
2. 用不同的形式进行简单的创造，大胆表达自己的想法。
3. 愿意分享、欣赏。

幼儿审美力的发展具有如下特点。

（1）喜欢鲜艳的颜色，具有初步的审美感知。

（2）想象与记忆的界限不明显，审美想象依靠感知动作，特别是视觉形象。

（3）有初步的自我意识，移情能力发展，具有初步的审美情感。

幼儿创造力的发展具有如下特点。

（1）好奇心强烈，有探索和操作的欲望。

（2）喜欢观察、模仿他人。

（3）以无意想象为主，想象的主题不稳定，往往是在外界事物的直接影响下产生的；以想象的过程为满足；想象脱离现实或常与现实相混淆，具有夸张性。

基于《大纲》和幼儿审美力和创造力发展的研究成果，研发本主题。

3. 全面发展意向目标

（1）生活：适应幼儿一日生活，比如吃、喝、拉、撒、睡、穿衣等；能够根据温度和教师的引导穿脱衣服，注意气温变化。

（2）语言：喜欢听关于春季的故事并愿意表达自己的想法；通过与教师的谈话、表达的特定词汇与句式，丰富词汇，逐渐习得复杂的句子；

（3）动作：通过涂涂画画、抓握发展精细动作；积极参与户内外活动，感受大自然的奇妙。

（4）认知：了解春天的事物，尝试用语言表达，学习使用新名词；在绘本阅读、扮演游戏中发展想象力；在自己感兴趣的活动中保持专注力。

（5）情感与社会性：感受春天，喜欢大自然中的事物；在集体活动中，喜欢与同伴或家长玩游戏；通过和教师、同伴互动，发展情感和同理心。

三、主题脉络

在“春天真美丽”的主题设计中，发展幼儿审美力和创造力的纵向路径是：感受—探索与体验—创造。

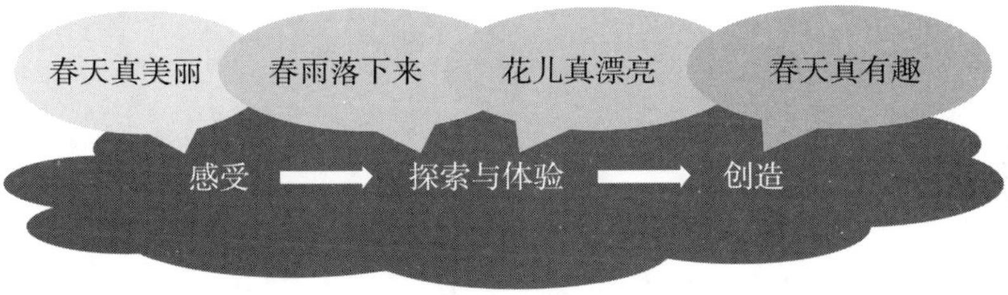

春天真美丽。幼儿体验跟随音乐舞动的乐趣，对探索春天感兴趣。运用各种感官，感受春天的颜色、小动物、植物、风等，丰富对春天事物的认识，发展审美感知。通过共读绘本《当春天来临》，进一步感受春天的变化，加深对春天的感知，激发喜爱春天的情感。

春雨落下来。幼儿在轻松有趣的氛围中探索春雨的奥秘，体验自由律动和沙锤演奏带来的快乐；运用各种感官观察雨后的春天，丰富对春天事物的感知。探索下雨天玩耍的乐趣，激发对下雨天的情感。到户外踩水，体验雨天玩耍的乐趣。

花儿真漂亮。幼儿通过观察身边的花朵，开始“寻花之旅”游戏，加深对红、黄、蓝三种颜色的认识，懂得并且愿意分享，尝试用拓印、粘贴、涂画的方式画花朵，体验美术活动的乐趣。

春天真有趣。通过滚珠画、“打老鼠”、撕纸和粘贴、音乐表演等一系列有趣的游戏与艺术活动，在轻松有趣的环境中大胆想象，自由创作，积极表达自己的情感。愿意分享自己的作品，欣赏他人的作品。

四、主题环境创设

1. 环境布置：墙面张贴充满春天气息的贴画，比如小草、柳树、蝴蝶、燕子等；各种春季花朵的照片墙，比如迎春花、杜鹃花、桃花等；在活动室摆放植物；准备幼儿作品展览墙。

2. 主题桌：树枝、树叶、各种颜色的小石子、简单的花朵拼图等。具体的材料布置可依据每周主题活动的进程而投放。

春天真美丽

一、总体构想

意向目标	1. 感受春天的变化，丰富对春天事物的感知。 2. 喜爱春天，乐于探索。 3. 愿意倾听与表达。
主题音乐	《春天到》
区域布置	生活区：放置练习叠毛巾、倒水、擦嘴、漱口等生活技能的材料。 娃娃家：放置娃娃及其春季服装，可以让幼儿给娃娃穿脱衣服；小熊玩偶。 美工区：放置各式各样的假花枝和叶枝、塑料花瓶，供幼儿自由进行艺术创作。 表演区：放置铃铛、铃鼓、响板、风铃和相关服饰等。 建构区：放置不同形状的积木等玩具，供幼儿进行简单的积木搭建。 阅读区：放置《当春天来临》《遇见春天》等各类春季主题绘本。
互动要点	1. 营造轻松乐观的教育氛围，积极回应幼儿的问题，满足幼儿的好奇心。 2. 鼓励幼儿感受和认识春天的变化，带幼儿去户外寻找春天的植物，引导他们运用多种感官去探索春天的各种事物。 3. 鼓励幼儿主动思考，积极表达自己的感受。
家园共育	1. 给家长写一封信，告知本月需要注意的事项。 2. 家长带孩子到小区、公园等户外观察春天周围的变化，寻找春天。 3. 家长与孩子谈论观察和收集的关于春天的痕迹，比如小草、小花的样态。 4. 家长与孩子可以在家一起种植、照顾植物，用自然物装饰房间。

二、课程计划

晨新时刻	1. 晨接问好：教师自然地与幼儿打招呼，关注幼儿的情绪；关注幼儿的衣物穿着情况，注意及时增减衣服。 2. 晨间整理：协助幼儿进行来园活动，比如放书包、换鞋子、放水杯等；引导幼儿洗手。 3. 早餐准备：吃早餐前，教师可以给幼儿念童谣，或者给幼儿讲春天的故事。 4. 晨新律动：围绕主题音乐《春天到》进行晨新律动，还可以根据幼儿的表现增加更丰富的形式，比如小组律动、打击乐律动。 5. 晨间谈话：可围绕以下话题进行交流，比如，“今天天气暖和吗？”今天天气怎么样？是晴天、阴天还是雨天？“你找到了什么好玩的东西呢？”等。
生活时刻	1. 在户外散步时引导幼儿关注春天的植物变化，比如小草、小树、小花的变化，可收集一些东西到班级供幼儿创作或装饰环境。 2. 在过渡环节可引导幼儿感受春天到来后自己的穿衣和饮食变化。 3. 餐前或过渡环节伴随童谣《春天来了》，开展手指或肢体游戏。
游戏（学习）时刻	活动 1　小燕子 活动 2　找一找春天 活动 3　春天的颜色 活动 4　风车 活动 5　当春天来临
区域时刻	自选，根据幼儿对春天的感受选择不同的区域自主游戏。关注幼儿生活能力和感官训练，不能忽视生活区和感官区。
户外时刻	开展各种室内外运动，培养幼儿良好的运动习惯，感受运动后的舒适。注意春季运动后要及时擦干汗水或更换衣服。自由游戏、玩球、彩虹伞游戏、感统游戏都是可以经常开展的游戏。
再见时刻	1. 离园整理：关注幼儿的情绪，支持幼儿整理自己的书包；提醒幼儿关注自己的生理需求，引导有需要的幼儿如厕、喝水；关注幼儿的衣物穿着情况，如有必要帮助幼儿增添衣服。 2. 唱再见歌：教师与每名婴幼儿愉悦地告别。 3. 与家长沟通：可与家长谈谈幼儿当天所做的事情，比如，幼儿喜欢参与的游戏活动、学习到的新技能；幼儿日常喂食、换尿片、午睡、情绪、活动等有日常书面记录，可供家长查看，或通过口头、文字等方式与家长沟通。

三、童谣

春天来了

春风春风，吹吹
柳树柳树，跳舞
呼呼呼——
呼呼呼——
春雨春雨，落下
小花小花，长大
沙沙沙——
沙沙沙——
春雷春雷，来了
娃娃，快快回家
轰隆隆——
轰隆隆——

生成引导和日常评价

教师可以根据幼儿的年龄特点、兴趣以及掌握程度进行动作的创编。每天一段或者两段，逐步帮助幼儿了解和熟悉童谣。

四、游戏（学习）活动

活动1 小燕子

意向目标

感受音乐的魅力，尝试模仿小燕子飞，体验跟随音乐舞动的乐趣，激发探索春天的兴趣。

活动准备

1. 已经和家长通过资料搜索、观看照片等方式认识小燕子。

2. 音乐《小燕子》，小燕子尾巴服饰、模型，小燕子头饰。

活动过程

1. 教师和幼儿来到户外，围成圈，一起欣赏音乐《小燕子》，教师伴随音乐生动地表演小燕子飞的动作。

—我是一只小燕子，飞到左来飞到右。

2. 教师鼓励并引导幼儿自由探索小燕子飞的动作，感受跟随音乐舞动的乐趣。

—小燕子飞来飞去的，你们也想当小燕子吗？我们一起学小燕子飞吧！

3. 幼儿戴着小燕子头饰模仿小燕子跟随着音乐飞舞，教师可适当引导幼儿像小燕子一样有时飞得高，有时飞得低，去追其他小燕子的尾巴等。

生成引导和日常评价

1. 教师通过提问鼓励幼儿思考，并用语言和肢体表达自己的想法，比如："宝宝们，小鸟是怎么飞的呀？你们能给大家表演一下，小燕子是怎么飞的吗？"

2. 幼儿模仿小燕子飞时，可以鼓励他们模仿教师的动作，也可以支持他们的自由舞动，不强求他们模仿教师的动作。

3. 当有幼儿胆怯、放不开时，教师可以加强与幼儿的互动，给幼儿示范，鼓励幼儿大胆模仿。比如："小宝贝，你愿意跟着老师一起自由地飞翔吗？跟在我的身后，我们一起飞去找小燕子宝宝吧！"

4. 注意观察幼儿，引导幼儿在移动过程中保持安全距离。

5. 音乐游戏可反复进行，但要根据幼儿的活动量适当调整活动时间。

6. 教师可根据幼儿的年龄特点开展本活动，年龄较大的幼儿可积极表演小燕子飞舞，或带着年龄较小的幼儿进行互动。

活动拓展

1. 在休息或空闲时间，随机播放音乐《小燕子》，引导幼儿跟随音乐自由舞动，自由创编动作。

2. 教师或家长与幼儿一起了解小燕子的外形特征，激发幼儿的内在学习动机，鼓励幼儿通过语言表达自己的想法。

活动 2　找一找春天

意向目标

通过各种感官发现春天的事物，感受春天的美，并乐于探索，在探索中发展观察、专注的能力。

活动准备

收集袋。

活动过程

1. 教师带幼儿来到户外，先围坐在一起。

—春天到了，我们去捡一些宝贝吧，看看有什么呢？

—我们可以收集树叶、花朵、树枝、石子，这些都可以。

2. 教师和幼儿分组，分别寻找一些能够在春天看到的物品，可将寻找到的物品装在收集袋中。教师尝试引导幼儿对其感兴趣的事物进行一段时间的专注观察。

3. 鼓励幼儿分享自己的发现，教师给予积极的回应。根据幼儿的兴趣和能力，引导幼儿继续进行深度探索，比如，尝试用完整的句子描述自己的发现，或是探索发现的事物有什么玩法等。

4. 将收集的物品拿回活动室，教师和幼儿一起观察收集到的物品，说说自己是如何发现的。

生成引导和日常评价

1. 引导幼儿通过看看、听听、闻闻、摸摸等方式进行观察，比如："这是什么东西呀？它是什么颜色的呢？它是什么形状的呢？想摸摸它吗？有味道吗，是什么味道呀？"

2. 当幼儿有所发现时，教师可引导幼儿分享，并给予积极的回应，比如："你发现了什么宝贝呀？你发现的宝贝真好看，能请大家一起来看看吗？你的宝贝是什么样子的呢？哇，这个宝贝真好看，你有一双发现美的眼睛呢！"

3. 培养幼儿在感兴趣的事情上保持一定的专注力。当年龄较大的幼儿发现喜爱的事物时，教师可以通过提问引导他们对该事物继续进行观察，比如："你发现的这个宝贝真好看，它像什么呀？”年龄较小的幼儿可以拿着这些物品玩游戏。

4. 如果幼儿触摸了植物和泥土等，教师在活动结束后要提醒他们进行清洁。

活动拓展

1. 教师引导幼儿养成良好的卫生习惯，比如室外活动后、触摸了泥土等要洗手；能自主使用肥皂或洗手液正确洗手。

2. 将找到的东西放入区域，供幼儿在区域时间进行自由创作。

3. 请家长带幼儿到户外去感受春天，寻找更多春天的事物。

活动3　春天的颜色

意向目标

倾听诗歌内容，感受春天的色彩美，并积极思考和表达。

活动准备

自制诗歌《春天的色彩》教学课件，小熊玩偶，小草、草莓、小白兔图片。

活动过程

1. 故事导入。

—轰隆隆！一声春雷惊醒了正在冬眠的小熊。小熊在黑黑的树洞里睡了一个冬天，小熊想：“过了一个黑色的冬天，春天来了，春天是黑色吗？春天是什么颜色的呢？”

2. 欣赏散文诗。教师一边展示教学课件，一边生动地朗诵诗歌。同时，通过设置情境、模仿或表演等形式，对故事情节进行生动有趣的展现，使幼儿易于理解并且引发他们继续倾听诗歌的兴趣。

3. 通过问题引导幼儿思考，并利用图片加深幼儿的感受与理解。

—是谁告诉了小熊春天的颜色呢？

—春天里有什么？是什么颜色的呢？

生成引导和日常评价

1. 鼓励幼儿大胆想象、自由表达，谈谈春天里的颜色，比如：“小草是嫩嫩的绿色。春天有好多美好的事物，有美丽的小花，它们是什么颜色呢？”

2. 当幼儿注意力分散时，教师可以通过引入情境或表演等形式提示，将幼儿的注意力和兴趣集中到故事里，比如：“我们快跟小熊宝宝一起去听一听其他宝宝发现了哪些春天的颜色？”

3. 当幼儿对某个事物比较感兴趣时，可适当提问引发他们的思考，引导其进行深度探索，比如：“小草告诉小熊，春天是嫩嫩的绿色。小朋友们还发现了哪些事物是绿色的呢？”

4. 可以尽量用诗歌中的语言进行表达，引导幼儿感受诗歌的语言美和意境美。

活动拓展

1. 在户外散步时，可以请幼儿找找园区内的植物都有什么颜色，并和教师、同伴分享。

2. 教师或父母与婴幼儿一起探讨“春天的植物还有什么颜色”，比如花朵、树枝等，引发幼儿探索、发现春天的各种事物与颜色。

3. 回家和父母一起欣赏和表演诗歌故事《春天的色彩》。

活动 4　风车

意向目标

探索让风车转起来的方法，体验探究风车的乐趣，发展灵活的思维能力。

活动准备

每人一个风车。

活动过程

1. 教师和幼儿来到户外操场，自由玩风车，激发幼儿参与活动的兴趣。引导幼儿拿着风车，自由地跑跑、走走，感受风车的转动。

2. 探索让风车转起来的方法，引导幼儿分享自己探索风车的感受和发现。

—风车转起来了吗？风车是怎样转的呢？

3. 教师观察幼儿，根据幼儿的不同情况和兴趣，鼓励幼儿探索更多让风车转起来的方法。

—除了跑一跑，还有什么方法可以让风车转起来呢？

—让风车转起来的方法有很多，比如，拨一拨、甩一甩、吹一吹，或是拿着风车走一走、跑一跑，等等。

生成引导和日常评价

1. 在奔跑过程中，教师可以加上一些口令，比如，“慢慢跑”“快快跑”，调节幼儿的情绪和运动量，避免互相冲撞。

2. 根据幼儿的实际情况，鼓励幼儿运用不同的方式分享自己的发现。年龄较大的幼儿可以用词语、短句描述自己让风车转起来的方法；也可以鼓励幼儿通过边说边示范的方式分享自己让风车转动的方法。比如：“你是用什么方法让风车转起来的？”“能展示一下你是怎样让风车转起来的吗？”年龄较小的幼儿可以拿着风车玩耍，转动风车。

活动拓展

1. 幼儿和父母一起玩风车转动游戏，感受风的作用。

2. 教师协助和引导幼儿有序地将风车摆放回指定区域，养成自主整理收拾玩具的良好习惯。

活动 5　当春天来临

意向目标

倾听绘本的内容，感受春天的变化，发展早期阅读的兴趣和能力。

活动准备

绘本《当春天来临》。

活动过程

1. 教师和幼儿回顾前几天的发现，询问幼儿春天是否到来了。

—春天还没来的时候，树木是光秃秃的，花园里也只有空荡荡的泥土。但是如果你静静等待，春天会带来很多有趣又美丽的东西。现在春天来临了，我们一起来看看它都带来了什么美丽的东西吧！

2. 教师与幼儿共读绘本，教师完整讲述故事，带领幼儿整体感知故事内容，教师在讲述过程中可以通过提问或表演的形式，对以下情节进行生动展现，引发幼儿继续阅读的兴趣。

春天前后各种事物的不同；

春天里的各种事物：树叶、鲜花、绿草、春雨、小朋友的雨伞雨鞋等；

春天里小动物、小朋友玩耍的场景。

3. 分步提问，积极思考。

—（出示绘本图片）春天来了，看看它带来了什么呢？

—在生活中，你有没有发现春天来了呢？你发现了什么有趣的东西呢？

生成引导和日常评价

1. 共读绘本时，教师可以通过创设情境，加入实际体验，让幼儿主动探索绘本内容。比如：“今天的阳光真暖和，我们一起出来玩吧！”“（用喷水瓶制造雨水）哎呀，下雨啦，我们得赶紧找地方避雨。”

2. 多鼓励幼儿思考并尝试培养自己寻找答案的意识。

3. 当幼儿能够说出自己的发现时，教师可以适当地追问，引发幼儿继续观察和思考，比如：“你看到蜜蜂了呀，它们在干什么呢？那你看见蝴蝶在哪里了吗？它在干什么呢？”

4. 当幼儿能够说出自己的想法时，教师要对幼儿进行具体的表扬，比如：“宝宝们的想象力真丰富呀！”

5. 教师可根据幼儿的年龄段开展本活动，鼓励年龄较大的幼儿分享自己对春天里事物的认识，年龄较小的幼儿对绘本故事感兴趣即可。

活动拓展

1. 请家长和幼儿一起到户外走走，寻找春天，摸一摸、闻一闻、听一听。

2. 将绘本《当春天来临》投放到阅读区。

春雨落下来

一、总体构想

意向目标	1. 倾听春雨的声音，观察雨后的景象。 2. 初步感受乐曲的强弱。 3. 体验踩水游戏等带来的乐趣。
主题音乐	《春雨沙沙》
区域布置	生活区：放置练习叠毛巾、倒水、擦嘴、漱口等生活技能的材料。 娃娃家：放置娃娃及其春季服装，可以让幼儿给娃娃穿脱衣服；小熊玩偶。 美工区：放置各式各样的假花枝和叶枝、塑料花瓶，供幼儿自由地进行艺术创作。 表演区：放置铃铛、铃鼓、响板、风铃和相关服饰等。 建构区：放置不同形状的积木等玩具，供幼儿进行简单的分类和积木搭建。 阅读区：放置绘本《下雨天，真快乐》《当春天来临》《遇见春天》等各类春季主题绘本。
互动要点	1. 营造轻松乐观的教育氛围，鼓励幼儿积极表达，积极回应幼儿的问题，满足幼儿的好奇心。 2. 鼓励幼儿积极探索雨以及雨后事物的变化。 3. 鼓励幼儿积极模仿，大胆尝试各种活动。
家园共育	1. 跟孩子一起欣赏歌曲《春雨沙沙》《大雨和小雨》，自由律动。 2. 多带孩子到户外活动，让孩子在生活中探索和体验春天的美。 3. 下雨天带上雨具，和孩子一去感受春雨，用各种感官探索春雨，比如用手掌接雨、用脚踏地上的雨水等。 4. 多让孩子动手做家务，注意用具体评价激励孩子。

二、课程计划

晨新时刻	1. 晨接问好：自然地与幼儿打招呼，关注幼儿的情绪。关注幼儿的衣物穿着情况，注意及时帮幼儿增减衣服。 2. 晨间整理：协助幼儿进行来园活动，比如放书包、换鞋子、放水杯等；引导幼儿洗手。 3. 早餐准备：吃早餐前，教师可以和幼儿做手指谣。 4. 晨新律动：围绕主题音乐《春雨沙沙》进行晨新律动，还可以根据幼儿的表现增加更丰富的形式，比如小组律动、打击乐律动。 5. 晨间谈话：谈谈今天天气怎么样，是晴天、阴天还是雨天，喜欢下雨天吗，下雨天喜欢做什么事。下雨天观察雨滴，倾听雨滴的声音。大雨是什么样的，小雨又是什么样的。
生活时刻	1. 在下雨天可引导婴幼儿欣赏下雨，尝试在雨小时穿好防雨装备在户外看雨。倾听雨声，引导婴幼儿用拟声词描述自己听到的雨声。引导婴幼儿谈论自己是否喜欢下雨以及喜欢在下雨天做的事。 2. 在午餐前可以播放下雨的声音，或者用物品模拟下雨的声音。 3. 餐前或过渡环节伴随童谣《春天来了》，开展手指或肢体游戏。
游戏（学习）时刻	活动 1　春雨沙沙 活动 2　雨后的春天 活动 3　大雨和小雨 活动 4　下雨天，真快乐 活动 5　踩踩水
区域时刻	自选，根据幼儿对春天美的探索选择不同的区域自主游戏。关注幼儿生活能力和感官训练，不能忽视生活区和感官区。
户外时刻	开展各种室内外运动，培养幼儿爱运动的习惯，感受运动后的舒适。注意春季运动后要及时擦干汗水或更换衣服。自由游戏、玩球、彩虹伞游戏、感统游戏都是可以经常开展的游戏。
再见时刻	1. 离园整理：关注幼儿的情绪，支持幼儿整理自己的书包；提醒幼儿关注自己的生理需求，引导有需要的幼儿如厕、喝水；关注幼儿的衣物穿着情况，如有必要帮助幼儿增添衣服。 2. 唱再见歌：教师与每名幼儿愉悦地告别。 3. 与家长沟通：回应家长有关日常照料的咨询，谈谈幼儿当天所做的事情，比如，幼儿喜欢参与的游戏活动、学习到的新技能，并鼓励家长继续引导幼儿探索其喜爱的事物；幼儿日常喂食、换尿片、午睡、情绪、活动等有日常书面记录，可供家长查看，或通过口头、文字等方式与家长沟通。

三、童谣

春天来了

春风春风，吹吹
柳树柳树，跳舞
呼呼呼——
呼呼呼——
春雨春雨，落下
小花小花，长大
沙沙沙——
沙沙沙——
春雷春雷，来了
娃娃，快快回家
轰隆隆——
轰隆隆——

生成引导和日常评价

教师可以根据幼儿的年龄特点、兴趣以及掌握程度进行动作的创编。每天一段或者两段，逐步帮助幼儿了解和熟悉童谣。

四、游戏（学习）活动

活动1 春雨沙沙

意向目标

通过音乐感受春雨的特征和春天的氛围，体验参与音乐活动的乐趣，发展审美感知能力。

活动准备

音乐《春雨沙沙》。

活动过程

1. 播放音乐《春雨沙沙》，教师和幼儿一起自由欣赏。

2. 教师一边唱歌词一边做动作，引导幼儿感受歌词的氛围，激发幼儿用肢体动作进行表达的兴趣。

3. 引导幼儿伴随歌曲跟随教师进行表演。根据幼儿的实际情况和兴趣，鼓励幼儿自由律动、模仿动作、大胆创编等。

生成引导和日常评价

1. 教师通过示范、提问鼓励幼儿思考，并用语言或肢体等不同的方式表达自己的想法，比如：“你听过春雨的声音吗？是怎样的呀？”“你见过种子发芽吗？你能表演一下种子是怎样发芽的吗？”

2. 当进行表演时，教师可以加强与幼儿的肢体互动，适时适当地给予幼儿示范，鼓励幼儿先自由律动、大胆模仿，再自由创编。

3. 当幼儿积极展示时，教师可以对幼儿进行具体肯定的表扬，比如：“宝宝们的动作真好看呀！”

4. 教师可根据幼儿的年龄段开展本活动。年龄较大的幼儿可先模仿后创编动作，教师对幼儿的创编要表示肯定。年龄较小的幼儿以自己舒适的方式律动即可。

活动拓展

1. 教师创编《春雨沙沙》律动操，带领幼儿跟随音乐进行每日身体锻炼。

2. 请家长在家中与孩子欣赏有关春天的音乐，并跟随音乐自由舞动。

活动 2　雨后的春天

意向目标

感受雨后周围环境的变化，通过各种感官进行探索，在探索中发展观察能力。

活动准备

幼儿前期在园区内探索过春天的事物。

活动过程

1. 根据幼儿的已有经验和兴趣，播放音乐，比如《春雨沙沙》，激发幼儿探索雨后春天的兴趣。

—春雨，春雨，沙沙沙，沙沙沙。种子，种子，在发芽，在发芽。我们一起去看看，外面的种子发芽了吗？

2. 给幼儿充足的时间，去寻找与观察园区内的事物，并引导幼儿通过摸一摸、闻一闻、看一看等方式感受事物在春雨后的特征或变化。可以是新发现的事物，也可以继续观察在之前活动中寻找到的事物。

—小朋友们，还记得自己之前找到了什么宝贝吗？它们还在吗？

—你发现了什么新的、好玩的东西呢？

3. 鼓励幼儿分享自己的发现，教师给予积极的回应。根据幼儿的实际情况和兴趣，引导幼儿用语言或肢体等方式表达所发现事物在雨后的变化，或雨后事物的特征。

—快看，草丛里出现了好多小蜗牛 / 小叶子呀！

生成引导和日常评价

1. 引导幼儿通过看看、听听、闻闻、摸摸等方式进行观察，比如："这是什么东西呀？它是什么颜色的呢？它是什么形状的呢？"

2. 当幼儿有所发现时，教师引导幼儿分享，并给予积极的回应，比如："你发现了什么宝贝呀？你发现的宝贝真好看，能请大家一起来看看吗？哇，这个宝贝真好看，你有一双发现美的眼睛呢！"

3. 培养幼儿在感兴趣的事情上能够保持一定的专注力。当幼儿发现喜爱的事物时，教师可以通过提问引导幼儿对该事物继续进行观察，比如："你发现的这个宝贝真好看，它的形状是什么样的呢？"

4. 做好户外活动的观察及照护，时刻关注幼儿的安全，引导幼儿在指定范围内活动。若是触摸了植物和泥土等，活动结束后提醒幼儿进行清洁。

活动拓展

1. 教师引导幼儿养成良好的卫生习惯，室外活动后、触摸了泥土等要洗手；能自主使用肥皂或洗手液正确洗手。

2. 将寻找的东西放入区域里，供幼儿进行自由创作。

3. 家长（或教师）与幼儿一起去户外踏青，感受更多春天的事物。

活动 3　大雨和小雨

意向目标

初步感受乐曲的强与弱，并尝试用沙锤进行简单的演奏，体验演奏的乐趣。

活动准备

音乐《大雨和小雨》，沙锤。

活动过程

1. 播放各种下雨的声音，激起婴幼儿的兴趣。

—你们听，这是什么声音呀？

—哗啦啦，哗啦啦！淅淅淅，淅淅淅！沙沙沙，沙沙沙！这些都是下雨的声音呀！

2. 播放音乐《大雨和小雨》，引导幼儿感受大雨和小雨的声音，并通过语言、歌唱、动作等方式表达自己的感受。

—大雨的声音是哗啦啦，小雨的声音是淅沥沥。

3. 发放沙锤，让幼儿自由感受沙锤的声音。播放音乐，引导幼儿自主探索沙锤的玩法。需要时，再通过发问引导幼儿感受沙锤的强弱。

—大家摇一摇沙锤，会发出怎样的声音呢？

—我的沙锤的声音怎么和你的不一样呢？

—用力摇一摇沙锤会发出怎样的声音？轻轻摇一摇沙锤又会发出怎样的声音？

4. 教师边唱边用沙锤进行演奏，并鼓励幼儿跟随音乐，用沙锤一起进行演奏。比如，大雨时，高举沙锤用力摇动；小雨时，将沙锤举在胸前轻轻地摇晃。

生成引导和日常评价

1. 教师鼓励幼儿自主探索、自由体验，用自己的方式去感受沙锤的声音、强弱、演奏方式等。

2. 进行演奏时，可以鼓励幼儿用自己喜欢的动作或方式进行沙锤演奏，重在体验，而非形式；年龄较大的幼儿可以通过力量的大小来感受声音的强弱；年龄较小的幼儿可以享受声音的美妙。

3. 幼儿演奏后，教师可以对幼儿进行具体的赞扬，比如："宝宝们摇摆沙锤的声音真好听！"

活动拓展

1. 将沙锤等乐器投放到表演区供幼儿自由游戏。

2. 请家长在家中引导孩子用其他生活物品跟随音乐进行自由演奏。

活动 4　下雨天，真快乐

意向目标

倾听绘本的内容，通过绘本故事探索下雨天玩耍的乐趣，发展审美情感。

活动准备

绘本《下雨天，真快乐》、音乐《春雨沙沙》雨具，尽量选择在下雨天进行活动。

活动过程

1. 播放音乐《春雨沙沙》或《大雨和小雨》，激发幼儿的兴趣。

—下雨啦，我们去看看小朋友们都在做什么呢？

2. 教师与幼儿共读绘本，教师完整讲述故事，带领幼儿整体感知故事内容，教师在讲述过程中可以通过发问或表演的形式，对各个情节进行生动的展现，引发幼儿继续阅读的兴趣。

—下雨天穿的和平常有什么不一样呢？

—外面在下雨，我们想出去玩，该怎么办呢？

3. 探索下雨天的玩法，并鼓励幼儿表达自己对下雨天的感受和情感。

—你喜欢下雨天吗？你为什么喜欢下雨天呢？你为什么不喜欢下雨天呢？

—下雨天有什么好玩的东西呢？

生成引导和日常评价

1. 可以在下雨天进行体验式绘本活动，穿好雨具到户外，一边体验一边倾听故事。

2. 遇到下雨天，可以生成活动，穿上雨衣、雨鞋，带幼儿到户外感受雨。比如，用脚踩一踩水坑；用手掌接雨，享受雨水落在手上的感觉；找一找小动物，观察下雨天小动物都在干什么；闭上眼睛，听一听雨水落下的声音。

3. 教师也可以和幼儿谈论下雨天中幼儿感兴趣的事物，引导其通过语言或动作等方式表达对下雨天的情感。

活动拓展

1. 请家长下雨天带孩子到户外感受雨。

2. 教师组织幼儿讨论下雨天出门都需要带什么、注意什么等，引导幼儿逐步形成安全意识。

3. 教师将绘本《下雨天，真快乐》投放到阅读区。

活动 5　踩踩水

意向目标

发展走、跳的动作，体验踩水的乐趣。

活动准备

雨衣、雨鞋，制造浅水坑。

活动过程

1. 穿好雨鞋，到操场上寻找浅水坑，让幼儿尝试用脚轻轻踩踏水坑。

2. 自由踩水，鼓励幼儿用自己喜欢的方式去踩水。

3. 引导幼儿进一步探索更多踩水的方式。比如，慢慢走、踮起脚尖走、跳一跳、踏一踏等。

4. 根据实际情况，以及幼儿探索到的踩水方式，随机生成幼儿感兴趣的踩水游戏。

生成引导和日常评价

1. 进行踩水活动前，教师可以引导幼儿回忆和讨论“下雨天出去玩要做好哪些准备”，比如：“下雨天宝宝们都要穿戴什么出门呀？”“下雨天出去玩要穿雨鞋，这样才不会弄湿小脚，才不会滑倒。”

2. 做好防滑工作，做好运动中的观察及照护，避免发生伤害。蹦跳时注意幼儿的安全，引导幼儿在游戏过程中保持与同伴的安全距离。

3. 不要担心幼儿弄湿衣服、身体，在注意幼儿安全的同时，放手让幼儿自由大胆地体验。

4. 准备更换的衣服，踩水后引导和协助幼儿进行衣物更换和清洁。

活动拓展

1. 教师为幼儿提供更多参加走直线、跑、跨越低矮障碍物、双脚跳、单足站立、原地单脚跳等活动的机会。

2. 请家长带孩子去户外踩水，或在家中放一盆水，让孩子自由踩踏。

3. 带幼儿到水池中，体验在不同深度的水中行走、踩踏的感觉。

花儿真漂亮

一、总体构想

意向目标	1. 加深对红、黄、蓝三种颜色的认识。 2. 知道分享是快乐的，愿意分享。 3. 体验印画活动、游戏的乐趣。
主题音乐	《春天在哪里》
区域布置	生活区：放置练习叠毛巾、倒水、擦嘴、漱口等生活技能的材料。 娃娃家：放置娃娃及其春季服装，可以让幼儿给娃娃穿脱衣服；小熊玩偶。 美工区：放置各式各样的假花枝和叶枝、塑料花瓶，供幼儿自由地进行艺术创作；放置蔬菜头、纸团等工具，供幼儿进行拓印创作。 表演区：放置铃铛、铃鼓、响板、风铃和相关服饰等。 建构区：放置不同形状的积木等玩具，供幼儿进行简单的分类和积木搭建。 阅读区：放置绘本《小美的花》《小牛的春天》《遇见春天》等各类春季主题绘本。
互动要点	1. 营造轻松乐观的教育氛围，鼓励幼儿积极表达，积极回应幼儿的问题，满足幼儿的好奇心。 2. 鼓励幼儿探索花和颜色，积极仔细地观察。
家园共育	1. 亲子共读故事《小美的花》。 2. 跟幼儿一起欣赏《蝴蝶飞》歌曲，自由律动。 3. 跟幼儿一起进行涂鸦创造，鼓励幼儿大胆创作。 4. 多给幼儿亲身体验的机会，注意用具体的评价激励幼儿。

二、课程计划

晨新时刻	1. 晨接问好：自然地与幼儿打招呼，关注幼儿的情绪；关注幼儿的衣物穿着情况，注意及时增减衣服。 2. 晨间整理：协助幼儿进行来园活动，比如放书包、换鞋子、放水杯等；引导幼儿洗手。 3. 早餐准备：早餐前，教师可组织幼儿念谣，或给幼儿讲故事，年龄较大的幼儿可帮教师准备早餐，比如摆放餐具等。 4. 晨新律动：围绕主题音乐《快乐春天里》进行晨新律动，还可以根据幼儿的表现增加更丰富的形式，比如，自由律动、小组律动、打击乐律动。 5. 晨间谈话：谈谈看到的花的样子和色彩，可围绕以下话题，比如："在哪里看到很多花？看到了什么颜色的花？今天自己穿的衣服是什么颜色的？"等。
生活时刻	1. 在户外种植时间可带领婴幼儿种植一些植物，准备制作植物角。 2. 散步时可引导婴幼儿观察植物的生长，用花进行创造性表征或环境创设，或者围绕收集的花谈论喜欢的花、花的味道、花的颜色。 3. 餐前或过渡环节伴随童谣《春天来了》，开展手指或肢体游戏。
游戏（学习）时刻	活动 1　探索花的秘密 活动 2　会变颜色的水宝宝 活动 3　小美的花 活动 4　寻花之旅 活动 5　印小花
区域时刻	自选，根据幼儿对花和颜色的探索选择不同的区域自主游戏。关注幼儿的生活能力和感官训练，不能忽视生活区和感官区。
户外时刻	开展各种室内外运动，养成爱运动的习惯，感受运动后的舒适。注意春季运动后要及时擦干汗水或更换衣服。自由游戏、玩球、彩虹伞游戏、感统游戏都是可以经常开展的游戏。
再见时刻	1. 离园整理：关注幼儿的情绪，支持幼儿整理自己的书包；提醒幼儿关注自己的生理需求，引导有需要的幼儿如厕、喝水；关注幼儿的衣物穿着情况，如有必要帮助幼儿增添衣服。 2. 唱再见歌：教师与每名幼儿愉悦地告别。 3. 与家长沟通：告知家长有关日常照料的资讯，谈谈幼儿当天所做的事情，比如幼儿喜欢参与的游戏活动、学习到的新技能，并鼓励家长继续引导幼儿探索其喜爱的事物；幼儿日常喂食、换尿片、午睡、情绪、活动等有日常书面记录，可供家长查看，或通过口头、文字等方式与家长沟通。

三、童谣

春天来了

春风春风，吹吹
柳树柳树，跳舞
呼呼呼——
呼呼呼——
春雨春雨，落下
小花小花，长大
沙沙沙——
沙沙沙——
春雷春雷，来了
娃娃，快快回家
轰隆隆——
轰隆隆——

生成引导和日常评价

教师可以根据幼儿的年龄特点、兴趣以及掌握程度进行动作的创编。每天一段或者两段，逐步帮助幼儿了解和熟悉童谣。

四、游戏（学习）活动

活动 1　探索花的秘密

意向目标

通过各种感官探索花的颜色、形状、气味等特征，发展观察力，丰富审美感知。

活动准备

园内种植鲜花的地方。

活动过程

1. 与幼儿谈论在生活中见过的鲜花，激发幼儿探索花的兴趣。

2. 给幼儿充足的时间，观察、寻找园内的鲜花。

3. 鼓励和引导幼儿尝试用完整的句子描述自己的发现，比如，花的颜色、形状、气味等，教师给予积极的回应。

4. 根据幼儿的兴趣和能力，引导幼儿继续进行深度探索，比如，发现花更多的特征，或是探索不同花之间的不同特点，或是探索花有什么玩法等。

生成引导和日常评价

1. 与幼儿谈论在生活中见过的鲜花时，可以通过提问的方式引导幼儿回忆，比如，你在哪里见过鲜花呀？你见过的鲜花是什么颜色的呢？

2. 在园内探索时，引导幼儿通过看看、听听、闻闻、摸摸等方式进行观察，比如，它是什么颜色的呢？它是什么形状的呢？去摸摸它好吗？有味道吗？是什么味道呀？

3. 当幼儿有所发现时，教师可引导幼儿分享，并给予积极的回应，比如："你发现的花真漂亮呀！""能请大家一起来看看吗？""你的花是什么样的呢？""是什么颜色的呢？""是什么味道呢？"

4. 当发现幼儿有持续探索或喜爱的花时，教师可以通过提问引导幼儿对花继续进行深度探索，比如："你发现的这朵花真好看！""你还发现了这朵花有什么其他的秘密吗？""你的这朵花和我手上的这朵花有什么不一样呀？"

5. 幼儿若是触摸了植物和泥土等，活动结束后提醒幼儿进行清洁。

活动拓展

1. 教师引导幼儿养成良好的卫生习惯，室外活动后、触摸了泥土等要洗手；能自主使用肥皂或洗手液正确洗手。

2. 将掉落的鲜花或假花放入区域，供幼儿观察、模仿、自由创作。

3. 请家长带孩子到户外继续去探索更多花的特征。

活动 2　会变颜色的水宝宝

意向目标

通过变变、说说、找找产生对红、黄、蓝三种颜色的兴趣，积极参与活动，体验发现的快乐。

活动准备

装好水的透明饮料瓶若干，红、黄、蓝三种色的颜料，蘸取颜料的各类工具若干，如吸管 / 棉签等，音乐《找朋友》。

活动过程

1. 教师展示装有水的瓶子。

—今天，老师带来了一样东西，我们来看看是什么？

—水是没有颜色的，是透明的。

2. 教师变魔术，给瓶子里加入一种颜料，向幼儿展示颜色变化后的水，激发幼儿的兴趣。引导幼儿观察瓶子里的水，尝试说说水的颜色。

—水宝宝想和我们玩变变变的游戏，我们一起念“水宝宝，变变变，水宝宝，变变变！”哇，水宝宝发生了什么变化呀？

—变成红色（黄色、蓝色）啦！

3. 请幼儿自行取一个瓶子，尝试使用自己喜欢的工具，自由探索让水变色的方法，鼓励幼儿表达自己的发现。

—你的水宝宝是什么颜色的呢？

—你变出来了吗？变出什么颜色呢？

4. 播放音乐《找朋友》，引导幼儿根据自己手中瓶子的颜色来找好朋友。

—变了颜色的水宝宝想找和自己一样颜色的好朋友，我们一起来找一找吧！

生成引导和日常评价

1. 教师可根据幼儿的年龄段开展本活动。年龄较小的幼儿喜欢参与活动，对颜色有基本的认知即可；年龄较大的幼儿可以用多样的方式探索颜色，并亲自制作颜色水。对于瓶子里水的颜色及变化，引导幼儿仔细观察，鼓励幼儿描述自己的发现或想法。

比如：“瓶子里的水有没有颜色呢？”“瓶子里的水是什么颜色的呢？”“现在的水宝宝变成了什么颜色呢？”

2. 当幼儿自由探索水变色的方法时，教师可以引导幼儿认识不同种类的蘸取工具，并鼓励幼儿使用自己喜欢的工具进行探索；可以根据情况，鼓励幼儿尝试使用多种工具进行探索。

活动拓展

1. 将红、黄、蓝三种颜色的颜料投入科学区，引导幼儿自由探索三种颜色混合后产生的变化。

2. 请家长孩子在家中或到户外，找一找哪些物品是红色的、黄色的、蓝色的。

活动 3　小美的花

意向目标

理解绘本内容，懂得分享是快乐的，愿意分享。

活动准备

绘本《小美的花》。

活动过程

1. 教师引出故事，吸引幼儿的注意。

—小美采了好多花呀，她想要带回去送给妈妈，但是小美在回家的路上遇到了好多朋友，朋友们都想要她的花，小美会怎么做呢？

2. 共读绘本整体感知。教师与幼儿共读绘本，教师完整讲述故事，带领幼儿整体感知故事内容，教师在讲述过程中可以通过提问或表演等形式，对故事情节进行生动的展现，引发幼儿继续阅读的兴趣。

3. 通过提问，引导幼儿积极思考，理解绘本的内容。

—小美把花送给了哪些朋友呢？

—最后，小美还有花送给妈妈吗？

—妈妈没有收到小美的花，生气了吗？

生成引导和日常评价

1. 共读绘本时，教师要注意关注幼儿的注意力、状态和情绪，适时适度地通过提问引导幼儿倾听与理解。

2. 共读绘本时，教师通过起伏变化的语气和表情，引导幼儿注意小美的情绪变化，能够理解小美把花分享给朋友们，朋友们很高兴，小美也感觉很快乐，妈妈也觉得很开心，进而懂得分享是快乐的。

3. 教师可根据幼儿的不同年龄段开展本活动，年龄较小的幼儿喜欢参与活动，对蝴蝶和花感兴趣即可；年龄较大的幼儿可以表达自己对颜色和事物的认识，发表自己的想法。

活动拓展

1. 将绘本《小美的花》投放到阅读区。

2. 请家长和孩子一起尝试制作小花。

活动 4　寻花之旅

意向目标

巩固和加深对颜色的认识，发展审美感知能力，体验游戏的乐趣。

活动准备

红色、黄色、蓝色、绿色的手工纸花若干。

活动过程

1. 寻花游戏。教师在区域里藏若干朵小花，让幼儿去寻找，激发幼儿的兴趣。

—老师发现宝宝们都很喜欢小花，今天带来了五颜六色的小花送给宝宝们，但是老师偷偷地把它们藏了起来，宝宝们快去找找吧！

—宝宝们都好厉害呀，找到了这么多小花。

—都有什么颜色的小花呀？

2. 捡花游戏。巩固幼儿对各种颜色的认知，教师在地上放红色、黄色、蓝色、绿色的小花若干；幼儿站在另一侧，教师发出信号，幼儿跑过去捡起相应颜色的小花。

—（教师撒下小花）哇！好多小花落下来了呀！老师也好想要小花，宝宝们能捡几朵送给老师吗？

—我想要黄色的小花！

生成引导和日常评价

1. 玩寻花游戏时，若有幼儿一直找不到小花，教师应鼓励幼儿耐心寻找，可给予提示，引导幼儿找到小花。

2. 玩寻花游戏时，若有幼儿找到了很多小花，教师可以询问幼儿是否愿意送给没有花的小朋友一朵花，引导幼儿学会分享。

3. 玩捡花游戏时，教师应注意观察幼儿，引导幼儿在跑动过程中保持安全距离。

4. 进行游戏时，教师应引导幼儿学会倾听并乐意执行简单的游戏指令；发生冲突时，教师应引导幼儿尝试解决同伴冲突。

活动拓展

1. 将手工纸花投放到益智区，供幼儿进行颜色或大小等分类。

2. 请家长与幼儿一起尝试进行简单的手工活动，比如折叠纸花。

活动 5　印小花

意向目标

尝试用各类拓印工具蘸取颜料进行印花，体验印画的乐趣，发展初步的审美想象和创造力。

活动准备

纸团、蔬菜头、玩具等各类拓印工具，白纸若干，红、黄、蓝三种颜色的颜料若干，抹布若干。

活动过程

1. 激发幼儿参与印花活动的兴趣。

—我们在春天欣赏了这么多美丽的小花，宝宝们想不想亲手做一朵花呢？

2. 引导幼儿思考，可以用什么工具做花；鼓励幼儿寻找自己喜欢的工具，比如纸团、蔬菜头等。

3. 教师通过发问或示范等方式，引导幼儿进行印画。

—手拿小纸团，轻轻蘸一蘸，印在白纸上，轻轻拎起来，美丽的小花就长出来啦。换个地方试一试，一朵朵小花长出来了。

4. 动手体验。鼓励幼儿大胆想象，进行自由印花活动。教师观察，并给予适当的指导和帮助。根据情况，鼓励幼儿使用多种工具印花。

生成引导和日常评价

1. 教师引导幼儿仔细观察，大胆猜想花是怎样画出来的，比如：“我们来看看要怎样才能画出这么漂亮的小花吧！”

2. 教师根据幼儿的年龄段开展本活动。年龄较大的幼儿可鼓励他们积极思考，和他们谈论还可以运用什么工具材料进行印花；年龄较小的幼儿能使用自己喜欢的工具拓印即可，不需要拓印完整的花，只要能够体验和喜欢参与活动即可。

3. 教师对幼儿的创作活动给予积极的关注与回应，可以对幼儿进行具体的表扬，比如：“哇，宝宝们轻轻一按，一朵漂亮的小花就长出来了，你们真厉害！”

4. 引导幼儿养成良好的操作和卫生习惯。印花结束后，用肥皂或洗手液将自己的小手清洗干净。

活动拓展

1. 协助和引导幼儿印画后清洁卫生，整理桌面、收拾工具等。

2. 请家长和孩子一起体验更多类型的拓印活动，比如拓印树叶、手掌等。

春天真有趣

一、总体构想

意向目标	1. 了解物体的对称性，区分物体的颜色、大小等特征，发展观察能力。 2. 喜欢用各种艺术形式积极表达和创造。 3. 体验创作的快乐。 4. 愿意分享自己的作品，欣赏他人的作品。
主题音乐	《春天在哪里》
区域布置	生活区：放置练习叠毛巾、倒水、擦嘴、漱口等生活技能的材料。 娃娃家：放置娃娃及其春季服装，可以让幼儿给娃娃穿脱衣服；小熊玩偶。 美工区：放置各式各样的假花枝和叶枝、塑料花瓶，供幼儿自由地进行艺术创作；各种颜色的皱纹纸，供幼儿自由撕纸。 表演区：放置铃铛、铃鼓、响板、风铃和相关服饰等。 益智区：放置简单的拼图、不同形状的积木等玩具，供幼儿进行简单的拼图、分类和积木搭建。 阅读区：放置《小牛的春天》《当春天来临》等各类春季主题绘本；绘本《点点点》《变变变》。 感官区：放置粉红塔、棕色梯等。
互动要点	1. 营造轻松愉快的教育氛围，鼓励幼儿积极表达，积极回应幼儿的问题，满足婴幼儿的好奇心。 2. 鼓励幼儿积极用各种艺术形式进行表达和创造。 3. 尝试让幼儿自己思考解决问题的办法。
家园共育	1. 跟幼儿一起欣赏歌曲《春天在哪里》，自由律动。 2. 多带幼儿到户外活动。 3. 积极欣赏幼儿的艺术作品，给予鼓励，并一起谈论。 4. 多让幼儿做事，注意用具体评价激励幼儿。

二、课程计划

晨新时刻	1. 晨接问好：自然地与幼儿打招呼，关注幼儿的情绪；关注幼儿的衣物穿着情况，注意及时增减衣服。 2. 晨间整理：协助幼儿进行来园活动，比如放书包、换鞋子、放水杯等；引导幼儿洗手。 3. 早餐准备：吃早餐前，教师可组织幼儿念童谣，或给幼儿讲故事，年龄较大的幼儿可帮教师准备早餐，比如摆放餐具等。 4. 晨新律动：围绕主题音乐《快乐春天里》进行晨新律动，还可以根据幼儿的表现增加更丰富的形式，比如，自由律动、小组律动、打击乐律动。 5. 晨间谈话：教师可围绕以下话题和幼儿谈话、聊天，比如，“你喜欢春天吗？”“你为什么喜欢春天？”“这里有什么颜色呢？”“你的作品真好看呀，是怎么做出来的呢？”
生活时刻	1. 在种植时间，可引导幼儿观察春天里自己种植的植物的变化。 2. 找一个时间和幼儿去户外野餐，感受春天温度的变化。 3. 餐前或过渡环节伴随童谣《春天来了》，开展手指或肢体游戏。
游戏（学习）时刻	活动 1　两边都是一样的 活动 2　滚珠画 活动 3　打老鼠 活动 4　春天在这里 结题　一起去春游
区域时刻	自选，根据幼儿的兴趣选择不同的区域自主游戏。关注幼儿的生活能力和感官训练，不能忽视生活区和感官区。
户外时刻	开展各种室内外运动，养成爱运动的习惯，感受运动后的舒适。注意春季运动后要及时擦干汗水或更换衣服。某某动物最爱玩、玩球、彩虹伞游戏、感统游戏都是可以经常开展的游戏。
再见时刻	1. 离园整理：关注幼儿的情绪，支持幼儿整理自己的书包；提醒幼儿关注自己的生理需求，引导有需要的幼儿如厕、喝水；关注幼儿的衣物穿着情况，如有必要帮助幼儿增添衣服。 2. 唱再见歌：教师与每名幼儿愉悦地告别。 3. 与家长沟通：告知家长有关日常照料的资讯，谈谈幼儿当天所做的事情，比如幼儿喜欢参与的游戏活动、学习到的新技能，并鼓励家长继续引导幼儿探索其喜爱的事物；幼儿日常喂食、换尿片、午睡、情绪、活动等有日常书面记录，可供家长查看，或通过口头、文字等方式与家长沟通。

三、童谣

春天来了

春风春风，吹吹
柳树柳树，跳舞
呼呼呼——
呼呼呼——
春雨春雨，落下
小花小花，长大
沙沙沙——
沙沙沙——
春雷春雷，来了
娃娃，快快回家
轰隆隆——
轰隆隆——

生成引导和日常评价

教师可以根据幼儿的年龄特点、兴趣以及掌握程度进行动作的创编。每天一段或者两段，逐步帮助幼儿了解和熟悉童谣。

四、游戏（学习）活动

活动 1　两边都是一样的

意向目标

初步感知物体的对称性，尝试区分物体的颜色、大小等特征，发展观察能力。

活动准备

黑板 / 白板等展示台，对称地分成两半的物品或图片，比如蝴蝶、花朵（多种颜色、大小），一半放在展示台上，另一半放在活动室周围的环境中。

活动过程

1. 在展示台上展示不同颜色、大小的一半蝴蝶和花朵，请幼儿寻找另一半，找到后放在展示台上。

2. 引导幼儿检查展示台上的蝴蝶和花朵是否都配完整了，物品、颜色、大小是否都是一样的。

生成引导和日常评价

1. 鼓励幼儿参与活动，积极寻找。对于不知道如何做的幼儿，给予耐心的引导和提示。

2. 幼儿找到一半的物品后，引导其仔细观察，依次区分颜色、形状特征后，再引导其与展示台上的另一半进行匹配。比如："你找到的是什么呀？它是什么颜色的呢？"

活动拓展

1. 投放各种不同颜色、形状的材料，最好是自然材料、常见的日用品等，引导幼儿尝试根据颜色或形状进行简单的分类。

2. 教师（或家长）与幼儿到户外一起数一数有几朵花、几片花瓣等，体验生活中的数学。

活动 2　滚珠画

意向目标

感受色彩变化带来的美感，尝试操作滚珠画材料，体验滚珠画的乐趣，发展审美能力。

活动准备

纸盒，与纸盒底部大小相同的白纸，装有红、黄、蓝、绿四种颜色的颜料及乒乓球的容器；小勺子若干。

活动过程

1. 教师演示将乒乓球蘸满颜料，然后放在纸盒里摇动，就会看到纸盒里的线条。

请幼儿自己来晃一晃，看看发生了什么变化。

2. 取一张白纸放入纸盒底部；用小勺舀起一个玻璃珠放入纸盒内，再将小勺放回原处；轻轻晃动纸盒，使小球滚动。

3. 幼儿尝试自由操作。婴幼儿操作时，教师巡回观察指导，引导婴幼儿观察纸上留下的颜色和图案，鼓励婴幼儿用同样的方法，尝试更换不同颜色的小球进行创作。

生成引导和日常评价

1. 可以引导幼儿说一说用了什么颜色，比如：“你做得真好看呀，这是什么颜色呢？”

2. 教师对幼儿的创作活动给予积极的关注与回应，对幼儿进行具体的表扬。

3. 引导幼儿养成良好的卫生习惯，操作结束后洗净双手。

4. 教师需注意和预防幼儿误食乒乓球等游戏材料。

活动拓展

1. 鼓励幼儿将作品贴到展览区，与同伴们交流分享。

2. 家长和孩子一起体验滚珠画创作。

活动3　打老鼠

意向目标

尝试自由投掷的动作，提高身体的灵活性和协调性，感受投掷活动的乐趣。

活动准备

报纸若干，捏好的纸球，小老鼠头饰。

活动过程

1. 教师戴上小老鼠头饰，扮演小老鼠进场。

—我是调皮的小老鼠。天黑了，我要出来偷吃东西啦！

2. 捏纸球。教师变魔术，变出纸球。引导幼儿思考怎样才能捏出纸球，鼓励幼儿自己尝试捏纸球。

—小老鼠真讨厌，我们把它赶跑吧！怎么赶呢?

3. 玩纸球。让幼儿自由玩纸球，可以向上抛、向前扔、向前滚等。鼓励幼儿通过语言或动作等形式分享自己的玩法。

4. 打老鼠。一部分幼儿戴上小老鼠头饰，扮演小老鼠，其他幼儿拿着纸球，向小老鼠投掷，小老鼠躲闪、逃跑。让幼儿轮流更换角色，继续进行游戏。

生成引导和日常评价

1. 教师可以鼓励幼儿思考和探索如何做纸球，减少示范，比如：“小朋友们，我这有一张报纸和一个小纸球，你们能不能帮帮我，把报纸做成小纸球呢？”

2. 对于幼儿提出的不同制作方法，教师都要给予积极的回应和肯定，并根据不同幼儿的情况，鼓励幼儿大胆尝试，或继续探索更多的制作方法。

3. 引导幼儿与同伴分享、交流自己玩纸球的方法，然后一起玩。

4. 打老鼠游戏开始之前，告知幼儿游戏的安全规则，比如，投掷目标限定在头部以下。

活动拓展

1. 将报纸投放到科学区、美工区，让幼儿继续探索报纸的其他玩法。

2. 请家长和孩子一起玩纸球，进一步探索纸球的不同玩法。

活动 4　春天在这里

意向目标

跟随音乐自由律动，敲击打击乐器，感受春天的美好。

活动准备

小兔、小燕子、蜜蜂、蝴蝶、小熊等动物头饰若干，音乐《春天在哪里》，打击乐器若干。

活动过程

1. 幼儿选择自己喜欢的动物头饰。

—小朋友们，今天我们要在美丽的草地上开一个小动物音乐会，小朋友扮演成小动物闪亮登场吧。

2. 播放歌曲《春天在哪里》，引出音乐会。

—欢迎小动物们来到美丽的春天，我们一起来唱歌、跳舞吧！

3. 引导幼儿自己自由随意地做动作。

—小动物们都非常厉害呀，我们一起来庆祝吧！

4. 幼儿自由选择打击乐器，伴随音乐《春天在哪里》自由表现。

生成引导和日常评价

1. 环境创设要有春天的氛围。

2. 打击乐器可以多准备几种，让幼儿自由选择。

3. 如果条件允许的话，可邀请家长参加，家长可带一些食物和幼儿在园里开音乐会。

4. 对幼儿进行具体的积极鼓励，比如："小兔子跑得好快啊！小蝴蝶飞得真优雅！"

结题　一起去春游

意向目标

观察与感受春天的美丽景色，感受春游的乐趣。

活动准备

户外草地，一次性餐布（地垫），野餐的食物、果汁、风车、与本主题相关的物品（比如，滚珠画、寻花之旅、风车等活动时使用的材料），便于活动的服装和鞋子。

活动过程

1. 教师将幼儿带到园内或园所附近适宜野餐的场所，请幼儿一起参与场地布置，比如放置地垫、摆放食物等。

2. 教师开场主持，介绍春游的目的和游戏。

（1）找春天

教师将与本主题相关的物品藏在附近，请幼儿去寻找，并用简单的语言描述自己找到的物品。

（2）风车转转转

教师鼓励幼儿用多种方式使风车转起来，看看谁的风车转得最快。

（3）食品分享会

幼儿品尝自己带来的美食，可以将自己喜欢的食物与其他幼儿分享。

生成引导和日常评价

1. 环境创设要有春天的氛围。

2. 分享的食品可以由园所准备，也可以由家长准备。

3. 找春天的游戏中所需的“与本主题相关的物品”，可以使用本主题开展过程中的教具和幼儿作品。

活动拓展

家长可以和孩子去户外郊游、野餐，体验和感受春天。

主题3 好饿的毛毛虫

主题构想

一、主题导言

绘本《好饿的毛毛虫》讲述了一条起初又瘦又饿的毛毛虫在吃了很多水果、蛋糕、冰激凌等之后，肚子很痛，它发现原来叶子才是最适合自己的食物，后来它变成了一条胖嘟嘟的大毛毛虫，最后蜕变成一只美丽的蝴蝶的故事。故事情节简单且具有重复性，色彩鲜艳，深受广大幼儿喜欢。这个故事能够发展幼儿的语言表达能力，培养幼儿良好的饮食习惯。

本主题适应年龄为1.5~3.5岁，可根据幼儿年龄和兴趣选择。主题分为毛毛虫来了、毛毛虫吃水果、毛毛虫肚子疼和毛毛虫变蝴蝶四个部分，开展时间为1~2个月。

二、主题意向目标

根据《大纲》建议，本主题制定如下意向目标。

1. 思维模式：积极思维和探究思维

首先，幼儿在有趣、形象的绘本故事中，发展语言能力，建立良好的阅读习惯，在愉悦的氛围中发展积极思维。其次，幼儿在了解毛毛虫和食物的过程中发展探究思维。

2. 关键能力：生活能力和语言能力

生活能力和语言能力的意向目标如下图所示。

生活能力	语言能力
1. 做自己力所能及的事情，自己照料自己，具有简单的自理能力。 2. 对食物感兴趣，并感知食物与自己的关系。	1. 对事物感兴趣，学习用语言来表达事物。 2. 倾听和理解语言，逐步掌握词汇和简单的句子。 3. 尝试运用语言交流和表达自己的需求。 4. 愿意听故事、看图书，初步发展早期阅读的兴趣和习惯。

幼儿生活能力的发展具有如下特点。

（1）做自己力所能及的事情，自己照料自己，具有简单的自理能力。

（2）具备基本的生活技能，经过引导，能够形成良好的生活习惯。

幼儿语言能力的发展具有如下特点。

（1）口语的发展特别迅速，说话积极性高，说的话以简单句为主，能快速学会新的词汇和句子，有的幼儿还会说复合句。

（2）喜欢听大人对自己说话，能理解非直接感知的叙述性的语言，比如故事，尤其喜欢韵律性强的儿歌，喜欢跟读。

基于《大纲》及幼儿语言能力和运动能力发展的研究成果，研发本主题。

3. 全面发展意向目标

（1）生活：适应婴幼儿园一日生活，比如吃、喝、拉撒、睡、穿衣；能够根据教师的指引穿脱衣服，餐前餐后主动洗手；在吃完水果后，可以拿小毛巾擦嘴。

（2）语言：愿意倾听关于动物、食物的故事，愿意分享自己对食物的感受；能够尝试说出自己吃的水果的味道。

（3）动作：积极参加室内外活动，通过爬、走、跳等发展大肌肉动作；通过模仿毛毛虫锻炼四肢肌肉。

（4）认知：愿意认识新的事物，初步了解毛毛虫的生活习性，知道毛毛虫的名称和喜欢吃的食物；认识多样水果，感受不同水果的形状、颜色和味道等。

（5）情感与社会性：感受食物与自己的关系，积极参与活动。愿意表达自己的想法和感受，也愿意倾听别人的想法。

三、主题脉络

在“好饿的毛毛虫”的主题设计中，发展幼儿生活能力和语言能力的纵向路径是：观察与思考—倾听与表达—想象与探索—勇敢与尊重。

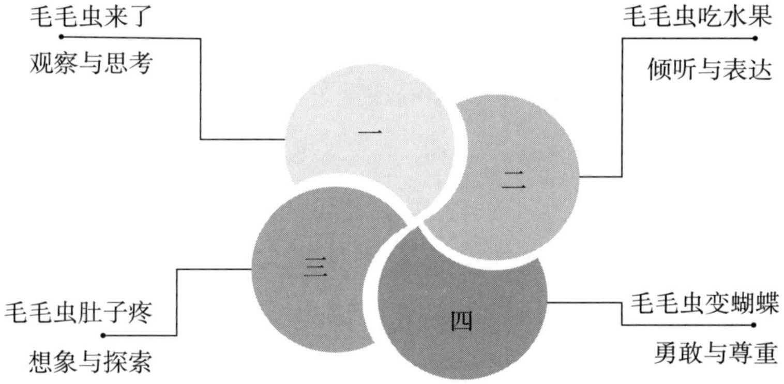

“好饿的毛毛虫”主题脉络

毛毛虫来了。幼儿以“毛毛虫来了”为探究主线，探索毛毛虫在森林里寻找食物的过程中，遇到了下雨、翻越大山等问题，最后终于找到了食物，幼儿在情境中发展观察能力和语言表达能力。

毛毛虫吃水果。幼儿探索“毛毛虫吃水果”，在游戏活动中运用感官探索几种水果的外形特征，初步认识基础形状，喜欢倾听与表达，并结合生活经验进行表达。

毛毛虫肚子疼。幼儿探索“让毛毛虫变得健康”的途径，通过各种活动树立不挑食不贪吃、少吃冷饮、多吃蔬菜和多运动的意识。

毛毛虫变蝴蝶。幼儿感受毛毛虫破茧成蝶的过程，了解蝴蝶的外形特征，感受毛毛虫从幼虫、成长、成熟到蜕变成蝴蝶的过程，初步了解蝴蝶及其特性，感受大自然中生命的神奇，尊重和热爱生命。

四、主题环境创设

1. 制作关于太阳、月亮、卵、毛毛虫、茧、水果、冰激凌、叶子等的立体图片以及毛毛虫的成长示意图，并将其装饰在环创墙、楼梯墙面等上。

2. 主题桌：布置一个《好饿的毛毛虫》绘本里的场景，里边有太阳、月亮、卵、毛毛虫手偶、茧（用箱子制成）、水果（可以是实物，也可以是塑料的）、冰激凌和叶子、蝴蝶（手工制成）等材料。

毛毛虫来了

一、总体构想

意向目标	1. 观察和了解毛毛虫的外形，养成善于观察的习惯。 2. 在游戏活动中发展身体协调能力。 3. 在探索毛毛虫的过程中，发展观察和表达能力。
主题音乐	《毛毛虫》
区域布置	生活区：投放小树叶穿线、毛毛虫布偶玩具。 娃娃家：提供毛毛虫的头饰，卵、太阳、月亮等道具，供幼儿自主表演。 美工区：放置轻黏土、颜料、海绵棒、彩纸等能让幼儿制作各种各样的毛毛虫的材料。 建构区：放不同形状、颜色的积木等玩具供幼儿进行简单的积木搭建。 阅读区：放置《好饿的毛毛虫》等主题绘本。 自然角：放置蚕宝宝、新鲜桑树叶等供幼儿观察、讨论怎样饲养蚕宝宝。 注：每次投放一种新玩具或教具都要很仔细地向幼儿介绍。
互动要点	1. 教师需要营造积极乐观的教育氛围，适时鼓励幼儿的每一个进步。 2. 如果条件允许的话，可在园所饲养蚕宝宝，在幼儿观察蚕宝宝时，教师积极与幼儿交谈，丰富幼儿的相关经验，激发幼儿探究毛毛虫的兴趣。 3. 鼓励幼儿积极观察毛毛虫的外形，用肢体动作扮演毛毛虫，消除幼儿对毛毛虫的恐惧感。如果有幼儿确实害怕毛毛虫，可不强求。
家园共育	1. 告诉家长如何预防夏季容易诱发的传染病。 2. 家长和孩子一起探究毛毛虫吃的食物，在草丛里观察是否有毛毛虫，或者观察其他虫子等。 3. 在家里给孩子讲绘本《好饿的毛毛虫》，并和孩子一起做相关游戏和表演活动。比如，“毛毛虫爬呀爬”“躲猫猫”“毛毛虫”等手指谣。

二、课程计划

晨新时刻	1. 晨接问好：自然地与幼儿打招呼、关注幼儿的情绪。 2. 晨间整理：协助幼儿进行来园活动，比如放书包、换鞋子、放水杯等；引导幼儿洗手。 3. 早餐准备：吃早餐前，教师可和幼儿唱童谣，或给幼儿讲故事，年龄较大的幼儿可以协助摆放餐具。 4. 晨新律动：围绕主题音乐《毛毛虫》进行身体律动，还可以根据幼儿的表现增加更丰富的形式。 5. 晨间谈话：教师和幼儿的谈话内容可以是“小朋友们看过毛毛虫吗？它长什么样子呢？”
生活时刻	1. 餐后可以与幼儿一起阅读关于毛毛虫的故事，了解毛毛虫的外形特征，丰富婴幼儿关于毛毛虫的相关经验。 2. 自由游戏时间，引导幼儿扮演毛毛虫进行扮演游戏，幼儿可学毛毛虫爬。 3. 餐前或过渡环节随着童谣《毛毛虫》变身，玩手指或肢体游戏。
游戏（学习）时刻	活动 1　好饿的毛毛虫 活动 2　毛毛虫躲雨 活动 3　毛毛虫去爬山 活动 4　食物在哪里 活动 5　毛毛虫爱跳舞
区域时刻	自选，根据幼儿对毛毛虫的不同认识和感受自主选择区域游戏。
户外时刻	幼儿能够在活动中体验运动的快乐，可通过“走过河石”“毛毛虫爬隧道”“毛毛虫火车”“平衡板”等感统训练器材，培养幼儿的身体协调能力。
再见时刻	1. 离园整理：尝试引导幼儿将物品放回书包，并对幼儿的行为做出正向反馈。提醒幼儿关注自己的生理需求，引导有需要的幼儿如厕、喝水。 2. 唱再见歌：教师与每名幼儿愉悦地告别。 3. 与家长沟通：利用短暂的时间向部分家长介绍幼儿的在园情况。

三、童谣

毛毛虫变身

毛毛虫，穿绿衣。
长身体，要吃饭。
吃什么，吃 ××。
吃什么，吃 ××。
吃什么，吃 ××。
吃饱了，睡觉去。
呼噜噜，呼噜噜。
睁开眼，瞧一瞧。
蝴蝶——飞出来了。

生成引导和日常评价

教师可以根据幼儿的兴趣进行动作创编，每天一段或者两段，鼓励幼儿自由地表现或模仿。其中“吃 ××”，可以根据幼儿在本主题中获得的经验进行补充。

四、游戏（学习）活动

活动 1　好饿的毛毛虫

意向目标

通过故事了解毛毛虫的外形特征，发展观察能力，喜欢毛毛虫。

活动准备

绘本《好饿的毛毛虫》、带有“卵”的树叶（这里的“卵”可以是轻黏土，也可以是真实的）。

活动过程

1. 教师以一片带有“卵”的树叶进行导入，请幼儿观察树叶上有什么。

可引导幼儿近距离观察，教师描述“卵”长什么样。

2. 共读绘本，沉浸情境。

以游戏躲猫猫引出毛毛虫，关注幼儿阅读绘本时的情绪状态。

3. 回味故事，引发思考。

—白白的“卵”里面住着什么小动物？这个小动物长什么样子？

—毛毛虫肚子好饿，小朋友们可以帮帮毛毛虫吗？

生成引导和日常评价

1. 教师以亲切柔和的语气讲述绘本，引导幼儿感受在静谧的夜景下虫卵躺在树叶上的场景，随后教师与幼儿亲密互动，引导幼儿关注“卵”，当幼儿有所回应时，可适当地追问，引发幼儿观察并尝试用“白白的”“小小的”等描述“卵”，比如：“这个‘卵’长什么样子，小朋友们以前见过吗？”

2. 制造悬念，吸引幼儿持续深入探究，比如：“这个‘卵’里住着一只小动物，小朋友们猜猜住着什么小动物呢？”随后，教师可通过与幼儿玩躲猫猫的游戏揭开谜底。

3. 引导幼儿观察并描述毛毛虫的外形特征，并说说怎样帮助饥饿的毛毛虫，随后模仿毛毛虫爬行，去森林里找吃的。

4. 教师根据幼儿的年龄阶段开展本活动，年龄较大的幼儿可以发表自己对毛毛虫的想法；年龄较小的幼儿愿意参与活动，喜欢倾听绘本故事即可。

活动拓展

1. 将绘本《好饿的毛毛虫》投放语言区域中；引导幼儿在自然角观察蚕卵。

2. 幼儿与家长共同探索毛毛虫的来源，并在回园时与教师和同伴交流。

活动 2　毛毛虫躲雨

意向目标

通过游戏结合生活经验探索躲雨的几种方法，发展身体协调能力，喜欢和同伴做游戏。

活动准备

自制《毛毛虫躲雨》教学课件、雷声音频。

活动过程

1. 教师扮演一只毛毛虫。

—毛毛虫肚子好饿，它想要去大森林里找食物，小朋友们愿意变成毛毛虫，和毛毛虫一起去找吃的吗？

2. 教师播放音乐，幼儿躲在活动室的角落里，听到太阳出来后爬出来，在地上模仿毛毛虫一伸一缩地爬行，吟唱手指谣“毛毛虫，穿绿衣。长身体，要吃饭”；然后播放打雷的声音，教师说“打雷啦，毛毛虫快快躲起来”，此时引导幼儿快速躲起来；当教师说出太阳的时候，幼儿再爬出来。重复玩几次后，教师引导幼儿去找自己的好朋友，跟好朋友抱抱，拉拉手，碰碰小屁股等。

生成引导和日常评价

1. 模仿是1~3岁幼儿的主要学习方式，因此，在活动中，教师要结合幼儿在区域中饲养蚕宝宝的经验，利用图片与幼儿谈论毛毛虫是如何爬行的，在此基础上，引导幼儿用身体模仿毛毛虫爬行，比如：“小朋友们知道毛毛虫是怎么爬行的吗？”

2. 在活动中，一开始由教师发出口令，比如“下雨了，毛毛虫躲起来了”，引导幼儿说说自己是怎么躲雨的。

3. 教师根据幼儿的年龄段开展本活动，年龄较大的幼儿可以跟着表演躲雨并能够用词语、短句描述自己躲雨的地点；年龄较小的幼儿愿意参与活动，模仿教师躲雨即可。

活动3 毛毛虫去爬山

意向目标

通过故事了解几种常见动物行走方式的特点，在模仿游戏中体验探究的乐趣，感受助人的乐趣。

活动准备

1. 自制绘本《毛毛虫去爬山》教学课件。

2. 在自然角中，引导幼儿观察毛毛虫蠕动的方式。

活动过程

1. 情境导入。

—小朋友们，毛毛虫要翻过一座大山才能找到吃的，我们赶紧帮帮它吧！

2. 共读绘本，沉浸情境。

教师模仿动物的叫声，请幼儿猜一猜是什么动物然后尝试模仿动物行走的方式。

3. 回味故事，引发思考。

—毛毛虫是怎么爬山的？

—哪些小动物帮助了毛毛虫？

4. 全体幼儿组成一列火车。幼儿跟随教师一边像毛毛虫一样行走，一边念着歌谣："毛毛虫，去爬山，爬呀爬，扭啊扭，遇到了小兔子。你好，小兔子。"（依次播放音频，并和对应的小动物打招呼）

生成引导和日常评价

1. 在介绍绘本时，引导幼儿观察绘本封面，产生想要帮助毛毛虫的情感，进而发展助人为乐的优良品质。

2. 模仿是 1~3 岁幼儿的主要学习方式，因此，在活动中，要给予幼儿充分模仿的机会，比如："我们现在变成了一条毛毛虫，现在毛毛虫要去爬山喽！"

3. 教师模仿动物的叫声，请幼儿猜一猜毛毛虫遇到了哪只小动物，它是怎么帮助毛毛虫爬山的。

4. 给予幼儿具体的评价，比如："你扮演的小兔子很可爱！小朋友们的声音很好听，老师喜欢你蹦蹦跳跳的样子。"

5. 教师根据幼儿的年龄段开展本活动，年龄较大的幼儿可以发表自己对毛毛虫的想法；年龄较小的幼儿能够参与活动，喜欢倾听绘本故事即可。

拓展活动

1. 将绘本《毛毛虫去爬山》《毛毛虫列车》投放到阅读区。

2. 家长在日常生活中引导孩子观察其他昆虫。

活动4　食物在哪里

意向目标

在活动中体验自主的快乐，尝试将食物进行分类。

活动准备

1. 教师提前将食物摆放在活动室不同的地方。

2. 各类食物图片（水果、叶子等），贴有食物的盘子 / 箱子，毛毛虫头饰若干。

活动过程

1. 情境导入。

—今天，森林国王跟毛毛虫说，森林里有很多好吃的，但是毛毛虫要自己去找，我们一起来看看食物在哪里。

2. 请幼儿在活动室里找食物，找到后请他们大胆表达是在哪里找到食物的。

3. 送食物宝宝回家。

—现在毛毛虫已经知道在哪里有食物了，但是它喜欢把食物放整齐后再吃，小朋友们可以帮忙把食物宝宝整理好吗？请手上有叶子的小朋友把叶子送到箱子的里面，手上有苹果的小朋友把苹果放到桌子的上面，手上有葡萄的小朋友把葡萄放到桌子的下面，手上有香蕉的小朋友把香蕉放到箱子的外面。

生成引导和日常评价

1. 教师要给予幼儿充分回忆和理解的时间，比如：“森林国王说食物藏在了我们身边，你们猜猜在哪里呢？”

2. 幼儿找到食物后，鼓励他们用完整的句子表达，比如：“我在桌子的上面找到了苹果。”对于语言能力较强的幼儿可引导其说出较为完整的句子，比如：“我在桌子的上面找到了苹果。”

3. 如果有些幼儿不知道怎样将食物宝宝送到相应的位置，教师可以适当引导，比如：“我是苹果宝宝，我想回到苹果箱子里。”

活动5 毛毛虫爱跳舞

意向目标

喜欢倾听音乐，感受律动的美，喜欢模仿和想象毛毛虫爬、吃叶子的动作。

活动准备

歌曲《毛毛虫》、毛毛虫头饰若干。

活动过程

1. 教师以毛毛虫的角色情境导入。

—小朋友们，我们要来开火车啦，呜呜——我们来到了草地上，我们都变成了毛毛虫。（为幼儿戴上毛毛虫的头饰）

2. 感知音乐，师幼共同探索动作。播放音频，幼儿初次感知音乐。

3. 第二次播放音频并引导幼儿模仿动作。

4. 师幼共同跟着音乐进行舞蹈。

生成引导和日常评价

1. 通过探索和尝试，引导幼儿自由模仿动作，比如："毛毛虫是怎么爬的呢？""它怎么吃东西的呢？"

2. 及时肯定幼儿的倾听和模仿能力，比如："小朋友们听得很仔细呢！"

3. 在毛毛虫变成蝴蝶的时候，教师可以带着幼儿模仿破茧而出，像蝴蝶一样四处飞。

活动拓展

回家后，幼儿与家长通过回忆或者查资料和视频，了解毛毛虫的生活和吃的食物。

毛毛虫吃水果

一、总体构想

意向目标	1. 倾听并能够用语言表达，逐步巩固和加深对水果外形特征的认识。 2. 积极运用感官观察辨别水果的特征，进行简单的分类，感受绘本中的简单数学。 3. 锻炼精细动作能力。
主题音乐	《毛毛虫》
区域布置	1. 生活区：放毛毛虫喂食、套圈圈练习。 2. 娃娃家：提供水果、冰激凌、叶子、毛毛虫服装等道具。 3. 美工区：放置各类颜色轻黏土、蜡笔、画纸等供幼儿进行艺术创作。 4. 表演区：放置水果、冰激凌、叶子、毛毛虫服装等道具。 5. 阅读区：放置《会魔法的水果》等各类与主题相关的绘本。 6. 感官区：放置不同颜色、味道的水果。 7. 自然角：放置纸巾、桑叶等引导幼儿清理蚕宝宝的家。 注：每次投放一种新玩具或教具都要很仔细地向幼儿介绍。
互动要点	提供各种材料与幼儿一起探索有关水果的多种游戏，引导幼儿在获得生活经验的同时，发展倾听与表达能力。
家园共育	1. 带孩子去水果店，认识和探索各种水果，在家跟孩子一起玩探索水果的各种游戏，在这个过程中传递如何科学卫生吃水果的意识和经验。 2. 跟孩子一起玩毛毛虫吃东西、做水果沙拉等游戏。 3. 为孩子准备好制作三明治需要用到的水果、面包片。

二、课程计划

晨新时刻	1. 晨接问好：自然地与幼儿打招呼，关注幼儿的情绪。 2. 晨间整理：协助幼儿进行来园活动，比如放书包、换鞋子、放水杯等；引导幼儿洗手。 3. 早餐准备：吃早餐前，教师可以和幼儿唱童谣，或者给幼儿讲故事。 4. 晨新律动：围绕音乐《毛毛虫》进行身体律动，还可以根据幼儿的表现增加更

续表

晨新时刻	丰富的形式。 5. 晨间谈话：毛毛虫吃了哪些水果，你喜欢吃什么水果呢？
生活时刻	1. 在水果餐后，教师和幼儿可围绕“你今天吃了什么水果？它是什么味道的呢？”进行讨论，引导幼儿对水果有进一步的感知。 2. 餐前童谣：餐前随着童谣《毛毛虫变身》玩手指或肢体游戏。
游戏（学习）时刻	活动 1　毛毛虫吃食物 活动 2　认识水果 活动 3　苹果大变身 活动 4　好吃的水果三明治 活动 5　毛毛虫肚子疼
区域时刻	自选，根据幼儿对毛毛虫的不同认识感受自主选择区域游戏。
户外时刻	幼儿能够在活动中体验运动的快乐，通过“走过河石”“爬隧道”“毛毛虫火车”“平衡板”等感统训练器材，培养幼儿的身体协调能力。
再见时刻	1. 离园整理：尝试引导幼儿自己将物品放回书包，并对幼儿的行为做出正向反馈。提醒幼儿关注自己的生理需求，引导有需要的幼儿如厕、喝水。 2. 唱再见歌：教师与每名幼儿愉悦地告别。 3. 与家长沟通：利用短暂的离园时间向家长介绍幼儿的在园情况。

三、童谣

毛毛虫变身

毛毛虫，穿绿衣。
长身体，要吃饭。
吃什么，吃 ××。
吃什么，吃 ××。
吃什么，吃 ××。
吃饱了，睡觉去。
呼噜噜，呼噜噜。
睁开眼，瞧一瞧。
蝴蝶——飞出来了。

生成引导和日常评价

教师可以根据幼儿的兴趣进行动作创编，每天一段或者两段，鼓励幼儿自由地表现或模仿。其中“吃 × ×”，可以根据幼儿在本主题中获得的经验进行补充。

四、游戏（学习）活动

活动 1　毛毛虫吃食物

意向目标

体验毛毛虫吃东西的场景，喜欢阅读，初步感知数量 1~5。

活动准备

自制绘本《好饿的毛毛虫》教学课件、毛毛虫玩偶 / 手指偶。

活动过程

1. 教师手拿毛毛虫玩偶 / 手指偶进行扮演。

—毛毛虫，你怎么啦？

—我的肚子还是好饿，怎么办呀？

2. 共读绘本，沉浸情境。

在吃水果的时候，请幼儿戴着毛毛虫手指偶穿过绘本中的水果洞，模仿毛毛虫吃东西的过程。

在阅读过程中注意体现随着星期的变化带来的水果叠加。

教师通过问题引导幼儿回味故事，引发思考。

—毛毛虫吃了什么食物呢？

—肚子饿的时候，我们可以怎么办？

生成引导和日常评价

1. 引导幼儿根据生活经验谈谈肚子饿是什么感受，从而更好地进入故事情境，比如：“肚子饿的时候，我们会是什么感觉？”

2. 在共读绘本时，借助绘本内容特点，引导幼儿初步感知数量 1~5，比如：“毛毛虫吃了什么食物，你可以数一数吗？”

3. 为幼儿深入参与活动和充分表达创造机会，比如：“这里有你喜欢吃的水果吗？”

4. 教师给予幼儿积极、肯定的评价，比如：“谢谢你告诉毛毛虫吃了多少个水果。”“谢谢你爱动脑筋数出来毛毛虫吃了多少水果。”“小朋友们都听得很认真呢。”

活动拓展

1. 引导幼儿在自然角中观察蚕宝宝身体的变化，渗透“胖”“长大”等相关概念。

2. 家长和孩子在家寻找资料，引导孩子了解适合毛毛虫吃的食物。

活动 2　认识水果

活动目标

能够运用感官探索橙子、草莓、梨等水果的外形特征，并尝试用“圆”“小”“甜”“酸”等词汇表达，在游戏中体验探索的乐趣和成就感。

活动准备

橙子、草莓、梨、李子，布袋、眼罩若干。

活动过程

1. 情境导入。

—小朋友们，今天老师请了许多水果宝宝来到我们班，大家快来和它们打招呼吧！（比如，“橙子宝宝，你好！”）

2. 教师请幼儿摸一摸、闻一闻水果，共同感知水果的外形和气味。

—我闻到了水果甜甜的味道，小朋友们想不想用小鼻子闻一闻？看看你闻到的水果是什么味道呢？（此阶段重在引导幼儿通过感官辨别水果，积累关于水果的经验，为接下来的游戏做铺垫）

3. 猜猜魔术袋里的水果。

—请小朋友们用眼罩蒙住眼睛，用鼻子和手摸一摸魔术袋里的水果，猜猜里面的水果是什么？

生成引导和日常评价

1. 教师为幼儿的充分表达搭建支架，比如："你摸到的水果是什么样的？哦，是圆圆的呀！""你猜猜摸到的是什么水果呀？"

2. 教师要积极肯定幼儿的行为，比如："我也很喜欢你拿的这个水果呢！你的声音很响亮！谢谢你告诉我。"

3. 教师可根据幼儿的年龄段开展本活动，年龄较小的幼儿可用手摸摸或者指认自己喜欢的水果；年龄较大的幼儿可以自己用词语、短句等描述水果的特征和自己吃水果的经历。

活动拓展

在吃水果时，请幼儿用自己的方式描述水果的形态和味道。

活动 3　苹果大变身

意向目标

尝试用"圆""长"等词汇形容苹果片，初步感知不同切法带来的水果形状的变化。

活动准备

苹果、盘子、盆、幼儿专用刀若干。

活动过程

1. 教师拿出苹果，引起幼儿注意。

—小朋友们，你们喜欢吃苹果吗？毛毛虫也很喜欢吃苹果呢！

2. 教师引导幼儿观察苹果的外部特征，引导幼儿说说自己对苹果的理解。

—苹果的里面有什么？我们打开看看吧！

3. 大家围桌，教师用"拦腰切"的方式切苹果，引导幼儿观察苹果里的种子，并用自己的语言描述看到的苹果里面。

4. 教师可创造性地切出不同长短、形状的苹果片。

5. 幼儿围桌坐下，观察教师切苹果，观察苹果被切后的变化。

—小朋友们还想把苹果变成什么样子呢？大家想不想自己试试切苹果？

6. 幼儿练习切苹果。

生成引导和日常评价

1. 在切水果时，引导幼儿观察切出来的不同形状，比如，横切的苹果呈现出半圆的形状，年龄较小的幼儿不能说就感受。

2. 教师可尝试引导年龄较大的幼儿说说水果的形状，比如，圆圆的苹果、长的苹果片、短的苹果片。年龄较小的幼儿在吃了不同的苹果片后，教师可以补充说，“你吃了一片长长的苹果片”，以此引导幼儿关注苹果片的形状。

3. 鼓励幼儿用自己喜欢的方式摆弄切好的水果。如果幼儿切不开苹果，可以换成香蕉。

活动拓展

1. 将幼儿切好的苹果作为午后甜点，请幼儿品尝苹果并表达自己的想法。

2. 将幼儿专用水果刀、水果等投入娃娃家。

活动4　好吃的水果三明治

意向目标

了解三明治的制作方法，发展手指精细动作，体验制作水果的快乐。

活动准备

切好的香蕉、草莓、葡萄、苹果片、面包片和小夹子等，按照幼儿的人数，将以上材料分为若干份。

活动过程

1. 教师向幼儿介绍食材和工具，师幼共同制作三明治并品尝。

2. 教师先示范如何做三明治，一边示范，一边哼唱。

—三明治，三明治，一起来做水果三明治。香蕉、草莓、葡萄、苹果，我都爱。面包片儿盖一盖，张大嘴巴，啊呜啊呜。

3. 请幼儿将水果在三明治上摆成自己喜欢的造型。

生成引导和日常评价

1. 教师可根据幼儿的年龄段开展本活动，让幼儿感知食物的味道，体验制作食物的乐趣。年龄较大的幼儿可以在教师的帮助下尝试自己制作，还可帮助年龄较小的幼儿一起制作。

2. 幼儿都做好自己的三明治后，可一起品尝美味的三明治。

3. 在品尝三明治的过程中，提醒幼儿吃东西时要细嚼慢咽，不讲话。比如："三明治宝宝想让小朋友慢慢地、安安静静地吃。""某某小朋友很享受吃他的三明治。"

活动拓展

在生活区中提供真实或塑料的水果、夹子、盘子等，供幼儿探索水果的各种玩法。

活动 5　毛毛虫肚子疼

意向目标

在体会毛毛虫肚子疼的感受中培养不贪吃的意识。

活动准备

毛毛虫手指偶 / 玩偶。

活动过程

1. 教师拿着毛毛虫手指偶 / 玩偶进行角色导入。

—哎呀哎呀，我的肚子好疼呀？

—毛毛虫，你怎么啦？为什么肚子疼呀？

2. 教师请幼儿说说毛毛虫肚子疼的原因。

3. 共读绘本，沉浸情境。

教师将毛毛虫吃东西的片段重温一遍，引导幼儿注意毛毛虫前后体形的变化。

4. 回味故事，引发思考。

—毛毛虫为什么肚子疼呢？

生成引导和日常评价

1. 在绘本共读期间，引导幼儿关注毛毛虫体形的变化，发展观察力和语言表达能力，比如："毛毛虫的身体变大了吗？"

2. 教师可根据幼儿的年龄段开展本活动，可引导年龄较大的幼儿发表自己的想法："小朋友们，肚子疼的时候是什么感觉呢？"年龄较小的幼儿喜欢参与活动，能够对肚子疼有感同身受即可。

3. 在导入部分，结合前面的游戏经验，给予幼儿充分的时间思考毛毛虫为什么会肚子疼。教师可用一些词语引导幼儿，比如："吃了什么呢？""吃了不干净的食物吗？""你肚子疼是什么原因呢？"

4. 毛毛虫吃了什么以后肚子才舒服的呢？（可请幼儿表演一下毛毛虫此时的表情。）

活动拓展

午餐时，提醒幼儿要细嚼慢咽。

毛毛虫肚子疼

一、总体构想

意向目标	1. 在游戏中发展主动思考和积极想象的能力，在积累相关生活经验的基础上，了解毛毛虫肚子疼的原因。 2. 建立健康饮食的意识和习惯。 3. 体验运动的快乐，喜欢运动。
主题音乐	《毛毛虫》
区域创设	生活区：放置蔬菜、水果、勺子、碗、锅等厨具供幼儿探索练习。 娃娃家：放置蔬菜、水果、毛毛虫等材料。 美工区：放置各类油画棒、画纸等供婴幼儿进行艺术创作。 表演区：放置水果、冰激凌、叶子、毛毛虫、蝴蝶服装等道具。 阅读区：放置《三只蝴蝶》等关于蝴蝶的绘本。 主题桌：布置太阳、月亮、卵、毛毛虫、水果、各类食物等场景。 自然角：放置树枝等支撑物，引导幼儿布置有利于蚕宝宝吐丝的环境。 注：每一次布置新材料都要仔细地向幼儿介绍。
互动要点	1. 教师鼓励幼儿积极思考毛毛虫肚子疼的原因，尊重幼儿运用自己的生活经验表达各种猜想。 2. 通过游戏活动，引导幼儿不贪吃，少吃冷饮，在日常活动中赋予蔬菜有趣的意义，帮助幼儿建立多吃蔬菜的意识，了解健康饮食的经验。
家园共育	1. 建议家长在家为幼儿树立好的榜样，尽量少吃垃圾食品多喝水，带着幼儿经常运动。 2. 在平时的家务中，邀请幼儿一同参与，比如择菜、洗水果等。

二、课程计划

晨新时刻	1. 晨接问好：自然地与幼儿打招呼、关注婴幼儿的情绪。 2. 晨间整理：协助幼儿进行来园活动，比如放书包、换鞋子、放水杯等；引导婴幼儿洗手。 3. 早餐准备：吃早餐前，教师可以和幼儿唱童谣，或者给幼儿讲故事。 4. 晨新律动：围绕主题音乐《毛毛虫》进行身体律动，还可以根据幼儿的表现增加更丰富的形式。 5. 晨间谈话：你肚子疼过吗？你是怎么办的？
生活时刻	1. 在自由游戏时间，教师可戴头饰 / 玩偶和幼儿玩毛毛虫的游戏。 2. 在午餐前后和幼儿谈论健康饮食的好处，引导幼儿说说自己喜欢吃的食物以及食物的营养。 3. 餐前童谣：餐前随着童谣《毛毛虫变身》，玩手指或肢体游戏。
游戏（学习）时刻	活动 1　水果坏了不能吃 活动 2　水果宝宝爱干净 活动 3　我吃到“彩虹”了 活动 4　毛毛虫爱吃叶子 活动 5　让毛毛虫动起来
区域时刻	自选，根据幼儿对毛毛虫的不同认识感受，自主选择区域游戏。
户外时刻	幼儿能够在活动中体验运动的快乐，进行感统训练，通过“走过河石”“爬隧道”“毛毛虫火车”“平衡板”等器材，培养幼儿的身体协调能力。
再见时刻	1. 离园整理：支持幼儿整理自己的书包，不拖拉，能有序排队；提醒幼儿关注自己的生理需求，引导有需要的幼儿如厕、喝水； 2. 唱再见歌：教师与每名幼儿愉悦地告别。 3. 与家长沟通：利用短暂的离园时间向家长介绍幼儿的在园情况。

三、童谣

毛毛虫变身

毛毛虫，穿绿衣。
长身体，要吃饭。
吃什么，吃 ××。
吃什么，吃 ××。
吃什么，吃 ××。
吃饱了，睡觉去。
呼噜噜，呼噜噜。
睁开眼，瞧一瞧。
蝴蝶——飞出来了。

生成引导和日常评价

教师可以根据幼儿的兴趣进行动作创编，每天一段或者两段，鼓励幼儿自由地表现或模仿。其中“吃 ××”，可以根据幼儿在本主题中获得的经验进行补充。

四、游戏（学习）活动

活动 1　水果坏了不能吃

活动目标

初步用感官去观察和辨别水果是否变质，了解水果变质后的外形特征。

活动准备

各种好的和变质的水果若干。

活动过程

1. 教师展示变质的水果和好的水果，请幼儿观察。

—小朋友们，毛毛虫发现前几天收藏的水果有一股奇怪的味道，你们可以帮它看看吗?

—请你闻一闻，看一看，你们发现了什么?

2. 教师引导幼儿说说自己的发现。

—原来这样的水果是变质的，不能吃，这些水果怎么处理呢?

3. 教师帮助幼儿尝试区分好坏水果，知道变质的水果不能吃，应该扔到垃圾桶。

生成引导和日常评价

1. 教师可根据幼儿的年龄段开展本活动，年龄较小的幼儿能够关注变质水果的特征，对变质水果有一定的认识即可，比如，指着黑色斑点的地方说“黑黑的”，指着腐坏的地方说“软软的”“这些水果就不能吃了”。年龄较大的幼儿，教师要关注幼儿判断水果好坏的依据，比如：“你是怎么发现水果宝宝生病了的？”如果幼儿分辨不出来，可引导幼儿从味道、外形等方面去辨别。

2. 联系幼儿生活情境，迁移经验。比如：“小朋友有没有在生活中遇到过生病的水果，你们是怎么办的？”（说说吃水果的时候要注意什么。）

3. 渗透健康教育，比如，引导幼儿吃水果进行清洗；在幼儿触摸过腐坏的食物后，提醒幼儿记得用肥皂或洗手液清洗双手。

4. 及时肯定和具体评价幼儿的行为，比如：“你发现我们的水果变得不一样了，小朋友们观察得很仔细呢！”

活动拓展

1. 教师可与幼儿讨论水果变质前后的区别。

2. 家长可在平常带领孩子一同在水果店挑选水果，引导孩子通过感官辨认水果的好坏。

活动 2　水果宝宝爱干净

意向目标

知道吃水果前要洗干净，在洗水果的过程中感受成就感。

活动准备

各类水果（杨桃、苹果等）、盘子、水盆等若干。

活动过程

1. 教师展示水果。

—小朋友们，今天毛毛虫送来了一些水果给我们吃，我们来看看这些水果。小朋友们发现了什么？

2. 教师请幼儿描述水果的外形特征，并请幼儿帮水果宝宝洗澡（对比实验，用自己喜欢的方式去洗干净水果，然后对比）。

—小朋友们刚刚发现，水果脏脏的，这可怎么办呢？

—小朋友们真有办法，那我们现在就赶紧用水把水果洗干净吧。

3. 幼儿围桌，两人共用一个装水的盆，教师一边示范如何洗苹果，一边哼歌："苹果苹果红又红，吃前用水洗一洗，圆圆的地方搓一搓，苹果的肚脐搓一搓，搓得真干净。"

生成引导和日常评价

1. 洗苹果的时候，如果有幼儿只顾玩水，教师可对他说："苹果宝宝说，我这里脏脏的，请你帮我搓一搓。"

2. 及时肯定幼儿的行为，比如："你很快就把水果洗干净了，真棒！"

3. 幼儿将水果洗干净后，引导幼儿关注不同水果的吃法及清洗方法，比如，有的水果不需要清洗，可剥皮吃。

活动拓展

家长在家里可邀请孩子帮忙洗水果和蔬菜。

活动 3 我吃到“彩虹”了

意向目标

初步了解几种蔬菜的名称和益处，对蔬菜产生积极的情感，发展精细动作。

活动准备

1. 烫熟的胡萝卜、花菜、青瓜、玉米粒等（可用轻黏土代替实物）。

2. 番茄酱和沙拉酱。

3. 小碗、夹子、筷子（如果婴幼儿能用筷子夹就用筷子）、勺子若干；彩虹图片。

活动过程

1. 教师情境导入。

—小朋友们，你们见过彩虹吗？今天毛毛虫想吃一道彩虹菜，小朋友们知道怎么做彩虹菜吗？

2. 出示蔬菜宝宝，共同制作彩虹菜（蔬菜沙拉）。

3. 幼儿分组围桌坐下，教师一边示范做蔬菜沙拉，一边哼歌：

胡萝卜，穿红衣，宝宝吃了眼睛亮晶晶。

小青瓜，穿绿衣，宝宝吃了手指不脱皮。

西红柿，酸酸甜甜有营养！

花菜花菜，真美味，蔬菜蔬菜真好吃，我爱吃蔬菜。

好啦！我们的彩虹菜已经完成啦！

生成引导和日常评价

1. 教师在出示蔬菜的时候，用幼儿喜欢的方式介绍一下蔬菜的外形和益处，比如：“穿着红衣裳的胡萝卜来咯，小朋友吃了胡萝卜宝宝以后眼睛就会亮亮的。”

2. 善用诙谐有趣的语气提醒幼儿，比如：“蔬菜宝宝掉到地上会哭的，小朋友要保护好它们！”

3. 对于较快完成的幼儿，教师可请其介绍一下自己的作品，避免消极等待的同时发展语言能力，比如：“小朋友，看看你的彩虹菜有什么呢？”对于动作比较慢的幼儿，教师要耐心等待。

4. 当幼儿完成彩虹菜的制作时，为幼儿充分表达创造机会，比如：“我的彩虹菜是甜甜的，你们的彩虹菜是什么味道呢？”

活动拓展

1. 将蔬菜、碗和勺子等道具放置在生活区供幼儿探索。

2. 在平时就餐前，与幼儿谈谈当日的菜谱并赋予食物有趣的意义，引导幼儿养成不挑食的好习惯。

活动4　毛毛虫爱吃叶子

意向目标

运用感官了解常见树叶的外形、气味等特征，知道毛毛虫喜欢吃的食物。

活动准备

几种毛毛虫喜欢吃的叶子、盘子若干。

活动过程

1. 教师展示树叶。

—小朋友们好，毛毛虫最喜欢吃什么食物呢？原来毛毛虫最喜欢吃叶子了。

2. 教师请幼儿看一看，摸一摸，闻一闻叶子，观察叶子的特征。

3. 教师请幼儿说说自己吃不吃叶子，吃哪些叶子，引导幼儿将叶子和蔬菜建立联系。请幼儿假想自己是毛毛虫吃“蔬菜”。

生成引导和日常评价

1. 本活动的主要目的是帮助幼儿初步了解毛毛虫吃什么的基本常识，如果幼儿有其他的想法，不要反对他们的想法，能够引起幼儿对事物的兴趣即可。

2. 渗透健康领域经验，比如：“我们平时吃东西的时候，要注意卫生，吃干净的食物。”

3. 如果有在班级自然角养蚕宝宝，可以和幼儿谈论和观察桑叶；如果没有，可以和幼儿观察毛毛虫喜欢吃的其他叶子。

活动拓展

家长可以和孩子查找资料，了解桑叶还有什么作用。

活动5 让毛毛虫动起来

意向目标

尝试想出多种让身体动起来的方式，体验运动带来的快乐，初步感知动作与身体变化之间的关系。

活动准备

毛毛虫头饰、爬行垫、雪糕筒。

活动过程

1. 教师利用故事引出话题。

—毛毛虫吃了太多的食物，它一动也不动，它已经很久没有运动了，你们有什么办法让它动起来吗?

2. 教师邀请幼儿思考让毛毛虫动起来的方法。

—毛毛虫说它想和小伙伴们一起运动，我们一起来运动吧!

3. 单独翻滚。

引导幼儿扮演毛毛虫在爬行垫上翻滚，可以逐渐加大难度，比如增加雪糕筒或皮球等作为障碍物，请幼儿绕道爬行。

4. 小组爬行。

教师和幼儿分小组爬行。

生成引导和日常评价

1. 教师可示范毛毛虫爬行的动作，给予幼儿充分的时间观察毛毛虫的爬行动作。年龄较大的幼儿可以自己爬行，年龄较小的幼儿需要教师带着一起运动，不要过分在意幼儿的动作是否规范，能够吸引他们参与活动即可。

2. 教师要及时肯定幼儿的想法，比如：“你想到了在地上翻滚。”“你真有办法！”

3. 在运动过程中，结合当前的条件以及想法的可行性来追随幼儿对运动方式的不同想法。

4. 活动结束后，教师和幼儿一起整理着装和物品，去盥洗室洗手、如厕。

毛毛虫变蝴蝶

一、总体构想

意向目标	1. 了解毛毛虫从幼虫到蝴蝶的大致历程，感知自然中生命的神奇。 2. 积极探索蝴蝶的外形特征。
主题音乐	《毛毛虫》
区域布置	生活区：投放蔬菜、水果、勺子、碗、锅等厨具供幼儿探索练习。 娃娃家：提供水果、冰激凌、叶子、毛毛虫、茧、蝴蝶头饰、丝巾等。 美工区：放置各类油画棒、画纸等供幼儿进行艺术创作。 表演区：放置水果、冰激凌、叶子、毛毛虫、茧、蝴蝶头饰、丝巾等道具。 阅读区：放置《三只蝴蝶》等关于蝴蝶的绘本。 主题桌：布置太阳、月亮、卵、毛毛虫、水果、各类食物茧、蝴蝶等场景。 科学区：放置放大镜、蝴蝶标本，引导幼儿观察蝴蝶。
互动要点	1. 通过视频或者照片回顾毛毛虫的成长历程，感受生命的神奇。 2. 由毛毛虫的成长历程联系到幼儿自身的成长，感受自己的变化。
家园共育	1. 利用逛公园的契机，家长与孩子讨论蝴蝶的外形、种类等，引导孩子留意周围的事物，喜欢探究自然。 2. 家长收集孩子从在母胎里到出生后的一些关键性事件的照片，与孩子聊聊小时候的事情，培养孩子的独立性和自信心。

二、课程计划

晨新时刻	1. 晨接问好：自然地与婴幼儿打招呼、关注婴幼儿的情绪。 2. 晨间整理：协助婴幼儿进行来园活动，比如放书包、换鞋子、放水杯等；引导婴幼儿洗手。 3. 早餐准备：吃早餐前，教师可以和幼儿唱童谣，或者给幼儿讲故事。 4. 晨新律动：围绕主题音乐《毛毛虫》进行身体律动，还可以根据幼儿的表现增加更丰富的形式。 5. 晨间谈话：小朋友们见过蝴蝶吗？它长什么样子？

续表

生活时刻	1. 在餐后时间，教师和幼儿观看毛毛虫变蝴蝶的视频，帮助幼儿丰富相关经验。 2. 在角色区可戴上头饰，穿上表演服，用玩偶和幼儿表演毛毛虫的故事，演示毛毛虫变蝴蝶的过程。 3. 餐前或过渡环节伴随着童谣《毛毛虫变身》，玩手指或肢体游戏。
游戏（学习）时刻	活动1　毛毛虫的房子 活动2　小蝴蝶穿花衣 活动3　蝴蝶飞飞 活动4　宝宝长大了 结题　毛毛虫变蝴蝶
区域时刻	自选，根据幼儿对毛毛虫的不同认识、感受，自主选择区域游戏。
户外时刻	幼儿能够在活动中体验运动的快乐，通过“走过河石”“爬隧道”“毛毛虫火车”“平衡板”等器材进行感统训练，培养幼儿的身体协调能力。
再见时刻	1. 离园整理：支持幼儿整理自己的书包、不拖拉，能有序排队；提醒幼儿关注自己的生理需求，引导有需要的幼儿如厕、喝水。 2. 唱再见歌：教师与每名幼儿愉悦地告别。 3. 与家长沟通：利用短暂的离园时间向家长介绍幼儿的在园情况。

三、童谣

毛毛虫变身

毛毛虫，穿绿衣。
长身体，要吃饭。
吃什么，吃××。
吃什么，吃××。
吃什么，吃××。
吃饱了，睡觉去。
呼噜噜，呼噜噜。
睁开眼，瞧一瞧。
蝴蝶——飞出来了。

生成引导和日常评价

教师可以根据幼儿的兴趣进行动作创编，每天一段或者两段，鼓励幼儿自由地表现或模仿。其中“吃 ×× ”，可以根据幼儿在本主题中获得的经验进行补充。

四、游戏（学习）活动

活动1 毛毛虫的房子

意向目标

了解毛毛虫的蛹，想象毛毛虫变成蝴蝶的时刻，初步发展想象力。

活动准备

绘本《好饿的毛毛虫》。

活动过程

1. 情境导入。

—小朋友们，我们住在房子里，那毛毛虫住在哪里？

2. 教师和幼儿共读绘本，着重讲毛毛虫变成蛹的部分，引导幼儿观察蛹的特征。

3. 教师可在活动室布置箱子 / 桌子，让幼儿钻进去体验一下毛毛虫的蛹。在揭示毛毛虫变成蝴蝶那一刻，教师用神秘的语气，请幼儿猜一猜毛毛虫在睡醒后变成了什么。

生成引导和日常评价

1. 本活动意在引导幼儿感受毛毛虫在蛹里睡觉，慢慢蜕变的过程。可以引导幼儿想象自己是毛毛虫，体验在蛹里窝着睡觉，随着时间慢慢地破蛹而出，变成蝴蝶。

2. 在幼儿钻出箱子 / 桌子以后，教师及时强化幼儿的行为，比如，“小朋友们都变成了美丽的蝴蝶。”

活动拓展

1. 将箱子、丝巾、毛毛虫头饰等投放到表演区供幼儿探索；有条件的可引导婴幼儿在自然角中观察蚕蛹破茧成蝶的过程。

2. 家长与孩子在一起观看毛毛虫破茧成蝶的过程，感受生命的神奇。

活动 2　小蝴蝶穿花衣

意向目标

了解蝴蝶的外形特征，感受蝴蝶多样性的美。

活动准备

黑色卡纸底板、白色蝴蝶样板纸若干张，画笔、贴纸、轻黏土。

活动过程

1. 教师扮演蝴蝶，情境导入。

—小蝴蝶，你怎么啦?

—呜呜呜，我没有漂亮的衣服穿。

—小朋友们，你们愿意帮助小蝴蝶设计衣服吗?

2. 教师为幼儿提供一张上面贴有白色蝴蝶样板的黑色底板，并分组使用不同材料进行自由创作，可以给蝴蝶涂色、贴贴纸、贴黏土等。

生成引导和日常评价

1. 年龄较大的幼儿可根据自己的喜好选择材料进行创作，年龄较小的幼儿可以在教师的帮助下完成。

2. 如果幼儿没有想法，教师可以通过演示、问题来提示幼儿，比如：“你想用红色的画笔吗？这个贴纸可以用吗？”

3. “你设计的衣服有好多漂亮颜色呢，小蝴蝶肯定很喜欢！”

活动拓展

1. 完成后教师和幼儿共同将作品放置于环境中。

2. 请家长带孩子到户外一起寻找蝴蝶（或观看视频），可以请孩子模仿蝴蝶是怎么飞的。

活动 3　蝴蝶飞飞

意向目标

通过探索蝴蝶飞的各种动作，初步感知“高”“低”等词，发展奔跑等运动能力，感受和同伴一起活动的乐趣。

活动准备

丝巾若干、音乐《蝴蝶》。

活动过程

1. 教师扮演一只蝴蝶翩翩起舞。

—小朋友们，蝴蝶飞来了，来找它的好朋友了，你是它的好朋友吗？我们一起飞舞吧！

2. 教师待幼儿尝试加入游戏时，可扮演蝴蝶，一会儿飞高，一会儿飞低，同时嘴里也说出“飞高”“飞低”。

3. 教师带领幼儿围成圈，模仿蝴蝶飞的动作，教师根据幼儿的运动量发出指令，大家边飞边唱：

小蝴蝶，飞得高，飞得快，
飞到花园里，要和宝宝做朋友，
飞来飞去真快乐！

生成引导和日常评价

1. 在活动过程中，教师可以用一些口令，比如：“小蝴蝶蹲下来了！”“小蝴蝶飞得高高的！”“小蝴蝶停住了！”“小蝴蝶又开始飞了！”来调节幼儿的情绪和运动量，避免互相冲撞。

2. 教师及时具体肯定幼儿的行为，比如：“你的蝴蝶飞得好高呀！”

拓展活动

家长与孩子一起探索其他飞舞的昆虫，模仿昆虫飞行的方式。

活动 4　宝宝长大了

意向目标

知道自己在慢慢长大，能够独立做一些事情，比如吃饭、睡觉等。

活动准备

收集幼儿从胎儿到 1.5 岁之间的一些关键性事件的照片、视频、衣服等。

活动过程

1. 教师请幼儿围成一个圈，大家蹲在地上，然后慢慢起身，在这个过程中，嘴里念着魔术语“我变变变，变成大巨人”。（可以变化形式，比如幼儿围圈，从小圈一直到大圈）

2. 教师展示表现幼儿长大过程的照片。

幼儿围圈坐下，教师出示百宝箱，里边有幼儿在妈妈肚子里的照片，幼儿自己吃饭的照片、幼儿自己整理床铺的照片，等等，请幼儿抽出照片，说说图片的内容。

生成引导和日常评价

1. 通过展示幼儿婴儿时期的照片来帮助他们建立连接，初步建构“长大”的概念，可以提问：“奶瓶、婴儿车是谁用的呢？”“小朋友们现在还在用吗？”

2. 善于运用积极、具体的肯定评价，比如：“哇！某某小朋友真能干，她现在会自己吃饭了！”“他可以自己睡觉，不用老师和爸爸妈妈哄着睡觉。”

3. 教师可根据婴幼儿的年龄段开展本活动，年龄较大的幼儿可以通过照片用词语、短句表达；年龄较小的幼儿可通过教师的帮助和陈述来了解自己的成长变化。

活动拓展

家长与孩子共同寻找孩子的成长痕迹，并表征出来。

结题　毛毛虫变蝴蝶

意向目标

感受毛毛虫成长的历程，发展运动能力。

活动准备

毛毛虫变蝴蝶的有关图片、音频、树叶、丝巾、彩虹伞等。

在活动室布置好相关场景，比如，将毛毛虫吃的水果、树叶等散放在活动室里，将桌底作为毛毛虫的“茧”，备好丝巾作为蝴蝶的翅膀。

活动过程

1. 一位教师戴着毛毛虫的头饰，邀请小毛毛虫们慢慢爬出来；另一位教师带着幼儿做动作演示整个过程。

—小毛毛虫们，我们玩一个变身游戏吧！

2. 第一场：教师用柔软、温和的声音讲述故事，幼儿化身为毛毛虫幼时的虫卵，静静地趴在地上，然后随着教师故事讲述的推进，幼儿变成了毛毛虫，爬过“山洞”去寻找食物。

3. 第二场：毛毛虫来到了“彩虹地”，随着彩虹伞的降落，毛毛虫找到了许多好吃的。可是毛毛虫还是好饿，它吃了冰激凌、黄瓜、蛋糕。吃完以后，毛毛虫的肚子疼了起来，最后它吃了叶子，它的肚子才舒服起来。

4. 第三场：毛毛虫吃饱了，它爬到了自己的“房子”里，睡着了，“呼呼——”，真舒服。

5. 第四场：毛毛虫从“房子”里出来后，变成了蝴蝶，飞呀飞，东瞧瞧，西看看，闻闻小花，真香啊！

生成引导和日常评价

1. 本活动共分为四个场景，要给予幼儿充分的时间重温故事，慢慢进入活动情境，感受毛毛虫的成长历程。

2. 重温绘本时，教师可有意识地引导幼儿关注环境布置的变化，比如：“毛毛虫在我们班可以去哪里睡觉呀？”“你看到毛毛虫吃的食物了吗？”

3. 在活动中，教师可抓住教育契机渗透健康、点数等内容，对年龄较大的幼儿可以引导他们谈论一下内容，比如：“毛毛虫吃了几个苹果？”“毛毛虫吃什么才不会肚子疼呢？”

主题 4　神奇的小动物

主题构想

一、主题导言

喜爱动物是幼儿的天性，动物对幼儿有强烈的吸引力。开展动物主题活动，可以满足幼儿对动物探索的欲望，激发幼儿探索动物世界的兴趣以及萌生爱护动物、保护动物的美好情感。

本主题适用于 1.5~3.5 岁幼儿，依据该年龄段幼儿的身心发展特点及兴趣而设计。“可爱的动物”主题由可爱的小动物—会飞的动物—陆地动物—会游的动物四个部分组成，幼儿可以循序渐进地获得对动物的完整认识。本主题开展时间建议为 1~2 个月，推荐开展时间为当班级中幼儿对动物特别感兴趣或者班级中有动物出现时。

二、主题意向目标

1. 思维模式：探索思维和成长思维。

在“可爱的动物”主题中，幼儿从身边熟悉的小动物开始，随着主题的开展，幼儿接触的动物也越来越多，幼儿沉浸其中，对动物的探究也越来越深入，逐步揭开小动物的秘密，在这个过程中，幼儿的探究型思维也不断获得发展。同时，幼儿在具有一定难度的活动中不惧挑战，成长思维得到发展。

2. 关键能力：运动能力和学习力

“可爱的动物”主题重点培养幼儿的运动能力和学习力。

运动能力	学习力
1. 在动物的情境下，模范动物，维持一定的运动量。 2. 通过各种感官探索和认识小动物。	主动观察动物，对动物有强烈的好奇心和探索兴趣。

幼儿的运动能力发展具有如下特点。

（1）幼儿能运用各种感官去探索事物。

（2）幼儿具有发育良好的身体，能够维持一定的运动量。

幼儿的学习力发展具有如下特点。

（1）幼儿具有强烈的好奇心和探索兴趣。

（2）幼儿思维具有直觉行动性，在行动中思考，在操作中认识。

（3）幼儿注意力维持时间较短。

3. 全面发展意向目标

基于《大纲》及该主题活动设计确定全面发展的意向目标包括以下几点。

（1）生活：能根据天气变化有自主增减衣服的意识。

（2）动作：在创编与动物相关的一系列运动中进行大肌肉和小肌肉锻炼。

（3）语言：感受语言的美，学会用语言进行较为清晰的自我表达。

（4）认知：在认识动物的活动中，逐步发展幼儿注意、观察、记忆、思维等认知能力；可对各式动物的特征和生活习性进行简单的分类，感受生活中的数学；愿意在自己喜欢的事情上专注，付出努力与精力。

（5）情感与社会性：乐意与动物交朋友，培养爱护动物的情感；愿意交往，愿意向同伴介绍自己喜欢的动物；喜欢动物，并体验喂养动物的乐趣。

三、主题脉络

在“可爱的动物”的主题设计中，幼儿学习力和运动能力发展路径是：观察—体验—模仿—创造。

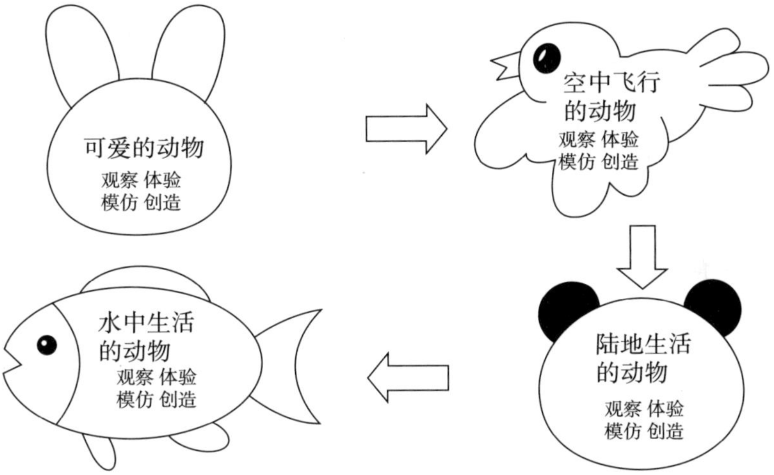

“神奇的小动物”主体设计

可爱的动物。在有趣的游戏、音乐、绘本等中初步感知常见动物，知道动物的家在哪里（地上、水里以及天空中），知道动物的脚印是不一样的，知道不同动物走路的方式，丰富对动物的认知，喜欢动物。

空中飞行的动物。对空中飞行的动物有所感知，对不同动物的翅膀有初步的了解。

陆地生活动物。认识陆地上的动物，知道部分常见动物的名称、外形。

水中生活的动物。认识常见的水里的动物，知道水中生活的动物的特征，对鱼鳍的作用有初步的感知，能尝试对海陆空动物进行简单分类。

四、主题环境创设

1. 环境布置：小动物主题墙

左边、中间、右边分别是海洋、陆地和天空背景，再依次粘贴上主题中出现的或幼儿感兴趣的小动物图片。

2. 主题桌

幼儿熟悉的小动物，如蚯蚓、乌龟、金鱼及小鱼缸，根据主题内容及时更新主题桌。

3. 主题角

可在活动室里找一个合适的位置饲养小鸡、小鸭、小兔、小鱼等。（可根据具体情况而定）

可爱的动物

一、总体构想

意向目标	1. 主动观察身边的动物。 2. 模仿动物，能初步控制自己的身体。 3. 喜欢进行角色扮演，乐于参与活动。
主题音乐	《数鸭子》
区域布置	（区域材料要确保份数，避免幼儿争抢）。 生活区：投放穿带子、按压扣。 娃娃家：提供动物玩偶、头饰、动物衣服、奶瓶、饭碗等。 美工区：放置动物脚印和动物卡通图片等供幼儿进行艺术创作。 表演区：放置铃铛、响铃、非洲鼓、沙锤和动物服饰等。 益智区：放不同形状的积木等玩具（贴动物标签进行分类，对应的篮子）供幼儿进行分类和为动物搭房子，放置放大特征的动物特征卡片，认识动物特征。 阅读区：放置《动物的家》等各类动物主题绘本。
互动要点	1. 教师要营造温馨有趣的氛围，激发幼儿愿意主动参与活动的兴趣。 2. 教师要注意在日常交流中帮助幼儿了解和发现动物的特点。 3. 教师要多让幼儿在活动中尝试自主操作。
家园共育	1. 请家长与孩子共同观察身边常见的动物，比如小狗、小猫等，体验与动物接触的快乐。 2. 鼓励家长带孩子去动物园认识更多的动物。 3. 请家长平时与孩子谈论生活中可以观察到的动物。

二、课程计划

晨新时刻	1. 晨接问好：愉快地与每一名幼儿打招呼并拥抱。 2. 晨间整理：天气变热，注意及时为幼儿增减衣服。协助幼儿进行来园活动，比如放书包、换鞋子、放水杯等。 3. 早餐准备：能够在教师的提醒下自觉进行进餐准备，可以鼓励有能力的幼儿帮助教师进行餐具摆放等工作。 4. 晨新律动：围绕主题音乐《数鸭子》，进行晨新身体律动，还可以根据幼儿的表现增加更丰富的形式。 5. 晨间谈话：你见过什么小动物？
生活时刻	1. 日常生活中在合适的时机下，和幼儿谈论小动物的话题，说说自己认识的小动物。 2. 在散步或者外出时，引导幼儿模仿小动物的叫声、走路的样子等，和幼儿玩模仿动物的游戏。 3. 餐前伴随童谣《我们一起玩游戏》，开展手指或肢体游戏。
游戏（学习）时刻	活动 1　小动物的叫声 活动 2　小动物与魔术师 活动 3　动物的脚印 活动 4　动物的家在哪里 活动 5　去小动物家做客
区域时刻	自选，根据幼儿对动物的不同喜好选择不同的区域自主游戏。
户外时刻	1. 开展各种与动物有关的有趣的户外和室内运动，培养幼儿爱运动的习惯。 2. 户外运动的设计要注意照顾到幼儿的年龄、运动能力发展水平以及天气等多种因素。
再见时刻	1. 离园整理：关注婴幼儿的情绪，支持幼儿整理自己的书包；关注幼儿的衣物穿着情况，需要时及时帮助幼儿更换衣服；提醒幼儿关注自己的生理需求，引导有需要的幼儿如厕、喝水。 2. 唱再见歌：与每名幼儿愉悦地告别。 3. 与家长沟通：召开简单的家长会告知家长该段时间的主题活动，并请有条件的家长和孩子一起养一只小动物。

三、童谣

一起玩游戏

我们一起玩游戏

比比谁的叫声大

小猫喵喵喵，小狗汪汪汪

娃娃，啊啊啊

比比谁跳得高

小兔蹦蹦蹦，青蛙跳跳跳。

娃娃，蹦又跳

比比谁本领大

小鱼游得快，小猪睡大觉

娃娃呢？

娃娃 ×××。

生成引导与日常评价

教师可以根据幼儿的兴趣、掌握程度和月龄大小进行动作创编，每天一段或两段，或选择其中一两段童谣，也可以鼓励幼儿的创编。其中，“娃娃 ×××”可以根据幼儿的近期表现，创编具体内容。比如，幼儿近期出现用餐方面的问题，那么“娃娃 ×××”则可以改成“娃娃吃饭棒”或“娃娃爱吃饭”等内容。

四、游戏（学习）活动

活动 1　小动物的叫声

意向目标

尝试通过动物的叫声判断不同的动物，对动物的叫声感兴趣。

活动准备

1. 小鸭、小鸡玩偶或实物及其声音的音频、小鸭头饰、

2. 数鸭子背景图片、音乐。

活动过程

1. 用动物的叫声激发幼儿对动物的好奇心，帮助幼儿建立动物叫声与动物形象的联系，对小动物有初步的感知。

—小朋友们，太阳慢慢地升了起来，小动物们都起床啦！你们听是谁来了？

2. 教师操作引导。

（1）无实物。教师先播放动物叫声的音频请幼儿猜，随后再出示相应动物的玩偶。

（2）有实物。教师用布将笼子盖住，请幼儿根据叫声猜测笼中的动物，随后再出示动物，看看婴幼儿猜得对不对。

3. 与幼儿一起玩学动物叫声和模仿动物动作的游戏。放数鸭子图片背景，播放数鸭子音乐，教师戴上头饰做鸭妈妈，幼儿做鸭宝宝，请幼儿跟随鸭妈妈做游戏。

—小朋友，我们一起来扮演小动物吧？

生成引导与日常评价

1. 教师要根据本班幼儿的发展水平，合理评判该活动是否适合在本班开展以及如何进行难度调整，以适应本班幼儿的发展水平。作为本主题的第一个活动，无论是年龄较大还是较小的幼儿都建议选择他们较为熟悉的小动物。对较小的幼儿，建议减少识别的动物数量，最好呈现真实的动物。

2. 教师引导幼儿分享家里养的或者见过的动物，并尝试模仿熟悉的动物的叫声。

3. 教师根据幼儿活动状态进行恰当的引导，保持幼儿参与活动的兴趣。比如："小朋友们你们还知道什么动物？它们是什么样子的？它们是怎么叫的？"幼儿尝试做动作或模仿动物的叫声，比如学狮子嗷嗷叫，或学小狗汪汪叫。

4. 在最后的模仿动物环节，教师可以根据本班幼儿感兴趣的动物选择模仿对象。

活动拓展

将动物头饰和玩偶放在表演区，供幼儿自由游戏时使用。

活动 2　小动物与魔术师

意向目标

在模仿动物的过程中，进一步熟悉动物，体验模仿的乐趣。

活动准备

森林背景图；小鱼、小鸟、小猫、小兔玩偶；魔法师的衣服和魔法棒。

活动过程

1. 情境导入。

—小朋友们，今天老师是一个会魔法的魔术师，可以变出小动物哟！

（教师故作神秘）

—看看老师能变出什么吧？

2. 教师拿出用黑布盖着的玩偶，邀请幼儿上前揭开，或者通过互动口令进行揭秘。

3. 倾听幼儿的回答和想法，引导幼儿说出动物的名称，并与幼儿一起模仿动物的动作和声音。

—这是什么动物？它是怎么叫的？你可以学一学吗？

4. 教师带领幼儿一起做游戏。

—老师要把小朋友们都变成小动物，我是小小魔术师，我要把你们变成小鸟！

生成引导与日常评价

1. 教师要根据本班幼儿的发展水平，合理评判该活动是否适合在本班开展，以及如何进行难度调整，以适应本班幼儿的发展水平。对年龄较小的幼儿来说，选择 1~2 种他们熟悉的动物进行模仿并游戏；对于年龄较大的幼儿，可以增加小动物的数量，并根据幼儿的接受程度加入他们不太熟悉的动物。

2. 边玩边观察有没有做错或者不会做的幼儿并及时指导。游戏重复几次，当幼儿熟练后，可以邀请个别幼儿单独表演，活跃活动气氛。

3. 幼儿根据教师口令模仿相应动物，教师可以根据幼儿的完成情况降低或增加游戏难度。

4. 教师在游戏期间要注意通过评价调整幼儿参与游戏的状态。比如：“你这只小兔子真可爱”“你刚刚的反应很快，真厉害！”

活动拓展

在体育活动时，可以继续开展“小动物与魔术师”游戏，并逐渐增加动物的数量和难度（小鱼游回教室）。

活动 3　动物的脚印

意向目标

体会不同动物脚印的特点，体验拓印活动的乐趣。

活动准备

布满动物脚印的雪地图一张；小象、小鸭、小鸡图片和脚印对照图片；纸皮脚印若干和小木棒粘一起；脚印拓印道具若干；白纸；各色颜料。

活动过程

1. 教师帮助幼儿通过对脚印的观察来辨别小动物，引导幼儿学会用他们熟悉的事物来形容。比如，“小鸭的脚印像一朵花。”

—冬天来了，下了一场好大的雪，小动物们都出来玩了，踩出了好多小脚印。小朋友们猜猜，这是谁的脚印呀？

2. 教师与幼儿一起用脚印拓印材料作画。

—现在我们来用脚印盖出美丽的画吧！

生成引导与日常评价

1. 教师要根据本班幼儿的发展水平，合理评判该活动是否适合在本班开展，以及如何进行难度调整，以适应本班幼儿的发展水平。对于年龄较小的幼儿，教师出示的动物脚印区别要尽可能大，数量要相应减少。教师和幼儿可以在一张大纸上一起拓印，而对于年龄较大的幼儿可以相应提高难度，增加动物脚印数量且脚印的区别可以相对小一些。

2. 在幼儿拓印结束后，教师可以利用空闲时间和幼儿一起说一说这是什么脚印，看起来像什么。

3. 教师要注意帮助幼儿将拓印的作品与动物之间建立联系。

4. 教师根据本班幼儿的发展水平，尽可能鼓励每一名幼儿尝试创作属于自己的拓印画。

活动拓展

将纸皮脚印放至美工区，供幼儿在自主游戏时进行创作。

活动 4　动物的家在哪里

意向目标

初步感知不同动物住所的不同。

活动准备

《动物的家》绘本。

活动准备

1. 问题情境导入。

—小朋友们，今天有几个动物小伙伴说想邀请你们去家里做客，你们愿意和它们交朋友吗？

—我们先到谁家呢？

2. 教师与幼儿共同翻阅绘本，跟着绘本和小动物打招呼，同时引导幼儿观察动物所处的不同地方，引发幼儿对动物们不同住所的兴趣，感受不同动物有不同的住所和习性。

生成引导与日常评价

1. 教师要根据本班幼儿的发展水平，合理评判该活动是否适合在本班开展，以及如何进行难度调整，以适应本班幼儿的发展水平。对于年龄较小的幼儿，教师只需要通过提问帮助幼儿注意到不同的小动物住所不一样，但不要求幼儿能够进行更多的推理或记忆；对于年龄较大的幼儿，教师可以多问问幼儿关于不同小动物住所的不同猜想，帮助其总结，并根据幼儿的接受程度判断是否可以请幼儿进行更多小动物住所的推理，但不强求幼儿背诵和记忆动物的住所和习性。

2. 教师在与幼儿共读绘本的时候，可以通过提问帮助幼儿了解小动物习性与住所之间的关系，比如："小狗住在哪里？""小鱼住在哪里？""小狗可以到水里和小鱼一起住吗？""小鱼可以住在没有水的地方吗？"

3. 幼儿回答问题时，教师要鼓励并给予充足的时间帮助幼儿回答。

4. 教师鼓励幼儿猜测并说出原因，合理即可，避免要求婴幼儿识记"统一"的答案。

活动拓展

1. 教师将绘本《动物的家》投放至阅读区。

2. 打印一些动物房子和动物的照片放在益智区。（可用牛奶盒做房子，小动物贴在雪糕棒上，供幼儿做分类游戏。）

活动 5　去小动物家做客

意向目标

进一步熟悉小动物的习性，发展钻、爬、跳、跨等大肌肉动作。

活动准备

体操垫、呼啦圈、平衡木、纸箱、绳子。

活动过程

1. 教师在室内或室外，结合活动 4"动物的家在哪里"中小动物的家的环境，创造小动物的家，即具有挑战性的大肌肉运动区，用体操垫、呼啦圈、平衡木等器材拼接为可循环的运动游戏区，供幼儿开展"做客之旅"。

—小朋友们，今天小动物们邀请我们去它们家做客，我们一起去看看吧。

2. 教师引导幼儿通关挑战，比如，兔子的家：用多个纸箱等材料营造可钻爬的隧道，发展幼儿钻的能力；白蚁的家：用体操垫等材料营造可攀爬的小山，发展幼儿爬的能力；小蜜蜂的家：用绳子或呼啦圈围绕成蜂巢，发展幼儿沿着线走的能力。

在通关挑战的过程中，教师可以通过故事情境，营造情境感。

—我们现在到了谁的家呢？ ××× 的家。

生成引导与日常评价

1. 教师要根据本班幼儿发展水平合理进行难度调整，对于年龄较小的幼儿可以在旁辅助。

2. 教师要对游戏中幼儿的表现给予及时的鼓励，比如："太厉害了，你勇敢地爬过去了。"当幼儿害怕时，可以适时介入，进行鼓励、示范和辅助。

3. 教师可以邀请能力强的幼儿首先进行闯关，提升其他幼儿自信心。

4. 活动所需材料可以就地取材，用其他运动器械代替。

活动拓展

教师可将运动器械投放到班级中，满足幼儿运动的需求。

空中飞行的动物

一、总体构想

目标意向	1. 初步感知会飞的动物的特征。 2. 对动物的翅膀感兴趣。 3. 模仿动物飞行的动作，发展平衡力和手脚协调能力。
主题音乐	《数鸭子》
区域布置	（区域材料要确保份数，避免婴幼儿争抢。） 生活区：放置系带子、扣扣子、穿珠子的生活技能练习材料。 娃娃家：提供娃娃和棉袄等较厚的服装。 美工区：放置彩笔和印有蝴蝶的白纸供幼儿创作。 表演区：放置丝巾、小鸟挂牌、铃铛、铃鼓、响板、风铃和相关服饰等。 阅读区：放置《会飞了会飞了》、有翅膀的动物的图片等与有翅膀的动物有关的绘本。
互动要点	1. 教师要细心发现并适时鼓励幼儿的每一个进步。 2. 教师在日常与幼儿的互动中鼓励幼儿模仿小鸟飞的动作并勇敢奔跑。 3. 教师减少代替幼儿做事情的行为，多鼓励幼儿尝试自己想办法解决问题。
家园共育	1. 请家长在空闲时间和孩子共读《会飞了会飞了》。 2. 家长有时间的时候多带孩子认识各种各样的鸟类。 3. 家长根据自己家中的实际情况和孩子一起放小鸟形状的风筝。 4. 家长多带孩子观察生活中能见到的有翅膀的动物。

二、课程计划

晨新时刻	1. 晨接问好：愉快地与幼儿打招呼，询问养动物的幼儿的动物的状态以及它们之间的趣事。 2. 晨间整理：注意天气温度变化，及时为幼儿增减衣服。协助幼儿进行来园活动，比如放书包、换鞋子、放水杯等。 3. 早餐准备：能够在教师的提醒下自觉进行进餐准备，鼓励有能力的幼儿帮助教师进行餐具摆放等工作。 4. 晨新律动：围绕主题音乐《数鸭子》进行晨新身体律动，还可以根据幼儿的表现增加更丰富的形式。 5. 晨间谈话：今天有没有看见会飞的动物？
生活时刻	1. 在空闲时，教师和幼儿观看会飞的动物的视频，丰富相关经验。 2. 户外散步时可引导幼儿注意观察蝴蝶、小鸟等会飞的动物，可收集或陈设模型进行观察和讨论。 3. 餐前或过渡环节伴随童谣《一起玩游戏》开始手指或肢体游戏。
游戏（学习）时刻	活动 1　会飞了会飞了 活动 2　飞呀飞 活动 3　漂亮的羽毛 活动 4　蝴蝶的新衣服 活动 5　找朋友
区域时刻	自选，根据幼儿对动物的探索，选择不同的区域自主游戏，给予幼儿自主选择的权力。
户外时刻	通过学小鸟飞开展户外和室内运动，养成爱运动的习惯，喜欢在音乐中开展运动，体验韵律和运动的双重快乐。
再见时刻	1. 离园整理：关注幼儿的情绪，支持幼儿整理自己的书包；关注幼儿的衣物穿着情况，需要时及时帮助幼儿更换衣服；提醒幼儿关注自己的生理需求，引导有需要的幼儿如厕、喝水。 2. 唱再见歌：与每名幼儿愉悦地告别。 3. 与家长沟通：与家长沟通孩子近期在运动能力方面的发展。

三、童谣

一起玩游戏

我们一起玩游戏

比比谁的叫声大

小猫喵喵喵，小狗汪汪汪

娃娃，啊啊啊

比比谁跳得高

小兔蹦蹦蹦，青蛙跳跳跳。

娃娃，蹦又跳

比比谁本领大

小鱼游得快，小猪睡大觉

娃娃呢？

娃娃 ×××。

生成引导与日常评价

教师可以根据幼儿的兴趣、掌握程度和月龄大小进行动作创编，每天一段或两段，或选择其中一两段童谣，也可以鼓励幼儿的创编。其中，“娃娃 ×××”可以根据幼儿的近期表现，创编具体内容。比如，幼儿近期出现用餐方面的问题，那么“娃娃 ×××”则可以改成“娃娃吃饭棒”或“娃娃爱吃饭”等内容。

四、游戏（学习）活动

活动 1　会飞了会飞了

意向目标

认识小鸟，尝试挥动手臂模仿小鸟飞翔的动作。

活动准备

绘本自制《会飞了会飞了》。

活动过程

教师展示绘本封面，先和幼儿观察、讨论封面内容，激发幼儿的兴趣，然后与幼儿共读绘本，向幼儿介绍小鸟，帮助幼儿知道小鸟是从蛋里孵出来的，吃虫子长大，有翅膀，可以飞到很高很远的地方。

—小朋友们，你们知道这是谁吗？知道它是从哪里来的吗？让我们一起去看看吧！

生成引导与日常评价

1. 教师要根据本班幼儿的发展水平，合理评判该活动是否适合在本班开展，以及如何进行难度调整以适应本班幼儿的发展水平。对于年龄较小的幼儿，教师在讲述故事时要注意讲述语言以及动作的设计，减少有关故事内容的讨论；对于年龄较大的幼儿可以给他们更多讨论和思考的空间。

2. 教师和幼儿就故事中的关键情节进行讨论，帮助幼儿较为完整地认识小鸟，体会飞翔是小鸟的重要特征。比如："小鸟是从哪里出来的？""小鸟的翅膀有什么作用？""还有什么动物会飞？"

3. 教师要注意倾听幼儿的回答，及时给予恰当的反馈，多用激励性评价鼓励幼儿充分表达。

活动拓展

将绘本《会飞了会飞了》投放至阅读区，供幼儿阅读。

活动 2　飞呀飞

意向目标

尝试做出鸟飞翔的动作并能够伴随音乐有节奏地飞行，体验伴随歌曲舞蹈的快乐。

活动准备

有阅读绘本《会飞了会飞了》的经验；有看小鸟飞的经验；小纱巾一人两条。

活动过程

1. 教师结合绘本引导幼儿讨论，当语言描述比较困难时再用动作辅助表达。

—小朋友们，还记得小鸟是怎么飞的吗？

2. 给幼儿每人发两条小纱巾，教师边唱边做挥舞动作示范，吸引幼儿参加律动。

—我们来学学小鸟飞吧！

—飞呀，飞呀，小鸟飞，小鸟飞，到处飞。飞呀，飞呀，小鸟飞。嘿！真快乐！

生成引导与日常评价

1. 教师要根据本班幼儿的发展水平，合理评判该活动是否适合在本班开展，以及如何进行难度调整以适应本班幼儿的发展水平。对于年龄较小的幼儿建议不要求对小鸟是怎么飞的做语言描述，直接通过动作展示即可；对于年龄较大的幼儿，可以先请他们进行语言描述然后以动作作为辅助。

2. 在体验飞的过程中，教师可以加快或放慢唱歌的速度，使游戏更有趣味，提升幼儿兴趣，并且增加运动量。

3. 鼓励幼儿一起唱歌，尽量可以边唱边做动作。要注意提醒幼儿不要相互碰撞。

4. 对幼儿的表现进行及时的行为激励，比如，语言激励“你飞的姿势真优美”，或者行为激励，为他们故鼓掌或者给予拥抱。

活动 3　漂亮的羽毛

意向目标

在感受和探索羽毛。

活动准备

羽毛数根；鸟类照片、鸟类模型图、颜料、胶水若干。

活动过程

1. 出示羽毛，幼儿通过观察、抚摸来感受和探索。

—小朋友们，你们知道这是什么东西吗？

—哪些小动物身上有羽毛？

2. 教师根据幼儿回答了解他们对羽毛的已有经验，并适时拿出鸟类照片让他们观察。

3. 教师准备若干羽毛、鸟类模型图、颜料、胶水，请幼儿给鸟类模型图上色、粘贴羽毛。

生成引导与日常评价

1. 教师要根据本班幼儿的发展水平，合理评判该活动是否适合在本班开展，以及如何进行难度调整以适应本班幼儿的发展水平。对于年龄较小的幼儿，建议教师和幼儿一起制作羽毛翅膀；对于年龄较大的幼儿可以给予他们更多自主创造的机会。

2. 给予幼儿充足的时间来思考问题，可以给予适当提示来引导幼儿，增强幼儿的自信心。

3. 教师根据幼儿的回答进行回应，重点在于帮助幼儿学会将羽毛的作用与现实生活联系起来。有关羽毛对于小鸟的作用，教师可以根据时机为幼儿进行简单的讲解，但不必让幼儿识记。

4. 当幼儿玩羽毛的方法比较统一时，教师可以帮助幼儿梳理之前一起讨论的结果，请幼儿尝试新的玩法。

活动拓展

将羽毛放在美工区供幼儿观察创作，还可以邀请幼儿一起用羽毛进行环境创设。

活动4　蝴蝶的新衣服

意向目标

感受不同颜色，感受对称美，锻炼手指精细动作。

活动准备

打印好的蝴蝶简笔画纸，彩色颜料若干，剪了小口的袋子若干，铺着桌布的桌子几张。

活动过程

1. 展示蝴蝶图片，引导幼儿发现和观察蝴蝶对称的翅膀图案。

—小朋友们，你们还记得漂亮的蝴蝶吗？

2. 教师示范，先将画纸对折放好，然后在半边翅膀上用袋子挤上各色颜料，挤完后将另一面贴上去，就会获得对称图案的彩色蝴蝶。

—现在就让我们一起给蝴蝶准备漂亮的新衣服吧！

生成引导与日常评价

1. 教师要根据本班婴幼儿的发展水平，合理评判该活动是否适合在本班开展，以及如何进行难度调整，以适应本班幼儿的发展水平。对于年龄较小的幼儿，教师对幼儿是否能够感受到对称美不做特别要求；对于年龄较大的幼儿，可以引导感知对称。

2. 教师在示范后，请幼儿尝试作画。教师注意观察并给予指导，然后根据幼儿的表现进行引导和评价。尽量用具体的评价，比如："你很专注，印出来的蝴蝶很清楚。"

3. 帮助幼儿感受对称美，教师尽量减少直接概念的灌输，要在幼儿的体验过程中给予引导和提示。

活动拓展

将幼儿涂好的蝴蝶剪出蝴蝶的形状，将作品融入环境创设中。

活动 5　找朋友

意向目标

能识别相同的动物，随着歌曲律动与游戏。

活动准备

蝴蝶、小鸟、天鹅、小狗等动物头饰若干，《找朋友》音乐。

活动过程

1. 播放《找朋友》的音乐导入。

—小朋友们，我们伴随着音乐一起来玩游戏吧！

2. 引导幼儿慢慢跟唱，然后分发头饰。

—小朋友们，这些是什么动物？

3. 教师说明游戏规则：让我们伴随着音乐，找到和自己一样的小动物牵手即小狗找小狗，小兔找小兔，不能一直牵着一个小朋友哟！

4. 教师慢慢带领幼儿游玩，几轮后可更换幼儿的头饰。

生成引导与日常评价

1. 教师要根据本班幼儿的发展水平，合理评判该活动是否适合在本班开展，以及如何进行难度调整，以适应本班幼儿的发展水平。对于年龄较小的幼儿不必要求其舞蹈动作和歌词相配合，只要能跟着歌曲节奏律动即可；对于年龄较大的幼儿可引导他们尽可能使自己的舞蹈动作和歌词相配合。

2. 根据本班幼儿的实际情况，选择幼儿熟悉的动物进行游戏。刚开始游戏时，动物种类不必太多，随着幼儿对游戏的熟练度提升，可以增加动物种类。

3. 游戏过程中，教师要及时评价幼儿的表现，帮助幼儿保持参与活动的兴趣。

4. 教师可根据本班幼儿的实际发展水平，准备一模一样的动物卡片，或同类动物卡片（比如，都是兔子，但颜色、品种不同）。

活动拓展

请孩子回家和爸爸妈妈继续玩“找朋友”的游戏。

陆地生活的动物

一、总体构想

意向目标	1. 认识陆地上的动物，初步感知陆地生活的动物的特征。 2. 和同伴积极分享熟悉的动物，发展语言能力。 3. 积极参加活动，乐于与同伴互动游戏，发展情感和交往能力。
主题音乐	《我们一起学动物》
区域布置	（区域材料要确保份数，避免婴幼儿争抢。） 生活区：放置舀豆子、系带子、扣扣子、穿珠子等练习生活技能的材料。 娃娃家：提供动物挂牌供幼儿模仿和扮演。 美工区：放置动物图片供幼儿观察创作。 表演区：放置铃铛、铃鼓、响板、风铃和动物挂牌等。 阅读区：放置《森林动物》等各类动物主题绘本。
互动要点	1. 教师在与幼儿的日常互动中注意通过周围环境自然引入对动物主题的学习。 2. 教师要注意营造温馨、宽松的互动氛围，适时鼓励幼儿的进步。 3. 鼓励幼儿注意生活中的动物，发现不同动物的特别之处。 4. 教师在与幼儿互动时，要注意鼓励和尝试让幼儿主动思考。
家园共育	1. 请家长带孩子到附近动物园观察动物。 2. 请家长跟孩子一起唱《两只老虎》，享受亲子音乐时光。 3. 请家长与孩子一起认识更多的陆地生活的动物，帮助婴幼儿巩固动物形象与名称。 4. 请家长与孩子谈论有关动物的见闻。

二、课程计划

晨新时刻	1. 晨接问好：愉快地与幼儿打招呼，询问养动物的幼儿的动物的状态以及它们之间的趣事。 2. 晨间整理：注意天气温度变化，及时为幼儿增减衣服。协助幼儿进行来园活动，比如放书包、换鞋子、放水杯等。 3. 早餐准备：能够在教师提醒下自觉进行进餐准备，可以鼓励有能力的幼儿帮助教师进行餐具摆放等工作。 4. 晨新律动：围绕主题音乐《我们一起学动物》进行晨新律动，还可以根据幼儿的表现增加更丰富的形式。 5. 晨间谈话：你去过动物园吗？你见过什么动物？
生活时刻	1. 教师在一日生活的恰当时间围绕幼儿感兴趣的、认识的陆地生活的动物展开观察和讨论，将这些动物的尾巴、耳朵等五官进行对比，幼儿能够进行简单的识别。 2. 教师在幼儿等待的时间，鼓励他们戴头饰，或用玩偶玩动物扮演的游戏。 3. 餐前或过渡环节伴随童谣《一起玩游戏》，开展手指或肢体游戏。
游戏（学习）时刻	活动 1　猜猜陆地生活的动物 活动 2　谁的耳朵不见了 活动 3　小兔子跳跳 活动 4　猫和老鼠 活动 5　两只老虎
区域时刻	自选，根据幼儿对动物的不同兴趣选择不同的区域自主游戏，关注幼儿生活能力和感官训练，重视生活区和感官区。
户外时刻	通过各种游戏活动开展室内外运动，培养幼儿爱运动的习惯，发展幼儿身体的协调性，能根据简单指令做游戏。
再见时刻	1. 离园整理：关注婴幼儿的情绪，支持幼儿整理自己的书包；关注幼儿的衣物穿着情况，需要时及时帮助幼儿更换衣服；提醒幼儿关注自己的生理需求，引导有需要的幼儿如厕、喝水。 2. 唱再见歌：与每名幼儿愉悦地告别。 3. 与家长沟通：与家长沟通孩子近期在运动能力方面的发展。

三、童谣

一起玩游戏

我们一起玩游戏
比比谁的叫声大
小猫喵喵喵，小狗汪汪汪
娃娃，啊啊啊
比比谁跳得高
小兔蹦蹦蹦，青蛙跳跳跳。
娃娃，蹦又跳
比比谁本领大
小鱼游得快，小猪睡大觉
娃娃呢？
娃娃 ×××。

生成引导与日常评价

教师可以根据幼儿的兴趣、掌握程度和月龄大小进行动作创编，每天一段或两段，或选择其中一两段童谣，也可以鼓励幼儿的创编。其中，“娃娃 ×××”可以根据幼儿的近期表现，创编具体内容。比如，幼儿近期出现用餐方面的问题，那么“娃娃 ×××”则可以改成“娃娃吃饭棒”或“娃娃爱吃饭”等内容。

四、游戏（学习）活动

活动 1　猜猜陆地生活的动物

意向目标

接触几种常见的陆地生活的动物，愿意分享自己对相关动物的经验。

活动准备

熟悉手指谣《奇妙的动物世界》；对常见陆地动物的特点有大概印象；森林动物图片；跳舞音乐。

活动过程

1. 教师出示动物图片，引导幼儿观察动物的特点，和幼儿一起辨认动物，说出动物的正确名字。

—小朋友们，我们一起来猜猜这是什么动物？

2. 与幼儿一同模仿照片中动物的动作，重复多次。

—你喜欢哪个动物，它长什么样？可以模仿一下吗？

—这些都是陆地生活的动物，它们跟我们一样，是生活在地面上的。

—小朋友们，我们一起跟着音乐和小动物跳舞吧！

生成引导与日常评价

1. 教师要根据本班幼儿发展水平，合理评判该活动是否适合在本班开展，以及如何进行难度调整以适应本班幼儿的发展水平。对于年龄较小的幼儿，建议教师寻找玩偶或者其他立体的小动物模型，引起幼儿的注意；对于年龄较大的幼儿，可以用图片展示动物供幼儿认识。

2. 在和幼儿的讨论过程中，要有意识地帮助他们了解陆地生活的动物的特征，初步了解水中生活的动物、空中飞行的动物、陆地生活的动物是有差别的。

3. 教师不必要求幼儿说出尽可能多的陆地生活的动物的名称，重点在于鼓励幼儿表达，丰富他们关于陆地生活的动物的经验。

活动拓展

在体育或其他活动中，有意识地和幼儿一起扮演某种陆地生活的动物进行活动。

活动2　谁的耳朵不见了

意向目标

能辨别不同动物的耳朵，感受长与短。

活动准备

人、小猫、兔子、大象身体和耳朵的图片各 1 张。（有条件的话可以购买实物兔子）

活动过程

1. 倾听幼儿的回答和想法，引导幼儿勇敢分享。

—小朋友们，你的耳朵是什么样的？你知道小动物们的耳朵是什么样的吗？

2. 教师分别出示耳朵图片和小动物实物供幼儿比对、发现、识别。

—今天，森林里发生了一件很奇怪的事情，小鼹鼠发现树上长了好几对耳朵，是谁丢了耳朵呢？让我们来帮它找找吧！

—这是谁呀？它的耳朵是什么样的？

—谁的耳朵长？谁的耳朵尖？谁的耳朵像扇子？

—我们来玩贴耳朵的游戏吧！谁想试试？

生成引导与日常评价

1. 教师要根据本班幼儿发展水平，合理评判该活动是否适合在本班开展，以及如何进行难度调整以适应本班幼儿的发展水平。对于年龄较小的幼儿，选择一两种熟悉的动物进行比对即可，要注意游戏的趣味性；对于年龄较大的幼儿，可以增加比对的动物种类，引导他们重点感受耳朵的长短。

2. 在认识动物的耳朵时，教师可以根据幼儿的反应情况，有意识地引导幼儿发现动物耳朵的样子与它们的生活习性之间的关系。

3. 鼓励幼儿用丰富的语言、多变的动作进行表达，避免使用千篇一律的动作和形容词。

4. 教师要注意用恰当的问题引导幼儿进行思考，注意问题的指向性，比如："兔子的耳朵长什么样？""为什么兔子的耳朵这么长？""你们还见过哪些动物的耳朵？""它是什么样子的？"

活动拓展

把贴耳朵的道具放在益智区供幼儿游戏。

活动 3　小兔子跳跳

意向目标

锻炼大肌肉，提高身体协调性和灵活性。

活动准备

小兔子头饰、音乐呼啦圈。

活动过程

1. 活动导入。

—小朋友们，小兔子家来新朋友了，我们去接它们吧！

2. 游戏：小兔子跳跳。

小朋友们，你们看这是谁呀？小兔子是怎么走路的呢？（教师示范小兔跳）我来做兔妈妈，你们做兔宝宝，我们去接其他小兔子吧！

3. 幼儿从一端跳向另一端，接到其他“小兔子”后，再一起跳回去。

4. 增加游戏难度，投放呼啦圈等运动器材，幼儿从一个呼啦圈里跳到另一个呼啦圈里。

生成引导与日常评价

1. 教师要根据本班幼儿发展水平，合理评判该活动是否适合在本班开展，以及如何进行难度调整以适应本班幼儿的发展水平。对于不同年龄的幼儿，可以相应增加或者降低跳跃的难度。

2. 在蹦跳过程中，教师要注意引导幼儿学习自我保护的方法，避免过程中受伤。

3. 鼓励幼儿尝试不同蹦跳的速度、幅度，也可根据幼儿的情况举行小型蹦跳竞赛，提高幼儿参与活动的积极性。

4. 教师在幼儿游戏过程中，要注意通过语言进行引导，比如：“这是什么小动物呀？”“还有什么动物是像我们这样跳的？”“小兔宝宝们，看看兔妈妈是怎么跳的？”“跳的时候要小心，不要撞到东西或者别的小兔子宝宝。”

活动拓展

教师可以在体育活动中将蹦跳动作的练习渗透其中。

活动 4　猫和老鼠

意向目标

在猫和老鼠的游戏中体会角色扮演的乐趣。

活动准备

猫和老鼠的图片；老鼠手偶一个；老鼠挂牌若干；老鼠妈妈挂牌一个；猫挂牌一个。

活动过程

1. 教师出示老鼠的图片，和幼儿一起观察。

—小朋友们，你们看这是什么？

2. 讨论：老鼠害怕什么。

—你们有没有害怕的东西？你们猜一猜老鼠会害怕什么？

教师和幼儿讨论。讨论结束后，教师缓慢展示猫的图片，让幼儿慢慢猜测老鼠害怕的动物是什么。

3. 游戏。

—那我们现在来玩个游戏吧！老师是鼠妈妈，你们都是鼠宝宝。猫出来了，鼠宝宝要躲起来。

出示小老鼠手偶，示范小老鼠走路的样子和声音，并把歌曲一句句讲述。

（天黑了，天黑了，老猫睡着了。小老鼠，出来了，吱吱吱吱。小老鼠悄悄地出来了。）

教师扮演老鼠妈妈边唱边带着幼儿根据歌词在班里走动，到处看一看，假装偷吃，最后教师做疑惑的神情说："听！这是什么声音？"，另一位教师学猫叫："老猫起来啦！快躲起来！"教师引导幼儿躲起来或回到座位上。重复多次，每轮可做不同动作。

生成引导与日常评价

1. 教师要根据本班幼儿发展水平，合理评判该活动是否适合在本班开展，以及如何进行难度调整以适应本班幼儿的发展水平。对于年龄较小的幼儿，教师可以缩短游戏前面讨论环节的时间；对于年龄较大的幼儿，在熟悉游戏后可以尝试在没有教师做鼠妈妈的带领下进行游戏。

2. 教师可以根据班级具体情况安排活动，如果室内空间较为狭窄，此活动可以在室外开展。

3. 听取幼儿的意见，更换每次躲藏的地方。

4. 根据幼儿兴趣调整游戏次数，在活动过程中及时提醒幼儿注意安全。

活动拓展

在体育活动时，可以加入该游戏，丰富和延续婴幼儿的学习、运动热情。

活动5　两只老虎

意向目标

感受儿歌的律动之美，能伴随音乐自主做动作。

活动准备

《两只老虎》音乐。

活动过程

1. 问题导入。

—小朋友们，今天老师邀请了一位动物朋友，你们猜猜它是谁？

2. 教师播放《两只老虎》的音乐，和幼儿一起欣赏，并有意识地根据歌词做动作。

—小朋友们，歌曲中有一只什么动物，它是什么样的？你可以表演给大家看吗？

3. 教师再次播放音乐，和引导幼儿想象歌曲中的动物形态，并边听边表演。

生成引导与日常评价

1. 教师要根据本班幼儿发展水平，合理评判该活动是否适合在本班开展，以及如何进行难度调整以适应本班幼儿的发展水平。对于年龄较小的幼儿，教师可准备小老虎玩偶；对于年龄较大的幼儿则可以准备小老虎头饰。

2. 在和幼儿一起欣赏歌曲时，要有意识地引导他们关注歌曲中的动物。

3. 可以尝试更换歌曲中的动物，和幼儿一起进行歌曲创编。

4. 教师可以变换多种游戏形式，比如，将幼儿分成两组，一组代表没有耳朵的老虎，另一组代表没有尾巴的老虎，大家一起互动表演。

活动拓展

1. 在其他时间或者过渡环节都可以和幼儿哼唱这首歌曲。

2. 可以请家长回家和孩子一起边唱边表演。

水中生活的动物

一、总体构想

意向目标	1. 认识常见的水中生活的动物。 2. 能初步区分熟悉的海陆空动物。 3. 体验一起游戏和成长的快乐。
主题音乐	《我们一起学动物》
区域布置	（区域材料要确保份数，避免婴幼儿争抢。） 生活区：放置舀豆子、系带子、扣扣子等练习生活技能的材料。 娃娃家：提供动物挂牌供幼儿模仿和扮演。 美工区：放置动物图片供幼儿观察创作。 表演区：放置铃铛、铃鼓、响板、风铃和动物挂牌等。 阅读区：放置《小白鱼真棒》等各类动物主题绘本。
互动要点	1. 营造生动有趣的氛围，适时鼓励幼儿的每一个进步。 2. 教师在日常生活中鼓励幼儿模仿小鱼的生活习惯和行为。 3. 教师要注意引导幼儿主动思考。
家园共育	1. 鼓励家长和孩子一起去鱼塘或者市场看鱼。 2. 请家长向孩子介绍多种多样的海洋生物。

二、课程计划

晨新时刻	1. 晨接问好：愉快地与幼儿打招呼，询问养动物的幼儿的动物的状态以及它们之间的趣事。 2. 晨间整理：注意气温的变化，及时为幼儿增减衣服。协助幼儿进行来园活动，比如放书包、换鞋子、放水杯等。

续表

晨新时刻	3. 早餐准备：能够在教师的提醒下自觉进行进餐准备，可以鼓励有能力的幼儿帮助教师进行餐具摆放等工作。 4. 晨新律动：围绕主题音乐《我们一起学动物》进行晨新律动，还可以根据幼儿的表现增加更丰富的形式。 5. 晨间谈话：你见过哪些会游泳的动物？它们长什么样子？
生活时刻	1. 围绕幼儿感兴趣的、认识的海洋动物展开观察和讨论，将这些动物的尾巴、皮肤等身体部位进行对比，幼儿能够进行简单的识别。 2. 和幼儿观看海洋动物的视频，丰富婴幼儿的相关经验。 3. 餐前或过渡环节伴随童谣《一起玩游戏》，开展手指或肢体游戏。
游戏（学习）时刻	活动 1　小白鱼真棒 活动 2　漂亮的小金鱼 活动 3　小鱼游 活动 4　小猫钓鱼 结题　送小动物回家
区域时刻	自选，根据幼儿对动物的不同兴趣选择不同的区域自主游戏，关注幼儿生活能力和感官训练，不能忽视生活区和感官区。
户外时刻	通过各种游戏活动开展户外和室内运动，在扮演游戏和音乐游戏中进行锻炼，养成爱运动的习惯。
再见时刻	1. 离园整理：关注幼儿的情绪，支持幼儿整理自己的书包；关注幼儿的衣物穿着情况，需要时及时帮助幼儿更换衣服；提醒幼儿关注自己的生理需求，引导有需要的幼儿如厕、喝水。 2. 唱再见歌：与每名幼儿愉悦地告别。 3. 与家长沟通：与家长沟通孩子近期在小动物认识方面的趣事。

三、童谣

一起玩游戏

我们一起玩游戏

比比谁的叫声大

小猫喵喵喵，小狗汪汪汪

娃娃，啊啊啊

比比谁跳得高

小兔蹦蹦蹦，青蛙跳跳跳。

娃娃，蹦又跳

比比谁本领大

小鱼游得快，小猪睡大觉

娃娃呢？

娃娃 ×××。

生成引导与日常评价

手指谣教师可以根据婴幼儿的兴趣进行手指动作创编，每天一段或者两段，鼓励婴幼儿创编动作和跟唱。

四、游戏（学习）活动

活动 1　小白鱼真棒

意向目标

了解几种常见的海洋动物，感受并能初步区分不同动物的外形特征。

活动准备

绘本《小白鱼真棒》。

活动过程

1. 问题导入。

—今天老师带来了一个有趣的故事，故事的主人公是小白鱼，小白鱼身上发生了什么呢？

2. 教师与幼儿共读绘本，一边共读一边讨论。在共读绘本时要尽可能地保证绘本故事的完整性，避免看图说话式地绘本共读。

—小白鱼碰到了谁？

—小白鱼有什么本领？

—你有什么本领？

教师通过问题帮助幼儿理解故事内容。

生成引导与日常评价

1. 教师要根据本班幼儿发展水平，合理评判该活动是否适合在本班开展，以及如何进行难度调整以适应本班幼儿的发展水平。对于年龄较小的幼儿，在共读绘本时注意对故事内容进行必要的改编以尽可能维持幼儿的兴趣，重点在于激发婴幼儿的阅读愿望；对于年龄较大的幼儿，建议将重点放在故事内容的理解上。

2. 该活动的重点在于帮助幼儿了解常见的水中生物，教师要把握住重点，避免跑题。

3. 教师要尽可能用规范的词语形容动物，帮助幼儿感受语言美以及初步建立对某事物的准确经验。

活动拓展

把绘本《小白鱼真棒》放到区域中供幼儿自主阅读。

活动 2　漂亮的小金鱼

意向目标

仔细观察小金鱼，体验模仿小金鱼游泳的快乐。

活动准备

请婴幼儿一人带一条鱼来园，如没有，教师准备若干条不同品种的小金鱼。

活动过程

1. 教师描述教室中的一条小金鱼，描述之后请幼儿找出来。

—小朋友们，今天我要介绍一位新朋友给大家认识，它有着……

2. 教师请幼儿自主选择一条小金鱼，认真观察并在集体面前描述，请其他幼儿找出来。

—小朋友们，你们的金鱼朋友是谁？可以把它介绍给我们认识吗？

3. 互动结束后，教师帮助幼儿梳理金鱼的外形特征以及游动的特点。在梳理后再次和幼儿观察金鱼游泳的动作并引导幼儿注意金鱼有鱼鳍，了解鱼鳍的作用，教师也可以模仿金鱼游泳的样子来引导幼儿观察。

—我们一起来学小金鱼游泳的动作吧！

生成引导与日常评价

1. 教师要根据本班幼儿发展水平，合理评判该活动是否适合在本班开展，以及如何进行难度调整以适应本班幼儿的发展水平。对于年龄较小的幼儿主要以教师描述，幼儿找出对应的金鱼为主；对于年龄较大的幼儿则可以让他们尝试描述金鱼。

2. 为避免幼儿游动的姿势雷同或者无目的地模仿，可以请每名幼儿选择一条金鱼模仿。

3. 教师要注意为幼儿留有充足的观察金鱼游动的时间，在幼儿充分观察的基础上进行后续描述和模仿活动。

4. 教师在整个过程中要注意与幼儿进行有效的互动，通过一些提问或者评价给予幼儿启发。比如："大家认真看小金鱼是怎么游泳的，鱼鳍是怎么摆动的？""哇，这条小鱼（幼儿扮演的）游得真好呀！小手摆得和鱼鳍好像呀！"

活动拓展

爸爸妈妈在家和孩子一起学金鱼游泳，建议家长购买金鱼与孩子共同观察学习。

活动 3　小鱼游

意向目标

在模仿小鱼游的动作中提高身体协调性。

活动准备

已有学小鱼游的经验；小鱼挂牌若干。

活动过程

1. 导入。

—小朋友们，还记不记得小鱼是怎么游的呀？

—今天大家都是小鱼，跟老师一起在水里开心地游泳吧！

2. 教师边唱歌边示范动作，引导幼儿一起学小鱼游，并根据歌词变换动作，根据婴幼儿兴趣循环多次。

3. 两名教师拉起手去圈幼儿，不要走太快，能激发幼儿参与活动的兴趣并提高运动量即可。

—现在老师是渔夫，来抓小鱼啦！小朋友们不要被我们抓到呦！

生成引导与日常评价

1. 教师要根据本班幼儿发展水平，合理评判该活动是否适合在本班开展，以及如何进行难度调整以适应本班幼儿的发展水平。教师根据本班幼儿运动能力的发展情况提高或者降低游戏难度。

2. 教师要提醒幼儿注意安全，在“游动”的过程中不要碰到同伴。

3. 教师注意在游戏过程中的互动，多用激励性评价，比如：“每条小鱼游泳的动作都不同，你们真是爱动脑筋的宝贝！”

4. 教师选择尽量大的空间供幼儿游戏，减少彼此摩擦带来的安全隐患。

活动拓展

可将抓小鱼活动拓展为户外体育活动。

活动 4　小猫钓鱼

活动目标

尝试玩钓鱼游戏，锻炼手眼的协调性。

活动准备

自制磁铁钓竿、小猫挂牌人手一个；小桶、纸盒一桌一个；上面别别针的小鱼若干。

活动过程

1. 教师为幼儿挂上小猫牌子。

—哎呀呀，今天大家都变成小猫了呀！小猫今天要自己寻找食物了。

2. 示范如何钓鱼，提示要拿稳钓竿，看准小鱼，将钓到的小鱼放在桶里，鼓励幼儿积极尝试玩钓鱼游戏。

—天亮啦，肚子饿了，我们一起来钓鱼吧！

生成引导与日常评价

1. 教师要根据本班幼儿发展水平，合理评判该活动是否适合在本班开展，以及如何进行难度调整以适应本班幼儿的发展水平。对于年龄较小的幼儿，建议使用网勺捞鱼，降低对幼儿手眼协调的要求；对于年龄较大的幼儿，可以准备多种捕捞鱼的工具，供他们自主选择。

2. 教师要注意观察幼儿游戏时的情绪状态，对失败体验较多的幼儿要给予及时的鼓励。

3. 有条件的园所可以在户外的戏水池中进行该游戏。

4. 在游戏过程中，教师要特别关注缺乏耐心的幼儿，多给予鼓励并教他们钓鱼的技巧，帮助他们获得成就感和胜任感。

活动拓展

将材料放在益智区供幼儿反复游戏。

结题　送小动物回家

意向目标

能初步区分熟悉的海陆空动物。

活动准备

1. 天空、草地、海底背景图各一幅。

2. 幼儿本主题中认识过的所有小动物卡片若干，散放在整个室外活动场地，播放歌曲《找朋友》。有条件的可在路上增加器械，加大运动量。

活动准备

1. 教师戴着动物头饰热情开场。

—宝贝们，今天天气很好，小动物们都出来玩了，现在他们已经玩累了，想回家了，你们可以帮忙把小动物们送回家吗?

2. 教师请幼儿将动物卡片送回相应背景图中。

3. 教师请幼儿自由跑动将海陆空动物分类。

播放歌曲《找朋友》，让幼儿自由地在户外奔跑，寻找藏起来的动物卡片，找到后要大声说出动物的名字，最好还能对动物进行模仿，然后请幼儿将动物卡片送回相应背景图的下面，有条件的可增加器械。

生成引导和日常评价

1. 教师要根据本班幼儿发展水平，合理评判该活动是否适合在本班开展，以及如何进行难度调整以适应本班幼儿的发展水平。教师应根据本班幼儿年龄降低或者增加结题活动的难度，对于年龄较小的幼儿，教师可以说动物名称，幼儿寻找并交给教师，不需要幼儿进行分类；而对于年龄较大的幼儿，教师则可以让他们尝试进行自主分类。

2. 教师准备的动物的种类和数量要充分，也可以以不同形式呈现小动物，比如卡片、玩偶、头饰等。

3. 教师可根据本园实际情况邀请家长参加活动。

4. 教师关注幼儿有没有把小动物送对，对正确的及时鼓励，错误的耐心纠正，巩固幼儿的记忆，提升幼儿的兴趣。

5. 教师可以变换游戏形式，调节游戏难度，提升幼儿参与兴趣以及运动量。

活动拓展

可以制作缩小版的小动物和背景图放在益智区，幼儿可持续进行分类游戏。

主题5　有趣的夏天

主题构想

一、主题导言

幼儿对周围环境的变化有着天然的强感受力。对于这个年龄的幼儿来说，季节的更替所带来的变化是他们生活中不可忽略的重要事件。随着气温日益上升，幼儿在穿着、生活习惯等方面均出现明显变化，这些变化在不同程度上对幼儿的生活产生着影响。

本主题适用于1.5~3.5岁幼儿，依据该年龄段幼儿心发展特点及兴趣而设计。“有趣的夏天”主题由夏天来了、影子的奥秘、好玩的风、我爱夏天派对四个部分组成，让幼儿在夏天逐步获得对夏天全面的感知。本主题开展时间建议为1~2个月，推荐开展时间段为夏天。

二、主题意向目标

1. 思维模式：探究思维、积极思维、成长思维

在“有趣的夏天”主题中，婴幼儿将全面感受夏天气候的独有特点以及这种气候所带来的生活各个方面的变化。“有趣的夏天”主题的核心是“炎热的天气怎么变得好玩”，在该主题下，婴幼儿从多个角度对夏天展开探索。探究型思维在其中获得发展，探索了一系列战胜炎热、学会避暑的方法，发展了积极性思维。在开展整个主题的过程下，婴幼儿不畏困难积极解决问题的成长型思维也开始萌芽。

2. 关键能力：创造力、情绪情感力

创造力	情绪情感能力
1. 对夏天天气的变化感兴趣，有探索的愿望。 2. 能够通过想象建立夏天事物之间的简单联系。 3. 创造性地表达、表现自己的需求。	1. 愿意接受新鲜事物，并能从中体验快乐。 2. 知道自己的情绪状态，并能讲给他人听。 3. 能够克服炎热带来的不适并喜欢夏天。

幼儿创造力的发展具有如下特点。

（1）幼儿好奇心强烈，有探索和操作的欲望。

（2）幼儿喜欢观察、模仿他人。

（3）幼儿以无意想象为主，想象的主题不稳定，往往是在外界事物的直接影响下产生的，以想象的过程为满足，想象脱离现实或常与现实相混淆，具有夸张性。

幼儿情绪情感能力的发展具有如下特点。

（1）幼儿能感受并在行为中表现出很多复杂的情绪，会用简单词语表达一些情绪，可以用自己的方式对不喜欢的境况做出反应，包括哭泣和忍耐，延迟满足的能力开始发展。

（2）幼儿开始能判断自己的行为是好还是坏，并对自己生出骄傲或羞愧的情绪，能辨别他人的态度（友好、难过、愤怒等），并会为了取悦成人而行动，表现出对他人的情感。

（3）幼儿脾气不稳定，没有耐心，开始练习等待或者轮流做事，对参与活动感到愉快，无法继续玩玩具或参与活动会哭闹。

3. 全面发展意向目标

（1）生活：愿意品尝多种夏天的蔬菜和水果；知道天热需要多喝水。

（2）动作：能以较好的状态参与室内外活动；通过简单涂鸦、手工制作促进精细动作发展；养成爱动手、乐于运动的习惯。

（3）语言：通过户外活动了解夏天的特征与变化，愿意分享自己夏天的故事，初步学会倾听与表达自己的想法；发展倾听能力和表达能力，能够说出简单的句子。

（4）认知：能感知夏天独有的天气特征；对感兴趣的事物保持专注力，有一定的好奇心；辨别夏天常用物品的特殊用途，能进行简单分类，感受生活中的数学；发挥一定的想象力和创造力。

（5）情感与社会性：在集体生活中情绪安定、愉快；能初步欣赏和感受有关夏天的美，学会表达与创作有关夏天的事物。

三、主题脉络

在“有趣的夏天”的主题设计中，幼儿创造力和情绪情感能力发展的纵向路径是：感受与认识—体验与发现—应对与表达。

夏天来了	➡	有趣的影子	➡	好玩的风	➡	我爱夏天派对
感受与认识		体验与发现		体验与发现		应对与表达

夏天来了。从与幼儿自身相关的、熟悉的事物开始，幼儿在好奇心的驱使下寻找、感受、认识夏天独有的特征。

有趣的影子。幼儿逐步适应炎热的夏天，并拓展更多关于夏天的发现与认识。创造性地探索太阳下的影子，体验光影游戏的乐趣。

好玩的风。幼儿在风的探索中，知道风能在炎热的夏天给人们带来舒爽，感受与风游戏的乐趣，乐于加入集体活动，能较长时间保持愉快的情绪。

我爱夏天派对。幼儿对参与夏天派对充满期待，知道夏天出行应携带的必需品。积极参与夏天派对，接受认可夏天，喜爱夏天。

四、主题环境创设

1. 鼓励幼儿共同参与，围绕“热辣辣的夏天”创设墙面，张贴具有夏日气息的图片，比如游泳、洗澡、乘凉等。

2. 主题桌：放置夏季防暑工具、与主题相关的绘本、幼儿作品等。

夏天来了

一、总体构想

意向目标	1. 感受夏天的气温、人们的衣着、户外动植物的特征，感知夏天的变化。 2. 知道夏天不能在户外活动太久，能积极寻找使自己凉快的方法。 3. 适应炎热夏天的生活。
主题音乐	《夏天到》
区域布置	（区域材料要确保份数，避免婴幼儿争抢。） 生活区：放置太阳伞、凉帽、扇子、太阳镜等。 娃娃家：放置与夏日相关的小物件。 美工区：放置幼儿收集的自然材料等拓印材料。 益智区：放置夏日用品和相对应的影子图片供幼儿玩对应游戏。 阅读区：放置《夏天好热》《小动物避暑》《我的影子》等夏天主题绘本、自制故事盒。 表演区：放置夏日海滩相关服饰，比如草帽、海草裙等。
互动要点	1. 教师要注意营造积极的相处氛围，对幼儿的进步给予及时鼓励。 2. 教师要关注幼儿探索夏天的兴趣点在哪里，在此基础上应机调整和生成课程。 3. 教师要鼓励幼儿积极探索，勇敢表达自己的感受和发现。 4. 教师要注意幼儿的情绪表现，及时关照并给予恰当的引导。
家园共育	1. 请家长提醒孩子夏天需要注意的健康饮食习惯，比如吃冰激凌等寒凉食物要有节制，以免引起肠胃不适。 2. 请家长带孩子讨论凉快小妙招，并拍照记录下来。 3. 请家长带孩子到附近观察夏天动植物的变化（拍照）。 4. 请家长提醒孩子要在阴凉的地方玩耍。 5. 请家长培养孩子爱洗澡的好习惯。

二、课程计划

晨新时刻	1. 晨新问好：愉快地与幼儿打招呼，关注幼儿的情绪与特殊需求，做好入园准备。 2. 晨间整理：关注幼儿的出汗情况，注意提醒并帮助幼儿及时更换衣服；协助幼儿进行来园活动，比如放书包、换鞋子、喝水等。 3. 早餐准备：引导幼儿做好饭前准备，支持幼儿参与餐具摆放。 4. 晨新律动：在主题音乐《夏天到》中，教师可以依据幼儿对该音乐的感受对歌曲进行改编或者进行有重点的律动，建议根据幼儿的表现选择自由律动、合作律动。 5. 晨间谈话：你喜欢夏天吗？你为什么喜欢夏天呢？
生活时刻	1. 在外出散步或者进餐时，引导幼儿感受夏天气温以及人们穿衣、饮食的变化。 2. 鼓励幼儿出汗时主动告诉教师，在教师的协助下更换衣服。 3. 到教室外时知道到夏天需要佩戴太阳帽等防暑。 4. 童谣《夏天到》。
游戏（学习）时刻	活动 1　夏天里的发现 活动 2　夏天的感觉 活动 3　夏季服装秀 活动 4　夏天的小动物 活动 5　找凉快
区域时刻	自选，根据幼儿对夏天的感受选择不同的区域自主游戏。
户外时刻	1. 教师根据夏天的天气状况选择合适的户外活动时间，避免幼儿在阳光下暴晒。 2. 教师可以根据当天幼儿游戏（学习）内容自主创编合适的体育游戏。 3. 教师通过开展各种室内外运动，培养幼儿爱运动的习惯，比如青蛙跳跳、小鸭子过河等游戏。
再见时刻	1. 离园整理：关注幼儿的情绪，支持并给予幼儿自主整理书包的机会。 2. 个别关注：提醒幼儿关注自己的生理需求，引导有需要的幼儿如厕、喝水。 3. 与家长沟通：与家长交换普遍信息并与个别家长交代幼儿的特殊情况，请家长关注天气状况并为幼儿准备合适的衣服。 4. 唱再见歌：与每名幼儿愉悦地告别。

三、童谣

夏　天　到

夏天到——夏天到——

太阳火辣辣

知了喳喳叫

娃娃一起来唱歌

啦啦啦 啊啊啊

夏天到——夏天到——

影子做朋友

花儿咧嘴笑

娃娃一起蹦蹦跳

夏天真美好

生成引导和日常评价

教师可以根据幼儿的兴趣以及有关夏天的已有经验进行动作创编，每天一段或者两段，鼓励幼儿爱动脑筋。

四、游戏（学习）活动

活动 1　夏天里的发现

意向目标

寻找夏天的痕迹，乐于与他人分享自己的发现。

活动准备

1. 相机。
2. 教师提前进行实地考察，确保活动场地是幼儿可以安全行走的。

活动过程

1. 教师引导幼儿发现自己的衣着变化与夏天天气炎热的关系。

—小朋友们，你们低头看看自己穿的衣服，是薄的还是厚的？

2. 教师有意识地带幼儿到凉爽和日晒的地方体验，或者安排一些不同运动量的活动，帮助幼儿多角度体验在夏天活动的感受，并有意识地引导幼儿说出自己身体的变化。教师可通过拍照记录幼儿的身体、情绪的变化。

生成引导和日常评价

1. 教师要根据本班幼儿发展水平，合理评判该活动是否适合在本班开展，以及如何进行难度调整以适应本班幼儿的发展水平。对于年龄较小的幼儿，教师可以直接带幼儿去户外感受，并在这一过程中给予必要的提示，帮助幼儿集中注意力；对于年龄较大的幼儿，可以先围绕他们的已有经验进行充分讨论，然后再去户外有目的地感受夏天。

2. 教师带领幼儿在户外观察，注意观察幼儿的行为，必要时进行介入，比如鼓励幼儿说一说自己发现的有趣的事物。

3. 当幼儿有所发现时，教师可以在当下或者后续活动中给予他们持续探索的支持。

4. 善用激励性评价激发幼儿的潜力，比如："谢谢你的分享，你观察得很仔细！"

5. 教师可以拍照记录幼儿的发现并在活动结束后与幼儿或者家长分享。

6. 教师要善于用语言引导幼儿探索夏天。

活动拓展

与家长沟通幼儿当天在园及回家后的表现，并告诉家长次日的安排。

活动 2　夏天的感觉

意向目标

愿意在集体面前表达自己，感受室内外的区别。

活动准备

风扇、空调。

活动过程

1. 问题导入。

—夏天，如果一直在太阳下晒着，你的感觉是怎样的？

教师鼓励幼儿回答，可以给予一些必要的提示。比如：“皮肤会有什么感觉？走路的时候有没有流汗呀？”

—在夏天，你更喜欢待在教室外面还是教室里面？哪里更凉快一点？为什么会觉得凉快？（教室有空调和风扇，有屋顶挡住热辣辣的太阳。）

2. 请幼儿分享自己在室外活动和室内活动感受，并根据幼儿的回答给他们真实的体验。比如，当幼儿说室内有风扇时，把风扇放在幼儿面前，让他们感受吹风的凉快，增强对比感受，并进一步倾听幼儿的想法进行生成性活动。

生成引导和日常评价

1. 教师要根据本班幼儿发展水平，合理评判该活动是否适合在本班开展，以及如何进行难度调整以适应本班幼儿的发展水平。对于年龄较小的幼儿，教师可以直接带他们到户外活动，然后回到室内，通过幼儿的亲身体验帮助他们感受夏天室内和室外的区别；对于年龄较大的幼儿，教师可以通过经验描述加亲身体验的方式帮助他们感受夏天。

2. 教师在抛出问题后应顺着幼儿的思路，进行恰当的回应，根据幼儿的想法引导幼儿感受室内外气温的不同。

3. 幼儿在感受到室内外气温的不同后，教师可引导幼儿对气温不同的原因进行合理猜测，比如：“为什么教室里面比户外要凉快？什么东西让你觉得凉快？”引导幼儿发现空调和风扇能让大家感到凉快。

4. 采用激励性评价，鼓励幼儿大胆分享自己的感受与发现。对于较为害羞的幼儿，教师应耐心细致地进行提问，引导幼儿表达自己的感受。当幼儿想要表达更多想法的时候，教师应根据情况给予幼儿表现的机会，鼓励他们大胆讲述自己的感受。

5. 教师要给予幼儿充足的时间思考问题，不要催促幼儿回答，可适当给予提示来引导幼儿。

6. 教师要注意该年龄段幼儿发展特点，多引导、多倾听，帮助幼儿多尝试，避免灌输式教学方式。

活动拓展

鼓励幼儿回家和爸爸妈妈谈论对夏天的感受。

活动3 夏季服装秀

意向目标

愿意在集体前大胆展示自己的服装，乐于跟同伴、教师表达自己的发现。

活动准备

幼儿夏天服装一套。

活动过程

1. 问题导入。

—小朋友们，夏天好热呀，我们穿什么衣服比较凉快？

2. 倾听幼儿的回答和想法，引导幼儿说出衣服的样式，发现夏天穿短衣短裤比较凉快。

3. 讨论。

—为什么短衣短裤比较凉快？

—夏天很热，小朋友如果穿很厚的衣服，很容易中暑，所以要把衣服做得短短的，薄薄的，穿在身上很凉快。

4. 夏装秀。

—小朋友们，你们的衣服都不相同，我们来一个时装表演吧！

—幼儿做模特，共同欣赏夏天我们每个人穿的不一样的衣服，播放音乐，感受热闹的氛围。

生成引导和日常评价

1. 教师要根据本班幼儿发展水平，合理评判该活动是否适合在本班开展，以及如何进行难度调整以适应本班幼儿的发展水平。对于年龄较小的幼儿，教师应引导其感知夏天穿着的特点；而对于年龄较大的幼儿，教师应在针对这一问题充分讨论的基础上，带领幼儿进行特点归纳，并一起验证。

2. 在带领幼儿一起探索为什么夏天的衣服短短的、薄薄的时候，教师应根据幼儿反应给予一定的问题引导和提示。比如：“你穿的衣服是什么样的呢？”“如果夏天穿厚厚的衣服，你感觉怎么样？热不热？”

3. 鼓励幼儿大胆表达自己的发现，对于腼腆的幼儿多进行耐心引导，采用具体的激励性评价，比如：“小朋友把自己的衣服讲得很细致，夏天穿短袖衣服，衣服薄薄的。”

4. 当幼儿不能很好地在集体面前用语言进行完整表达时，教师要注意通过问答等方式降低表达的难度，要鼓励并给予充足的时间帮让幼儿回答。不必强求幼儿用完整的句式表达，重点在于鼓励幼儿敢于表现，善于创新。

活动拓展

把幼儿的走秀精彩瞬间拍成照片，贴在展示栏上。

活动 4　夏天的小动物

意向目标

了解常见的小动物在夏天里的表现，感受夏天带给小动物的变化。

活动准备

《夏天的动物》课件、音乐。

活动过程

1. 出示动物在夏天的图片，引导幼儿说出夏天动物的表现。

—小朋友们，昨天我们知道夏天穿薄薄短短的衣服会让我们更凉快。小动物们在夏天怎么让自己更凉快呢？

—小狗夏天热了怎么办？它怎样让自己更凉快？（树荫下乘凉、吐舌头散热。）

—大象怎样让自己更凉快？河马有什么凉快的好方法（洗澡）？

—夏天天气真热，树上的知了会怎样呢？池塘里的青蛙会怎样呢？

2. 采用角色扮演的游戏方式，播放音乐，引导幼儿跟随音乐自由表现夏天小动物的避暑方法。

生成引导和日常评价

1. 教师要根据本班幼儿发展水平，合理评判该活动是否适合在本班开展，以及如何进行难度调整以适应本班幼儿的发展水平。对于年龄较小的幼儿，教师应注意选择幼儿较为熟悉的1~2种小动物，重点放在体验小动物的避暑方法上，在体验中了解小动物如何度过夏天；对于年龄较大的幼儿，教师可根据情况增加其对未知动物的认识。

2. 教师在引入关于夏天小动物的话题时，注意从幼儿的衣服开始逐渐过渡。比如："小朋友们夏天热了会流汗口渴，穿短短薄薄的衣服让自己凉快。小动物们怎样让自己更凉快呢？池塘里的青蛙会怎么样呢？树上的知了会怎么样呢？小狗怎样让自己更凉快呢？大象有什么避暑方法吗？"

3. 教师在活动结束后可以帮助幼儿梳理小动物的避暑方法，在日常生活中让幼儿尝试小动物的避暑方式。

活动拓展

回家跟爸爸妈妈搜集更多夏天动物避暑方法的图片，贴在展示栏上。

活动5　找凉快

意向目标

寻找让自己凉快的方法，知道户外避暑的方法，适应夏天炎热的生活。

活动准备

扇子若干、风扇。

活动过程

1. 问题导入。

—小朋友们，夏天好热啊，小狗在树荫下吐舌头让自己更凉快，大象通过洗澡让自己更凉快。我们小朋友除了穿薄薄短短的衣服，还有什么方法也能让自己更凉快呢？你在哪里会有凉凉的感觉？我们一起来找找凉凉的感觉吧！

2. 幼儿自由探索哪里有凉凉的感觉，教师要注意观察幼儿的探索并及时做好记录（拍照）。

—活动室里哪里有凉凉的感觉呢？什么东西能让你更凉快？

幼儿自由探索能让自己更凉快的工具，比如风扇、空调、扇子等。幼儿找到工具后，教师让幼儿亲自感受这些工具带来的凉爽。

3. 自由探索室外凉快的地方，引导幼儿寻找太阳公公看不见自己的地方。

—活动室外，太阳公公晒得我们好热呀，哪里才能让太阳公公看不见我们？

—为什么夏天不能在太阳下活动太久？为什么要在阴凉地玩耍？

引导幼儿知道夏天在太阳下活动太久会中暑，太阳公公看不见自己的地方能让自己更舒服。

生成引导和日常评价

1. 教师要根据本班幼儿发展水平，合理评判该活动是否适合在本班开展，以及如何进行难度调整以适应本班幼儿的发展水平。对于年龄较小的幼儿，教师不对他们是否能掌握避暑的方法做要求，重点在于让他们能够在不同环境的体验中知道让自己舒服度过夏天的方式；对于年龄较大的幼儿，教师可以请他们在不断体验中尝试总结和归纳夏天的避暑方式。

2. 教师要将预成与生成相结合，对于幼儿提出的新问题、值得探讨的问题要给予他们探究、讨论的机会。比如："除了吹风扇、空调，你还有什么能让自己更凉快的方法吗？"

3. 该活动要以体验为主，在体验中帮助幼儿逐渐清晰自己是如何适应夏天的炎热天气的，因此，对于是否需要为幼儿引入新经验，教师要根据本班幼儿的具体情况而定。

4. 教师要注意观察幼儿的表现，必要时给予问题引导，比如："吹风扇时你感觉怎么样？""吹空调时你的感觉又是怎样？""在哪里能让你有凉凉的感觉呢？""太阳公公照着你，你感觉怎么样？""躲在树荫下，太阳公公照不到你，你觉得舒服吗？"

活动拓展

让幼儿回家跟爸爸妈妈探索其他让自己凉快的方法。

有趣的影子

一、总体构想

意向目标	1. 感受光与影变化的奇妙。 2. 尝试通过自己的身体动作改变影子，感受与影子游戏的乐趣。 3. 积极分享、表达和创造，发展语言、情感和交往能力。
主题音乐	《夏天到》
区域布置	（区域材料要确保份数，避免婴幼儿争抢。） 生活区：放置太阳伞、凉帽、扇子、太阳镜、花露水等。 美工区：放置幼儿收集的自然材料。 益智区：放置夏日用品和相对应的影子图片供幼儿进行对应。 阅读区：放置《夏天好热》《小动物避暑》《我的影子》等夏天主题绘本。 表演区：放置夏日海滩相关服饰，比如草帽、海草裙等。 科学区：投影仪。
互动要点	1. 教师要注意营造积极乐观的教育氛围，适时鼓励幼儿的每一个进步。 2. 教师要鼓励幼儿积极探索，勇敢表达自己的感受和发现，对幼儿的表现要采用激励性评价。
家园共育	1. 请家长带孩子观察阳光下的影子，体验光与影的变化，带领孩子探索让影子消失的方法、脚与影子分离的方法，探索影子的种类。 2. 请家长提醒孩子夏天在户外玩耍时要注意避暑，比如找阴凉的地方玩耍。

二、课程计划

晨新时刻	1. 晨接问好：愉快地与幼儿打招呼，有机会时与每名幼儿进行简单的交流，对有情绪问题的幼儿给予特殊安抚。引导幼儿洗手。 2. 晨间整理：关注幼儿出汗情况，注意及时更换衣服；协助幼儿进行来园活动，比如放书包、换鞋子、喝水等。

续表

晨新时刻	3. 早餐准备：可将幼儿分成小组，吃饭前，鼓励该日值日生参与早餐准备。 4. 晨新律动：继续围绕主题音乐《夏天到》进行律动，可根据音乐特点及幼儿表现进行音乐律动形式的改变。 5. 晨间谈话：你有影子吗？你什么时候有影子？
生活时刻	1. 日常散步时，带领幼儿到户外玩影子游戏，引导幼儿注意观察自己的影子，发现什么时候有影子，什么时候影子会消失，并能用语言表达。 2. 在日常过渡环节或等待时间和幼儿在室内玩影子游戏，初步感知光和影子的关系。 3. 手指谣《我的小影子》。
游戏（学习）时刻	活动1　我的影子朋友 活动2　会跳舞的影子 活动3　我的影子不见了 活动4　我的影子 活动5　猜猜我是谁
区域时刻	自选，根据幼儿对影子的认识选择不同的区域自主游戏。
户外时刻	1. 教师根据夏天具体的天气情况选择合适的户外活动时间，避免幼儿在太阳下暴晒。 2. 教师开展各种室内外运动，培养幼儿爱运动的习惯。可以根据当天幼儿游戏（学习）内容自主创编合适的体育游戏。 3. 教师注意根据夏天气温变化选择强度适宜的体育活动内容，以及运动场地和运动时间。
再见时刻	1. 离园整理：关注幼儿的情绪并给予安抚，有条件的创造与每名幼儿一对一的对话时间，鼓励幼儿尝试整理自己的书包，关注幼儿的衣物穿着情况，如出汗及时帮助幼儿更换衣服。 2. 唱再见歌：提醒幼儿关注自己的生理需求，引导有需要的幼儿如厕、喝水。 3. 与家长沟通：与家长沟通近期需要协助的事宜，交代需要家长注意的事项，比如，请家长关注夏天孩子的情绪变化并给予必要的安抚。

三、童谣

夏 天 到

夏天到——夏天到——

太阳火辣辣

知了喳喳叫

娃娃一起来唱歌

啦啦啦 啊啊啊

夏天到——夏天到——

影子做朋友

花儿咧嘴笑

娃娃一起蹦蹦跳

夏天真美好

生成引导和日常评价

教师可以根据婴幼儿的兴趣，以及他们回答的与夏天有关的事物进行手指动作创编，每天一段或两段，鼓励婴幼儿动脑筋，创编内容和动作。

四、游戏（学习）活动

活动 1　我的影子朋友

意向目标

观察阳光下自己的影子，感知光与影的变化。

活动准备

安全的户外场地。

活动过程

1. 引导幼儿发现，站在太阳下，影子就出现了。

—小朋友们，今天我们跟影子朋友做游戏，怎样才能找出自己的影子朋友呢？

2. 引导幼儿注意观察自己的影子。

—这个黑黑的，会动的东西就是影子！ 每个小朋友都有影子，它是你们的好朋友呢！

—小朋友们，你们仔细观察一下，你的影子朋友是什么样的呢？你和影子朋友长得像不像？

3. 引导幼儿跟随音乐踩同伴的影子。

生成引导和日常评价

1. 教师要根据本班幼儿发展水平，合理评判该活动是否适合在本班开展，以及如何进行难度调整以适应本班幼儿发展水平。对于年龄较小的幼儿，教师通过踩影子的游戏，引导婴幼儿关注影子与自己的关系；对于年龄较大的幼儿，教师要在此基础上帮助幼儿初步了解影子产生的条件。

2. 教师要避免在太阳火辣的时间开展该活动，以免引发中暑，上午或傍晚开展最佳，外出时要注意提醒幼儿做好防晒保护。

3. 教师鼓励幼儿相互配合，大胆和教师、同伴们分享自己的所见、所闻、所想、所感。建议采用激励性评价。

4. 在户外活动时，教师应提醒幼儿户外活动的注意事项，做好安全教育工作。

活动拓展

在益智区投放关于影子配对（可以是动物影子、蔬菜影子或者幼儿的影子）的材料，引导幼儿探索影子。

活动 2　会跳舞的影子

意向目标

尝试用肢体动作创造不同的影子，通过音乐游戏体验影子游戏的乐趣。

活动准备

安全的室外场地。

活动过程

1. 引导幼儿在阳光下做各种动作，观察影子的变化。

—小朋友们，影子朋友会动吗？

2. 引导幼儿了解自己影子的动作变化跟自己动作变化之间的关系。

—影子什么时候会动？跟小朋友们的动作一样吗？你伸伸手，影子也会跟着伸手吗？

3. 游戏：和影子朋友一起来跳舞。

—小朋友们，我们邀请影子朋友一起来跳舞吧！有音乐的时候，我们和影子朋友一起快乐地跳舞；音乐停止的时候，影子朋友要像木头人一样不许动。教师做好示范，让幼儿熟悉游戏玩法。

生成引导和日常评价

1. 教师要根据本班幼儿发展水平，合理评判该活动是否适合在本班开展，以及如何进行难度调整以适应本班幼儿的发展水平。对于年龄较小的幼儿，以游戏体验为主，教师根据幼儿的表现进行梳理；对于年龄较大的幼儿，则以幼儿游戏体验后的经验分享作为教师梳理的主要内容。

2. 教师要根据幼儿游戏时的状态，一步步引导幼儿发现自己的动作与影子相关，鼓励幼儿大胆做出动作，尝试改变自己的影子。

3. 教师在游戏过程中要注意运用激励性评价：“×× 小朋友的影子朋友看起来很特别！音乐停止的时候，影子朋友真的像木头人一样一动不动！”

4. 教师可通过调整音乐停顿的间隔提高游戏的趣味性。

5. 教师扮演的大灰狼要适当抓住音乐停止时仍在跳舞的幼儿，在游戏中帮婴幼儿意识到要遵守游戏规则，同时也增加游戏的乐趣。

活动拓展

教师带幼儿到树荫下，让幼儿找找自己的影子在哪里。

活动 3　我的影子不见了

意向目标

感受影子出现、消失的神奇，愿意主动参与活动。

活动准备

安全的室外环境。

活动过程

1. 幼儿大胆猜想并亲自尝试。

—小朋友们，我们走到哪里，影子也跟着我们到哪里，你有什么办法让影子消失吗？

—我要采访昨天在树荫下的小朋友，你们找到自己的影子朋友了吗？为什么在树荫下影子朋友不见了？

2. 游戏：老狼老狼几点钟。

—我们来玩一个游戏，名字叫“老狼老狼几点钟”。

—幼儿尝试利用周围环境让自己的影子消失，教师引导幼儿躲在树荫下，不让太阳照到自己。

—教师介绍游戏规则：你们是可爱的小兔子，老师是一只大灰狼。游戏开始时，大灰狼在你们前面走，你们要在我身后走，并齐声问“老狼老狼几点了”。当我说“天黑”的时候，你们要跑到树下，你们的影子朋友也跑回树下才安全；如果还能看到自己的影子，小朋友就会被大灰狼抓起来。

生成引导和日常评价

1. 教师要根据本班幼儿发展水平，合理评判该活动是否适合在本班开展，以及如何进行难度调整以适应本班幼儿的发展水平。对于年龄较小的幼儿，教师可以不和他们讨论“如何让影子消失”，直接从游戏中帮助幼儿进行归纳和总结；对于年龄较大的幼儿，教师可以给幼儿更多创造性想象的机会，然后在体验中帮助幼儿验证猜想是否正确。

2. 教师引导幼儿进行发散思维，采用激励性评价，一步步引导幼儿发现，鼓励幼儿大胆尝试探索让影子消失的办法。

3. 在活动中，教师要善于鼓励幼儿去探索影子的奥秘，并说出自己的发现。教师应进行相应的回应以支持幼儿的持续探究。

4. 教师应给幼儿做好示范，帮助幼儿建立初步的规则意识。

5. 教师可以根据实际情况，增加游戏的趣味性。

6. 在户外活动时，教师应提醒幼儿注意安全，避免受伤。

活动拓展

幼儿回家跟爸爸妈妈一起想办法让影子消失。

活动 4　我的影子

意向目标

知道影子是我们形影不离的好朋友，愿意与同伴交流自己的发现。

活动准备

绘本《我的影子》，户外场地。

活动过程

1. 问题导入。

—我们前几天都跟影子朋友玩游戏，你们喜欢影子朋友吗?

2. 共读绘本。

教师与幼儿共读绘本，教师完整讲述故事，带领幼儿整体感知故事内容。教师在讲述过程中要注意对以下问题涉及的情节进行很好的展现，保持幼儿继续阅读的兴趣。比如："小朋友在什么地方玩？""影子朋友跟小朋友长得像吗？""影子和小朋友做的动作一样吗？""小朋友在走路的时候，影子朋友在干什么？"

—大家一起学学小朋友的动作，影子和小朋友有什么不同?

3. 教师示范并引导幼儿用合适的形容词描述自己的影子朋友。

—什么时候影子朋友会出现?

—猜猜这个小朋友有没有甩掉影子呢？影子为什么不见了?

生成引导和日常评价

1. 教师要根据本班幼儿发展水平，合理评判该活动是否适合在本班开展，以及如何进行难度调整以适应本班幼儿的发展水平。对于年龄较小的幼儿，教师要根据他们的状态及时调整阅读节奏，并且对绘本内容进行合理的删减，以适应他们的发展水平；对于年龄较大的幼儿，则可以通过语言、表情、动作等方式引导他们增加对绘本内容以及影子更多特性的认识。

2. 教师在与幼儿进行绘本共读时，要注意提问的数量，减少过多的无效提问，以免幼儿注意力疲惫。

3. 在阅读绘本时，教师可以和幼儿围坐在一起，营造温馨友爱的阅读环境。

活动拓展

和幼儿讨论“我的影子……”，建立绘本故事与真实生活的联系。

活动 5　猜猜我是谁

意向目标

体验光影变化的神奇。

活动准备

投影仪、手电筒、可投影动物轮廓（可根据幼儿认知经验准备）、较暗的空间。

活动过程

1. 教师在投影仪前放动物轮廓，请幼儿猜是什么小动物。

—小朋友们，你们来猜猜这是谁的影子吧！

2. 教师示范通过变化手的形状改变影子的形状，然后鼓励幼儿体验，幼儿熟悉并投入其中后，鼓励幼儿进行创造性的手影游戏。

—小朋友们，我们手的影子也会变化，一起来试试吧！

生成引导和日常评价

1. 教师要根据本班幼儿发展水平，合理评判该活动是否适合在本班开展，以及如何进行难度调整以适应本班幼儿的发展水平。对于年龄较小的幼儿，教师可以选择幼儿较为熟悉的动物请他们猜测，并且在进行手影游戏时不对幼儿手影表演做具体要求，重在鼓励幼儿体验；对于年龄较大的幼儿，教师可以用陌生动物丰富幼儿动物认知的经验，并可进一步增大难度，请幼儿用手影模仿某种动物。

2. 教师应做好场景布置，营造神秘的环境氛围，激发幼儿的兴趣。

3. 引导幼儿观察投影仪上的影子和实物的关系，感知光与影的变化。

4. 教师要根据幼儿活动时的状态，必要时借助一定的图片、写字板进行记录，帮助幼儿进行表征。

活动拓展

教师将投影仪投放在科学区，供幼儿自主游戏时使用。

好玩的风

一、总体构想

意向目标	1. 在对风的探索中认识到风能在炎热的夏天给人们带来凉爽。 2. 感受不同温度的风，尝试制造风，感受与风进行游戏的乐趣。 3. 在简单的科学游戏中发展观察和主动思考的能力。
主题音乐	《风来了》
区域布置	（区域材料要确保份数，避免婴幼儿争抢。） 生活区：放置太阳伞、凉帽、扇子、太阳镜、花露水等夏天需要用到的生活物品。 美工区：放置幼儿收集的自然材料和棉棒等拓印材料。 阅读区：放置《夏天好热》《小动物避暑》《我的影子》等夏天主题绘本。 表演区：放置夏日海滩相关服饰，比如草帽、海草裙等。 科学区：放置手电筒、镂空纸张、影子、冰融化等照片和绘本。
互动要点	1. 教师要营造温馨的互动氛围，及时鼓励幼儿的进步，给幼儿足够的安全感，让幼儿意识到自己可以随时向教师寻求帮助。 2. 教师要注意在日常互动中渗透关于主题的内容，比如在开风扇的时候让幼儿感受和了解风的作用。 3. 教师要鼓励幼儿积极探索，勇敢表达自己的感受和发现，对幼儿采用激励性评价。
家园共育	1. 请家长和孩子寻找让自己凉快的方法，并记录下来。 2. 请家长注意提醒孩子夏天的饮食习惯，比如，少吃或不吃冰激凌，喝冷饮时要有所节制，以免引起肠胃不适。 3. 请家长在家中注意引导孩子学会自主捧杯喝水。

二、课程计划

晨新时刻	1. 晨接问好：与每名幼儿愉快地打招呼，注意关注幼儿的特殊情绪并及时给予安抚。 2. 晨间整理：为幼儿提供尝试自主整理的条件和机会，必要时给予帮助，比如放书包、换鞋子、喝水、洗手。 3. 早餐准备：鼓励幼儿参与早餐准备。 4. 晨新律动：围绕主题音乐《风来了》进行律动，建议律动形式为对唱律动、打击乐律动。 5. 晨间谈话：夏天热不热呀？吹风扇是什么感觉呢？
生活时刻	1. 户外散步时，教师带领幼儿去感受风，也可以使用物品制造风。 2. 在过渡环节或者其他等待时间，引导幼儿使用风车玩游戏，感知风车与风的关系。 3. 童谣《夏天到》。
游戏（学习）时刻	活动 1　凉凉的风 活动 2　风筝飞起来 活动 3　美丽的风车 活动 4　风车转呀转 活动 5　大风吹，小风吹
区域时刻	自选，根据幼儿对风的认识选择不同的区域自主游戏。
户外时刻	1. 教师可以将当天的游戏（学习）时刻的内容创编成体育运动，帮助幼儿更好地体验和理解。 2. 在夏天进行体育运动时要特别注意气温对运动时间、场地和内容的影响。 3. 夏天进行运动容易产生不适，教师要特别注意幼儿的情绪，培养幼儿爱运动的习惯。
再见时刻	1. 离园整理：鼓励幼儿尝试独立整理自己的书包。关注幼儿的衣物穿着情况，比如出汗及时帮助幼儿更换衣服。 2. 唱再见歌：与每名幼儿愉悦地告别，及时关注幼儿的情绪并给予安抚。 3. 与家长沟通：与家长沟通最近需要配合的事宜，并向家长交代幼儿的特殊注意事项。

三、童谣

夏 天 到

夏天到——夏天到——

太阳火辣辣

知了喳喳叫

娃娃一起来唱歌

啦啦啦 啊啊啊

夏天到——夏天到——

影子做朋友

花儿咧嘴笑

娃娃一起蹦蹦跳

夏天真美好

生成引导和日常评价

教师可以根据婴幼儿的兴趣，以及他们回答的与夏天有关的事物进行手指动作创编，每天一段或两段，鼓励婴幼儿动脑筋，创编内容和动作。

四、游戏（学习）活动

活动1 凉凉的风

意向目标

尝试探索可以让风变得更加凉爽的方法，感受不同温度的风。

活动准备

风扇、冰块。

活动过程

1. 问题导入。

—小朋友们，夏天好热呀，我们有什么方法能让我们更凉快些呢？教室哪里有凉凉的感觉呢？

2. 引导幼儿找风，比如电风扇、扇子能制造出风，帮助幼儿认识到夏天开电风扇能让人凉快。

3. 请幼儿走到电风扇区，打开或关上电风扇，让幼儿感受风带给身体的不一样的感觉。

4. 游戏：怎样让风更凉爽。

教师放一些冰块在电风扇面前，让幼儿感受，发现风变凉了。

生成引导和日常评价

1. 教师要根据本班幼儿发展水平，合理评判该活动是否适合在本班开展以及如何进行难度调整，以适应本班幼儿的发展水平。对于年龄较小的幼儿，以体验为主，在体验中帮助幼儿逐渐了解风可以带来一定的消暑效果；对于年龄较大的幼儿，在此基础上尝试给幼儿提一些具有一定挑战性的问题，比如："怎么让风更凉爽？"

2. 教师要根据幼儿的回答和反应进行生成性活动，根据幼儿的猜想进行多种尝试，让风更凉爽。

3. 教师应对幼儿的表达和发现行为给予真诚的赞扬，正面引导幼儿仔细观察、感受、对比。

4. 采用激励性评价，如果幼儿很认真地在感受，就说："真棒！你说的也有道理，我们一起试试吧！"

活动拓展

幼儿回家跟爸爸妈妈一同感受凉凉的风和热热的风。

活动 2　风筝飞起来

意向目标

尝试让风筝飞起来，在活动中愿意与他人分享自己的发现。

活动准备

风筝若干。

活动过程

1. 教师出示不同种类的风筝，吸引幼儿兴趣。

—小朋友们，你们看，这是什么？

2. 教师请幼儿回顾以往经验，并将自己放风筝的方法与大家分享。幼儿分享自己放风筝的经验后，教师整理幼儿的经验并示范放风筝的步骤和注意方法。

—怎么能够让风筝飞起来呢？小朋友们快动动脑筋吧！

3. 教师带领幼儿到户外场地进行游戏，鼓励幼儿尝试自主探索让风筝飞起来的方法。

生成引导和日常评价

1. 教师要根据本班幼儿发展水平，合理评判该活动是否适合在本班开展，以及如何进行难度调整以适应本班幼儿的发展水平。对于年龄较小的幼儿，建议以教师为主导放风筝，幼儿参与为主；对于年龄较大的幼儿，则可以独立或者由教师协助放风筝。

2. 教师要以游戏的形式吸引幼儿的兴趣，让幼儿觉得新奇有趣。

3. 对于动作发展较弱的幼儿，要有耐心，在户外活动时，教师应提醒幼儿户外活动的注意事项，不推搡，不追逐打闹。

4. 教师要有意识地将之前关于风的探索活动和风筝飞起来的条件建立联系，帮助幼儿学会迁移应用，举一反三。

5. 教师应采用激励性评价，鼓励幼儿大胆发表想法。

活动拓展

幼儿回家与爸爸妈妈探索风筝的其他玩法。

活动3　美丽的风车

意向目标

创造性地用自己喜欢的方式装饰风车。

活动准备

白色风车若干、图案贴纸、印画、颜料。

活动过程

1. 出示风车模型，引起幼儿活动的兴趣，观察欣赏模型的装饰特点。

—看，今天我为小朋友们带来了什么？你们知道这是什么吗？

—老师的这个风车漂不漂亮呀？你们想不想也拥有这么漂亮的风车？

2. 鼓励幼儿做装饰风车。

—老师这里还有很多图案贴纸、印画和颜料，看看有没有小朋友们喜欢的？请你们选择自己感兴趣的图案贴纸、印画和颜料装饰风车吧。

生成引导和日常评价

1. 教师要根据本班幼儿发展水平，合理评判该活动是否适合在本班开展以及如何进行难度调整，以适应本班幼儿的发展水平。对于年龄较小的幼儿，建议以粘贴贴纸为主，教师要耐心地引导；对于年龄较大的幼儿，则可以鼓励他们运用更多的装饰方式，比如印画、涂鸦等。

2. 教师要引导每名幼儿用贴纸或印画等把白色风车按照自己的心意进行装饰。

3. 用激励性评价，重点鼓励幼儿用不同花纹和颜色进行装饰。比如："你把颜料都涂在风车里面，真漂亮！""宝贝装饰的风车真好看！"

4. 教师应对幼儿的创造性和用笔用色情况进行具体评价。

活动拓展

活动结束后，邀请幼儿分享自己的作品，并把风车放置在专门的空间，作为班级环境装饰。

活动4　风车转呀转

意向目标

积极动脑，尝试用各种方法制造风，愿意积极交流自己的想法。

活动准备

幼儿装饰的风车、课件。

活动过程

1. 问题导入。

—小朋友们，昨天我们装饰的风车真好看！风车可以转吗？有什么方法可以让它转起来？小朋友们快把风娃娃请出来吧！我们让风车转起来吧！

2. 引导幼儿表达自己的想法，并拿着风车尝试用自己的方法让风车转起来。比如，手持风车跑步制造出风、用手扇出风、用嘴吹气制造出不同大小的风等。

—用嘴巴慢慢吹，风车是怎样转的呢？如果用嘴巴呼呼呼快速吹，风车又会怎样呢？

3. 教师引导幼儿感受风的大小和风车转速之间的关系，但不需要幼儿讲出来。

生成引导和日常评价

1. 教师要根据本班幼儿发展水平，合理评判该活动是否适合在本班开展以及如何进行难度调整，以适应本班幼儿的发展水平。对于年龄较小的幼儿，无须尝试让风车转起来的不同方法，只选择其中一种，比如用嘴吹或者用风扇扇；对于年龄较大的幼儿，则可以让他们多思考多尝试，在更多的体验中尝试独立总结经验。

2. 教师要鼓励幼儿多思考并且带着他们多尝试，比如："风车怎么不转呢？""风车怎样才能转起来呀？"

3. 多使用激励性评价，鼓励幼儿多思考，比如用嘴吹、风扇扇、跑步等方式制造风。可以对幼儿这样说："小朋友们真善于观察，风娃娃被你们找到了呢！"

4. 教师要注意将该活动与之前的活动建立联系，尽可能保持幼儿经验的连续性，更有利于幼儿的感知和理解。

活动拓展

幼儿回家跟爸爸妈妈一起探索让风车转动的方法。

活动 5　大风吹，小风吹

意向目标

能用身体的不同动作表现风的大小，在活动中愿意表达自己的发现。

活动准备

丝巾若干。

活动过程

1. 问题导入。

—小朋友们，夏天，电风扇让我们好凉快呀，风扇的风是有大小的，你知道什么时候风大，什么时候风小吗？

2. 教师准备丝巾，分别在不同风力下使之飘扬，请幼儿根据丝巾的飘动形态猜测风力大小。

3. 游戏：大风吹，小风吹。

—小朋友们，我们来玩一个游戏，叫作“大风吹，小风吹”。

—教师讲述游戏规则。当教师说口令“大风吹”时，幼儿做出被大风吹时的动作（夸张）；当教师说出口令“小风吹”时，幼儿做出被小风吹时的动作（温柔）。

生成引导和日常评价

1. 教师要根据本班幼儿发展水平，合理评判该活动是否适合在本班开展以及如何进行难度调整，以适应本班幼儿的发展水平。在进行游戏时，对于年龄较小的幼儿，教师可以请他们模仿不同风力下的丝巾的状态；对于年龄较大的幼儿，可以鼓励他们自己想象在不同风力下的状态进行游戏。

2. 当幼儿一开始不能很快融入游戏时，教师可以引导幼儿想一想大风是怎么吹的，启发他们用身体去模仿大风吹。

3. 教师可以通过激励性评价鼓励幼儿发挥想象力进行表演，比如：“某某小朋友跑得真快！这个风吹得可真大！”“某某小朋友的姿势很美，真有想象力！”

4. 教师要注意指令变换的速度和幼儿跑动中的安全。

5. 对于不愿意跑的幼儿，教师可以带动他们参与游戏。

6. 教师要根据幼儿的活动量适时调整游戏的时间和次数。

7. 当幼儿熟悉游戏的玩法后，可逐渐增加活动的难度，改变口令，比如“吹大风，宝宝跑；吹小风，宝宝走”等，锻炼幼儿的动作控制能力。

活动拓展

请幼儿回家和爸爸妈妈玩“大风吹，小风吹”的游戏。

我爱夏天派对

一、总体构想

意向目标	1. 知道夏日出行应携带的物品，学会在烈日下保护自己。 2. 愿意在成人帮助下自主做好出行准备。 3. 乐于参与夏日派对，喜欢夏天。
主题音乐	《风来了》
区域布置	（区域材料要确保份数，避免婴幼儿争抢。） 生活区：放置太阳伞、凉帽、扇子、太阳镜、花露水等夏天生活必需品。 美工区：放置幼儿收集的自然材料和棉棒等拓印材料。 阅读区：放置《夏天好热》《小动物避暑》等夏天主题绘本。 表演区：放置夏天海滩相关服饰，比如草帽、海草裙等。 科学区：放置影子、冰、风等照片和绘本。
互动要点	1. 教师和幼儿之间建立高度安全的互动关系，适时鼓励幼儿的每一次进步。 2. 帮助幼儿感受和体验在夏天玩耍的乐趣。 3. 鼓励幼儿积极探索，大胆表达自己的感受和发现，并回应以激励性评价。
家园共育	1. 请家长带孩子探索使冰块融化的方法。 2. 请家长注意提醒孩子夏天的饮食安全，并和孩子一起遵守。 3. 请家长积极配合教师提前准备好亲子互动材料。 4. 请家长和孩子讨论夏天在室内外玩耍的注意事项，鼓励孩子表达并采纳孩子的合理建议。

二、课程计划

晨新时刻	1. 晨接问好：愉快地与幼儿打招呼，关注幼儿的情绪。 2. 晨间整理：关注幼儿的出汗情况，注意及时更换衣服；协助幼儿进行来园活动，比如放书包、换鞋子、喝水等；引导幼儿洗手。 3. 早餐准备：引导幼儿做好自己的餐前准备，并鼓励他们帮助教师进行早餐准备工作。 4. 晨新律动：围绕主题音乐《风来了》进行律动，教师可以根据幼儿喜好自主选择律动形式，比如自由律动、合作律动。 5. 晨间谈话：你觉得夏天好玩吗？当你摸冰块时感觉怎么样？
生活时刻	1. 在进餐时间和幼儿谈论“夏天吃冷饮”这件事，知道夏天健康的冷饮食用方法。 2. 在日常生活中引导幼儿说出“热”的感受，并一起寻找凉快的方法。 3. 童谣《夏天到》。
游戏（学习）时刻	活动1　我的小凉帽 活动2　美丽的扇子 活动3　我会叠毛巾 活动4　水壶捉迷藏 结题　夏日派对
区域时刻	自选，根据幼儿对夏天的感受选择不同的区域自主游戏。
户外时刻	1. 教师可以根据本阶段活动内容创编适合本班幼儿水平的体育游戏。 2. 进行体育游戏创编时，要考虑到本班幼儿的运动能力发展水平，尽可能与本主题活动内容相联系。
再见时刻	1. 离园整理：给幼儿创造自主离园准备的条件，以及离园前自由游戏的机会。 2. 唱再见歌：共唱再见歌，与每名幼儿愉快地告别。 3. 与家长沟通：交代个别幼儿的特殊需求，告诉家长下一阶段的学习主题，请家长提前做好准备。

三、童谣

夏 天 到

夏天到——夏天到——
太阳火辣辣
知了喳喳叫
娃娃一起来唱歌
啦啦啦 啊啊啊
夏天到——夏天到——
影子做朋友
花儿咧嘴笑
娃娃一起蹦蹦跳
夏天真美好

生成引导和日常评价

教师可以根据婴幼儿的兴趣，以及他们回答的与夏天有关的事物进行手指动作创编，每天一段或两段，鼓励婴幼儿动脑筋，创编内容和动作。

四、游戏（学习）活动

活动 1 我的小凉帽

意向目标

用自己的方式自由设计和装饰小凉帽，体验艺术创作的乐趣。

活动准备

白色小凉帽若干、图案贴纸、颜料。

活动过程

1. 问题导入。

—夏天真热呀，如果小朋友们出去玩没找到阴凉地，有什么方法可以挡住我们的小脸呢？

2. 交流讨论：凉帽的作用。

教师热情提议和发问，先观察幼儿的反应。如果幼儿不知如何回答，教师可以先示范，倾听幼儿的想法，顺着幼儿的思路引导他们说出凉帽能让小朋友更凉快，并意识到凉帽能制造出影子挡住脸，不让太阳公公晒到脸。

3. 做小凉帽。

—老师的小凉帽好看吗？小朋友们想不想有一顶自己的小凉帽呀？

—我们一起设计一顶属于自己的漂亮凉帽吧！

教师示范涂鸦步骤，引导幼儿用图案粘贴的方式装饰小凉帽。

生成引导和日常评价

1. 教师要根据本班幼儿发展水平，合理评判该活动是否适合在本班开展以及如何进行难度调整，以适应本班幼儿的发展水平。对于年龄较小的幼儿，可以用图案粘贴的方式装饰小凉帽；对于年龄较大的幼儿，可以尝试更多装饰方式，比如涂鸦、粘贴不同材料等。

2. 教师要注意观察幼儿，顺着他们的思路进行引导，比如："这顶小凉帽上是什么图案？"

3. 采用激励性评价的方法，重点鼓励幼儿创造性地进行装饰。比如："你用了好几种装饰的方法，好棒！"对于年龄较小的幼儿，可以通过语言加动作的方式给幼儿鼓励的信号。

活动拓展

幼儿戴上自己装饰的小凉帽进行展示，并且作为避暑工具放在活动室供幼儿选择使用。

活动 2　美丽的扇子

意向目标

尝试用手指点画的方式完成作品，发展手的精细动作。

活动准备

彩色颜料、纸盘子。

活动过程

1. 问题导入。

—小朋友们，你们知道扇子怎么用吗？扇子能制造出凉凉的风，让我们感觉到凉爽。

—老师的扇子漂亮不漂亮？小朋友们想画扇子吗？

2. 教师示范如何利用手指印画，并指出印画过程的注意事项。

—小朋友们，我们的小手可厉害了，现在让我们一起用小手作画吧！

3. 教师邀请幼儿一起体验手指印画。

—小朋友们，伸出你的小手，我们一起来尝试吧！

生成引导和日常评价

1. 教师要根据本班幼儿发展水平，合理评判该活动是否适合在本班开展，以及如何进行难度调整，以适应本班幼儿的发展水平。对于年龄较小的幼儿，将激励重点放在幼儿愿意尝试上；对于年龄较大的幼儿，将激励重点放在手指印画的创造力表现上。

2. 教师要特别关注和鼓励平常比较害羞的幼儿，比如："哇，你的扇子很好看，我们把它贴到窗子上吧。"

3. 教师尽量用具体的评价，鼓励幼儿使用多种颜色，比如："你的扇子颜色好多！""宝宝印的蓝色扇子真好看！""你的扇子跟别人的都不一样！"等。

4. 教师可以通过多种方式增加幼儿参与活动的兴趣，比如增加一些幼儿喜欢的颜色、材料等。

5. 教师在活动时注意提醒幼儿使用颜料的安全，用完后及时洗手。

6. 等颜料风干后，可邀请幼儿用自己装饰的扇子扇风。教师可以加上一些口令如"慢慢扇""加快速度"，增加互动乐趣。

活动拓展

将幼儿制作的扇子放在美工区或者生活区，供幼儿在游戏或生活中使用。

活动 3　我会叠毛巾

意向目标

尝试进行简单的折叠，提高动手能力。

活动准备

毛巾若干。

活动过程

1. 教师创设生活情境（活动室内毛巾没有折叠），邀请幼儿一起叠毛巾。

—桌子上有一堆乱乱的毛巾，怎么能让它们变得整齐呢?

—先将毛巾边对边对折，再将毛巾角对角对折，四块小方块叠在一起像什么?

2. 教师边念儿歌《叠一叠》“小小毛巾手里拿，铺平四角再来折，边蹓边角蹓角，小小毛巾叠好了。”边示范。教师示范后请幼儿自主尝试叠毛巾（但不要求一定按照儿歌中的方式叠，允许幼儿用自己的方式叠毛巾）。

—我们一起来叠吧!

3. 教师根据幼儿叠毛巾的情况，可以增加趣味性，进行小小的比赛。

生成引导和日常评价

1. 教师要根据本班幼儿发展水平，合理评判该活动是否适合在本班开展，以及如何进行难度调整，以适应本班幼儿的发展水平。对于年龄较小的幼儿，教师不对折叠技巧以及规范度做过多要求；对于年龄较大的幼儿，教师可鼓励幼儿规范折叠。

2. 采用激励性评价鼓励幼儿尝试自主叠毛巾，比如：“宝宝可以自己慢慢对角折了，真能干！”

3. 每名幼儿的生活自理能力和动手能力不同，要根据幼儿的能力给予恰当的肯定和表扬，采用榜样示范法，比如在小朋友们面前讲述其他小朋友叠毛巾的方法。

4. 要有耐心。适时鼓励，当幼儿不会叠遇到挫折时，给予适时的语言和行动上的帮助，并及时安抚幼儿的情绪。

5. 教师可以根据幼儿的实际发展水平，选择适合他们的叠毛巾方法。

活动拓展

在生活时间，鼓励幼儿帮助教师叠毛巾。

活动4 水壶捉迷藏

意向目标

参与捉迷藏游戏，感受集体游戏的快乐。

活动准备

小水壶、一次性纸杯若干。

活动过程

1. 游戏：找水壶。

把幼儿的水壶放置在不同的地方，不要让他们看到。

—小朋友们，水壶跟我们玩捉迷藏。我们把教室的水壶宝宝都找出来，好不好?

2. 教师示范倒水动作，鼓励幼儿尝试灌满自己的水壶。

—小朋友们，明天我们准备参加夏日派对！我们要把自己的水壶装满水，请你先把一次性小纸杯装满水，然后倒进自己的水壶里。

生成引导和日常评价

1. 教师要根据本班幼儿发展水平，合理评判该活动是否适合在本班开展以及如何进行难度调整，以适应本班幼儿的发展水平。对于年龄较小的幼儿，可以选用瓶口较大的装水工具，比如水杯；对于年龄较大的幼儿，可以鼓励他们尝试给自己的水壶装水。

2. 教师可以利用捉迷藏游戏激发幼儿对水壶的兴趣，也可以选择本班幼儿感兴趣的其他游戏。

3. 教师应说清楚并示范倒水的具体步骤和动作，鼓励幼儿进行大胆尝试，但不要求幼儿完全模仿教师的倒水方法。

4. 教师应采用激励性评价强化好的行为或帮助幼儿改正不好的行为，比如："宝贝，你拿得很稳，倒水的时候没有往外洒呢！"

5. 活动后，教师要提醒幼儿在装开水的时候需要大人在身边陪伴，不要独自一人去接开水。

活动拓展

在婴幼儿园尝试自主接水。

结题　夏日派对

环境创设

将幼儿本月的学习成果，如小凉帽、扇子、风车等装饰在周围环境中，小狗、大象、青蛙、知了头饰若干。

活动过程

1. 情境导入。

—小朋友们，我们坐上小火车准备出去参加夏日派对啦！

播放音乐，幼儿按自己意愿装扮成夏天的动物入场。由教师和幼儿装扮的几个角色在大门口迎接其他幼儿。

2. 各类游戏活动。

开场舞：全园跳起来。

动物世界：自由选取面具、服装装扮自己，在众人面前大胆展现。

音乐狂欢：以主题音乐为主线，鼓励幼儿随着音乐大胆展示自己。幼儿拿着打击乐器跟着音乐自由表现。教师吹泡泡，也鼓励有兴趣吹泡泡的幼儿参加。

美食区：幼儿可根据自己的意愿随意选取美食，互相分享，感受一起聚会的快乐。桌子上有夏日水果，可引导幼儿摸一摸、尝一尝。

游戏区：在教师的引导下，请幼儿自由结伴参与游戏。

生成引导和日常评价

1. 教师要根据本班幼儿发展水平，合理评判该活动是否适合在本班开展以及如何进行难度调整，以适应本班幼儿的发展水平。对于年龄较小的幼儿，选择一种夏日派对即可；对于年龄较大的幼儿，则可以多种形式同时进行。

2. 环境创设要有夏日氛围，比如放置大西瓜玩偶、冰激凌玩偶等。

3. 邀请园内其他工作人员参与活动，教师要留意到每名幼儿的安全，可邀请家长参加。

主题 6　交通工具

主题构想

一、主题导言

幼儿在生活中乘坐的交通工具是什么？除此之外，交通工具还有哪些？需要知道哪些交通规则？乘坐交通工具时需要注意什么？背上行囊，请汽车伯伯、公交车叔叔、地铁阿姨、自行车哥哥……为我们带路吧。

本主题适用于 1.5~3.5 岁幼儿，依据该年龄段幼儿的身心发展特点及兴趣设计。“交通工具”主题由我的代步工具、各种各样的车、行驶在路上、我们出发啦四个部分组成，让幼儿循序渐进地了解交通工具。本主题开展时间建议为 1~2 个月，推荐开展时间为托班升小班。

二、主题意向目标

1. 思维模式：探究思维、积极思维

在“交通工具”主题中，幼儿从探索身边熟悉的交通工具开始逐步扩大对交通工具的认识，在不断探究中形成对交通工具的整体感知。在这个过程中，幼儿的探究思维获得发展。本主题根据幼儿的发展水平，设置不同难度的游戏，难度适当的游戏在激发幼儿探索兴趣的同时，也会带来一定的挑战，在有挑战的游戏中发展幼儿的积极思维。

2. 关键能力：交往力和自信力

交往力	自信力
（1）有主动交往的愿望和需求。 （2）愿意加入集体游戏，并能够享受与他人交往带来的快乐。 （3）愿意交往并能够与他人较好地相处。	（1）在学习、游戏中获得对自我的肯定。 （2）愿意加入集体活动，并能在其中体验到归属感。 （3）对自己是否能够完成某件事情有感知，并乐于主动实践。

幼儿的交往力发展具有如下特点

（1）幼儿用自己的名字来指代自己，有独立完成一件事的意愿，越来越多地用“不”表明自己的独立。

（2）幼儿在放松的情境下乐于玩耍和探索环境中的事物，并分享给亲近的人。

（3）幼儿越来越注意到同伴的存在，从模仿其他幼儿的游戏，慢慢过渡到尝试加入其他同伴的游戏，还会出现性别特征明显的游戏倾向。

（4）幼儿天生就有一颗关心他人的心，慢慢发展出安慰、谦让与分享等亲社会行为。

幼儿的自信力发展具有如下特点

（1）幼儿通过感受家庭和外部环境中温暖、和谐、愉快的氛围，建立内在的安全感，进而愿意自主探索周围环境。

（2）幼儿在独立自主的探索活动中，体验获得成功的喜悦。

（3）幼儿易通过周围人积极的评价与反馈来获取对自己的肯定。

3. 全面发展意向目标

基于《大纲》以及该主题活动，设计确定全面发展的意向目标包括以下几点。

（1）生活：有较好的饮食习惯，能参与教师的分餐和餐具摆放。

（2）动作：保证充足的户外活动时间，在游戏以及体育活动中掌握基本的大运动技能；在绘画、建构和简单的手工活动中达到良好的精细动作发展水平；养成爱运动、爱动手的习惯。

（3）语言：在阅读中认识交通工具，并愿意分享自己了解的交通工具及规则；对声音和语言感兴趣，学习正确的发音，学会用语言进行交流并表达自己的需求。

（4）认知：对交通工具充满好奇心和探索欲；可按形状、颜色对各式交通工具进行简单的分类，感受生活中的数学；在与教师、同伴的互动中善于思考并乐于发问，学会想办法解决问题。

（5）情感与社会性：在与人交往中感受到安全感，能够理解他人并学会表达自己的情感；理解和遵守规则，逐步发展规则意识，适应集体生活，知道基本的外出安全规则。

三、主题脉络

在“交通工具”的主题设计中，幼儿交往力和自信力纵向路径是：积极乐观—乐于交往—愉快适应—自我肯定。

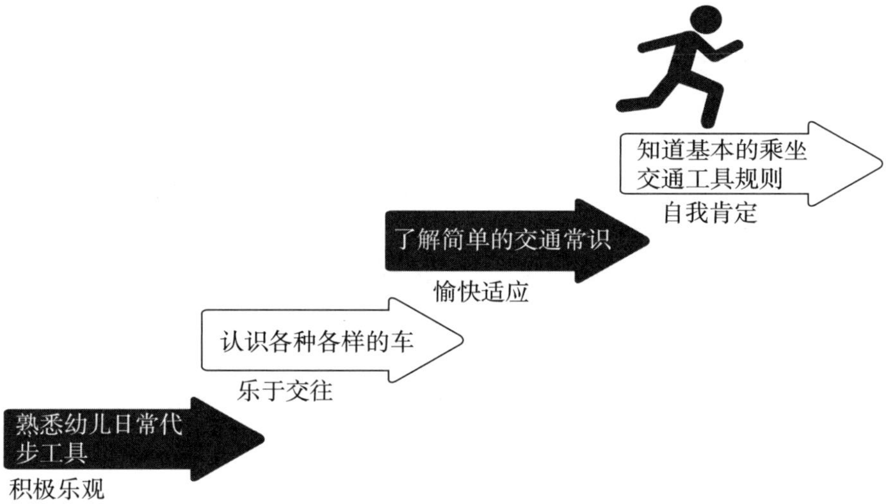

熟悉幼儿日常代步工具。从幼儿经常接触的、与幼儿相关的、熟悉的事物开始，激发幼儿自我表达、与人交往的积极性与主动性。

认识各种各样的车。幼儿在对自己熟悉的交通工具了解的基础上认识更多的交通工具，能基于一定的理由对交通工具进行区分。在活动中愿意主动与他人交流，体会与同伴交往的快乐。

了解简单的交通常识。在幼儿具有较好规则意识的基础上，通过角色扮演、情境创设、日常活动等帮助幼儿知道简单的交通常识，乐于参加集体活动并能较好适应，保持愉快积极的情绪。

知道基本的乘坐交通工具规则。了解基本的乘坐交通工具的规则，有基本的自我保护以及良好的社会公共意识，肯定自己的能力并能自信地做事情。

四、主题环境创设

1. 教师在活动室准备专门的区域布置一个十字路口，包含人行道、红绿灯、马路以及常见的交通标志和必要的交通工具（立体的自行车、电动车、公交车、小汽车、火车、飞机、警车、消防车、救护车等）。

2. 主题墙

创设城市街道场景（包括街道、车辆、交警、行人等）。

布置“今天我怎么来幼儿园的？”记录板，悬挂在墙面上，准备各种交通工具贴纸供幼儿拿取。

布置“我去上幼儿园”涂鸦墙，张贴幼儿上幼儿园的路线图。

3. 主题桌

主题为“街道的一角”。添加交通元素，比如红绿灯、人行道、各种交通工具、行人等；颜色元素，比如红色、绿色、黄色、黑色、白色等。

熟悉日常代步工具

一、总体构想

意向目标	1. 熟悉经常使用的交通工具。 2. 知道交通工具的用途。 3. 能够积极主动地与他人交流。
主题音乐	《车来了》
区域布置	（区域材料要确保份数，避免幼儿争抢。） 生活区："今天我怎么来幼儿园的？"记录板、交通工具贴纸等。 娃娃家：提供车辆卡片、人行道、红绿灯、交警服饰等道具。 美工区：放置彩色卡纸、幼儿剪刀、彩笔等工具。 表演区：放置铃铛、铃鼓、响板、沙锤等。 益智区：放不同车辆模型以及与车辆相关的拼图，充足的积木。 阅读区：放置关于安全出行、交通工具等的读物。
互动要点	1. 教师要为幼儿营造愉快自主的环境，激发幼儿愿意主动参与活动并积极尝试自主完成任务的意愿。 2. 教师要围绕幼儿使用的代步工具这一话题展开日常交谈，在交谈中多倾听幼儿的想法，并在活动中对幼儿的想法给予支持。 3. 教师要营造有利于个体互动的宽松氛围。 4. 教师要有意识地鼓励幼儿之间的相互交流与合作。
家园共育	1. 请家长在接送孩子的过程中，与孩子讨论乘坐的以及路上见到的交通工具。 2. 请家长多与孩子讨论关于交通工具的相关话题，丰富孩子的经验。 3. 请家长在家中多与孩子吟诵童谣，并做游戏。

二、课程计划

晨新时刻	1. 晨新问好：教师在幼儿入园时愉快地与每名幼儿打招呼、拥抱，有条件的要进行简短交谈，了解幼儿是怎样来幼儿园的；关注幼儿的特殊需求，协助幼儿做好入园准备。 2. 晨间整理：教师根据本班幼儿的发展水平，尝试鼓励幼儿独立进行书包整理，但要关注幼儿的状态，必要时给予适当的帮助。 3. 早餐准备：在早餐开始前，教师可以邀请个别幼儿参与餐具整理与摆放。 4. 晨新律动：借助主题音乐《车来了》，教师可以根据歌曲节奏、幼儿兴趣、每日活动的具体内容设计多种呈现形式。律动方式参考自由律动、合作律动。 5. 晨间谈话 （1）你是怎么来幼儿园的？ （2）你在来的路上看到了哪些有趣的东西？
生活时刻	1. 在入园时引导幼儿分享自己在马路上行走的经验，比如乘坐的什么车、见过哪些车。 2. 在日常休息时间和幼儿围绕“你是怎么来幼儿园的”展开谈论，引导幼儿说出自己乘坐的交通工具。 3. 和幼儿户外散步时，可以模拟汽车、火车等不同的车走在路上。 4. 童谣：在幼儿等待时间吟诵《这是什么车》，或者在进行班级管理时合理运用童谣吸引幼儿的注意力。
游戏（学习）时刻	活动 1　这样去幼儿园 活动 2　猜一猜 活动 3　有趣大马路 活动 4　车子走呀走 活动 5　小车快快跑
区域时刻	自选，根据主题内容投放适宜且充足的材料，给予幼儿自主选择区域游戏的权力，尊重幼儿的选择。
户外时刻	1. 通过开展户外和室内运动，培养幼儿爱运动的习惯，可以根据本周目标和活动自主创编运动游戏。 2. 安排类型丰富的活动和游戏，保证每日有适宜强度、频次的大运动活动。做好运动中的观察及照护，避免发生伤害。

续表

再见时刻	1. 离园整理：提醒幼儿关注并解决自己的生理需求，给予幼儿独自整理书包的机会。 2. 个别关注：借助逐个检查幼儿仪容仪表的时间与他们谈论今天发生的有趣的事情。 3. 家长沟通：与家长交换普遍信息并与个别家长交代孩子的特殊情况。 4. 唱再见歌：与每名幼儿愉悦地告别。

三、童谣

这是什么车

丁零零——

这是什么车？

这是自行车。

嘀嘀嘀——

这是什么车？

这是小汽车。

叭叭叭——

这是什么车？

这是公交车。

生成引导和日常评价

教师可以通过日常观察，在与幼儿的交流中选择合适的车进行创编，每天在前一天的基础上添加一种车，不断加深幼儿对常见交通工具的认识。

四、游戏（学习）活动

活动 1　这样去幼儿园

意向目标

从关注自己的入园方式开始，萌发探索交通工具的兴趣。

活动准备

1. 交通工具卡片，大呼啦圈。

2. 家长和幼儿就“我是怎么来幼儿园的”展开过谈话。

活动过程

1. 问题导入。

—小朋友，今天你是怎么来的？（乘坐什么交通工具到幼儿园的？）

2. 教师向幼儿提出这个问题，重点在于初步了解幼儿对交通工具的已有经验，并利用晨间谈话引导幼儿讨论乘坐的交通工具。

—看！这是刚刚我们班的小朋友说的，你们来幼儿园乘坐的交通工具。

3. 教师根据幼儿的回答将幼儿提到的交通工具卡片单独拿出来，然后请每名幼儿选择其中一种交通工具，选择同种交通工具的幼儿形成一个小组进行游戏。

游戏规则如下：

用呼啦圈模拟交通工具，选择同种交通工具的幼儿在一个呼啦圈里（根据呼啦圈大小安排合适数量的幼儿），设置起点、终点，进行比赛。

生成引导和日常评价

1. 教师要根据本班幼儿发展水平，合理评判该活动是否适合在本班开展以及如何进行难度调整，以适应本班幼儿的发展水平。教师可以依据本活动意向目标结合本班幼儿的水平合理调整活动难度。例如，对于年龄较小的幼儿，可以借助交通工具卡片帮助幼儿进行回忆描述；对于年龄较大的幼儿，可以不使用交通工具卡片辅助，请他们尽可能回忆自己乘坐的交通工具，将关注点放在其语言表达能力上。

2. 教师在与幼儿互动的过程中给予他们充足的时间思考问题，不要催促幼儿回答，可适当给予提示来引导幼儿。

3. 当某名幼儿回答时要提醒其他幼儿注意倾听，并带领大家一起给回答问题的幼儿以鼓励。

4. 当幼儿想要表达更多的想法时，教师可根据情况给予幼儿表现的机会；若时机不合适，可适当安抚照顾幼儿的情绪，在活动后教师单独与之谈话。

5. 教师要注意该年龄段幼儿的发展特点，多引导、多倾听，帮助幼儿多尝试，避免灌输式教学方式。

6. 善于运用适当的评价激发幼儿的潜力，比如："谢谢你的分享，你说得很清楚，大家都听明白了。""×× 小朋友今天很积极，老师更加了解他了。"

活动拓展

教师可以和幼儿在户外活动中继续开展以上游戏。

活动 2　猜一猜

意向目标

愿意在集体面前表达自己，能简单描述自己到幼儿园乘坐的交通工具。

活动准备

"今天我怎么来幼儿园的？"记录板、各种交通工具贴纸。

活动过程

1. 问题导入。

—小朋友们，今天你们是乘坐什么交通工具来幼儿园的？

2. 教师和幼儿一起选择自己乘坐的交通工具贴纸，并粘贴在记录板上。

3. 教师用一个词语描述某种交通工具，然后请幼儿从记录板上指出是哪一种或者直接说出来。该环节可重复进行，在幼儿熟悉该互动并获得较多关于交通工具的经验时，可以转换角色，请幼儿描述，教师和其他幼儿进行猜测。

生成引导与日常评价

1. 教师要根据本班幼儿发展水平，合理评判该活动是否适合在本班开展以及如何进行难度调整，以适应本班幼儿的发展水平。对于年龄较小的幼儿，教师只需要求他们能够以自己的经验说出自己乘坐的交通工具即可；对于年龄较大的幼儿，教师可鼓励他们描述自己乘坐的交通工具的样子。

2. 教师要尽可能地提供种类多样、数量充足的交通工具贴纸。教师在准备材料之前，要了解幼儿关于交通工具的已有经验（从“这样去幼儿园”活动中获得这方面的经验），避免缺少某种交通工具的情况出现。

3. 教师要注意在日常空闲时间和幼儿讨论“我去上幼儿园”涂鸦墙上的内容，帮助幼儿不断积累经验。比如：“我发现我们班小朋友选择的交通工具很多，都有什么呢？”

4. 教师要善于观察并利用特别事件丰富幼儿的经验，比如，借用自身经历、发展水平较高的幼儿的经验等。比如：“我家离幼儿园很近，我每次都是走路来的，不需要乘坐交通工具。”

5. 教师要将预成与生成相结合，对于幼儿提出的新问题、值得探讨的问题给予其机会探究、讨论。比如，幼儿提出：“哪辆车跑得快？”“车轮为什么有的是两个，有的是四个？”

活动拓展

教师和幼儿将自己当天乘坐交通标志的贴纸粘贴在“今天我怎么来幼儿园的？”记录板上，并和同伴讲述。

活动 3　有趣大马路

意向目标

愿意在集体面前讲话，能认真倾听他人讲话。

活动准备

“今天我怎么来幼儿园的？”记录板、“有趣大马路”相关贴纸双份（植物、环卫工人、各类交通工具等）。

活动过程

1. 教师示范：今天我像之前一样走路来幼儿园，在来的路上看到马路上有很多汽车，非机动车道上还有很多电动车。我还在花坛旁边看到了一只小狗在吃早饭，它吃得可香了。

2. 教师请幼儿说说自己是怎么来幼儿园的，在马路上看到了什么，以及其他有趣的事情。

3. 师幼共同记录。

—小朋友们说了很多马路上有趣的事情，我们一起将这些有趣的事情记录下来吧！

教师和幼儿选择合适的贴纸粘在“今天我怎么来幼儿园的？”记录板上。

生成引导和日常评价

1. 教师要根据本班幼儿发展水平，合理评判该活动是否适合在本班开展，以及如何进行难度调整，以适应本班幼儿的发展水平。对于年龄较小的幼儿，教师可将分享重点放在其来园路上看到的交通工具上，对分享看到的有趣的事不做特别要求；对于年龄较大的幼儿，可以在分享看到的交通工具的基础上说说自己看到的有趣的事情（幼儿认为自己分享的事情有趣即可，教师不做价值判断，关键在于激发幼儿分享的兴趣）。

2. 教师要考虑本班幼儿的语言表达能力，当幼儿不能很流畅地表达时，教师要给予充足的时间帮助幼儿回答。比如鼓励幼儿用肢体动作弥补语言表达的不足。

3. 教师不必强求幼儿语言表达的完整度，重点在于鼓励幼儿乐于表达与交流。

4. 教师要多鼓励多倾听，为幼儿营造宽松自由的谈话、交流氛围，让幼儿敢于表达、乐于表达。

5. 教师根据活动开展的需要，必要时进行示范。比如在幼儿自主粘贴时，教师和幼儿一起先做示范，“今天我在这个地方遇到了一只小狗，还在路边看到许多小树”，说着，把小狗、小树贴纸粘在记录板上。

6. 教师要善于激励幼儿，比如：“×× 小朋友看到马路上有 ××，真是一个善于观察的孩子。”“×× 反应很快，因为他在认真倾听老师和小朋友讲话。”

活动拓展

（1）请幼儿离园回家时再仔细观察马路上有什么。

（2）幼儿可以画一画自己在马路上看到的东西。

活动 4　车子走呀走

意向目标

了解几种常见的车，喜欢参与集体游戏。

活动准备

自行车、汽车、公交车、电动车等卡片制成的头饰。

活动过程

1. 问题导入。

—小朋友们，今天你们是怎么来幼儿园的？

教师认真听幼儿的回答，并有意识地将之前的谈话内容与今天的谈话内容相结合，不断完善幼儿对交通工具的经验。（教师可以借助记录板与幼儿的交通工具贴纸）。

—小朋友们，我们一起坐车逛一逛幼儿园吧。

2. 教师问幼儿想去哪里看看，根据回答帮助幼儿选择合适的交通工具，比如，去保安伯伯那里。保安室离幼儿所在班级有一定的距离，教师建议坐公交车去，于是教师戴上公交车头饰，幼儿排成一队，互相搭着肩膀去保安处。教师可以说："公交车马上就要开，开往哪里去？" 幼儿回答："保安处。"

游戏可多次进行，选择不同的目的地和交通工具。

生成引导与日常评价

1. 教师要根据本班幼儿发展水平，合理评判该活动是否适合在本班开展以及如何进行难度调整，以适应本班幼儿的发展水平。对于年龄较小的幼儿，教师将重点放在游戏环节，以游戏的形式帮助幼儿了解选择不同交通工具的原因；对于年龄较大的幼儿，可以在谈话的基础上，再通过游戏的形式进行经验巩固。

2. 在"旅行"游戏的过程中，教师要有意识地让婴幼儿体会不同交通工具的速度有所不同。

3. 教师可以给予幼儿一定的自主选择权利，比如："我们下一站要到 ××，选择什么交通工具好呢？"

4. 教师可以通过恰当的评价进行班级管理，比如：“×× 小朋友紧紧牵着同伴的手，没有脱离队伍，大家要向他学习。”

活动拓展

阅读区投放关于交通工具的读物、卡片供幼儿阅览。

活动 5　小车快快跑

意向目标

尝试走直线运输物品，尽可能坚持完成运输任务，热衷于参与体育运动。

活动准备

教师在活动场地上划分区域作为马路；户外的建构材料。

活动过程

1. 热身运动。

教师带领幼儿做手指操，做好运动前的准备。

2. 基本活动。

—小车们（小朋友们），马路那头有很多材料，把它们运到这里来吧？

教师将幼儿分为两组，每名幼儿在划定的区域内行走，从起点到终点拿起材料返回，换下一名幼儿接力搬运。教师根据本班幼儿运动能力水平，可以缩短或者加长运输距离。

3. 放松运动。

教师放音乐，带领幼儿将使用的工具、物品归还原处。

生成引导和日常评价

1. 教师要根据本班幼儿发展水平，合理评判该活动是否适合在本班开展以及如何进行难度调整，以适应本班幼儿发展水平。对于年龄较小的幼儿，教师对他们是否能走直线不做严格要求；对于年龄较大的幼儿，教师要尽可能地提醒他们走直线。

2. 该活动具有一定的竞赛性质，教师要注意不要让幼儿感到紧张，多鼓励他们。

3. 教师要学会利用替代强化，和表现一般的幼儿一起观察表现较好的同伴的运输技巧。比如，× × 小朋友紧紧抱着纸砖（某种合适的材料即可），眼睛看着前方，走得很直。

活动拓展

回到活动室后和幼儿讨论今天运动后的感受。教师可以邀请完成较好的幼儿示范与传授经验。

认识各种各样的车

一、总体构想

意向目标	1. 认识更多交通工具。 2. 对探究交通工具的兴趣加深。 3. 乐于参与活动并喜欢交朋友。
主题音乐	《车来了》
区域布置	（区域材料要确保份数，避免婴幼儿争抢。） 娃娃家：提供车辆卡片、人行道、红绿灯、交警服饰等道具。 美工区：放置彩色卡纸、幼儿剪刀、彩笔等工具。 表演区：放置铃铛、铃鼓、响板、沙锤等。 益智区：放不同车的模型（没有车轮的）以及各种不同大小、颜色的车轮（圆形卡片），充足的积木。 阅读区：放置绘本《五花八门的交通工具》。
互动要点	1. 教师要注意观察幼儿对某种交通工具的兴趣点，及时了解幼儿的状态并关照其想法开展活动。 2. 教师要照顾到班级中发展水平较低的幼儿，给予他们帮助并引导他们学会向他人（教师或其他同伴）寻求帮助。 3. 教师要有意识地运用简单的交往策略加入幼儿团体，并帮助落单的幼儿加入团体活动，培养他们的交往能力。
家园共育	1. 请家长和孩子在闲暇时共读《五花八门的交通工具》。 2. 鼓励家长和孩子在生活中一起寻找各种各样的交通工具并通过拍照等方式记录下来。 3. 在日常生活中可组织与交通工具相关的游戏，加深孩子对交通工具的认识。

二、课程计划

晨新时刻	1. 晨接问好：教师愉快地与幼儿打招呼并拥抱，与幼儿进行简短的对话，问幼儿来园乘坐的交通工具；关注有特殊需求的幼儿并协助他们做好入园准备。 2. 晨间整理：教师继续鼓励幼儿独立进行入园整理，并适时给予帮助。 3. 早餐准备：教师请幼儿参与餐具摆放等工作，并有意识地给予幼儿相互合作的机会。 4. 晨新律动：围绕主题音乐《车来了》进行音乐律动，在熟悉歌曲节奏、旋律的基础上，根据幼儿感兴趣的交通工具进行创编。 5. 晨间谈话： （1）你是怎么到幼儿园的？ （2）你在马路上看到了什么？
生活时刻	1. 幼儿关注主题墙的时候，教师可以有意识地引导幼儿说说自己认识的车，并能区分车的类型。 2. 寻找合适的时间丰富幼儿关于特种车辆（消防车、警车等）的认识经验。 3. 在过渡环节鼓励幼儿和同伴分享自己的玩具车，进行玩车游戏。 4. 散步或其他时间和幼儿吟诵童谣《这是什么车》，根据幼儿的表现和兴趣进行恰当的创编。
游戏（学习）时刻	活动 1　我是什么车 活动 2　五花八门的交通工具 活动 3　特别的车 活动 4　大大的小小的 活动 5　这是什么车
区域时刻	自选，给予幼儿自主选择区域游戏的权力，尊重幼儿选择。
户外时刻	1. 教师要保证幼儿有必要的室内外运动，围绕“各种各样的交通工具”设计形式多样的体育运动，培养幼儿爱运动的习惯。 2. 教师安排类型丰富的活动和游戏，并保证每日有适宜强度、频次的发展大肌肉的运动。要注意做好运动中的观察及照护，避免发生伤害。
再见时刻	1. 离园整理：关注并满足幼儿的生理需求，并根据幼儿的意愿，给予幼儿独自整理书包的机会。 2. 唱再见歌：在愉快轻松的氛围中与每名幼儿告别。 3. 特别时间：教师在帮助幼儿进行离园前检查时，创造一个与幼儿单独交流的特别时

续表

再见时刻	间，比如，告诉幼儿当天的进步或者说说当天发生的有趣的事情。 4. 与家长沟通：教师在日常注意观察幼儿的表现，及时与家长沟通并给予恰当的教育建议。

三、童谣

这是什么车

丁零零——

这是什么车？

这是自行车。

嘀嘀嘀——

这是什么车？

这是小汽车。

叭叭叭——

这是什么车？

这是公交车。

遇到急转弯，一起按喇叭。

丁零零——

嘀嘀嘀——

叭叭叭——

生成引导和日常评价

教师根据日常生活中与幼儿的交流，选择幼儿感兴趣的车进行创编，每天更换一种车，不断加深幼儿对常见交通工具的认识。

四、游戏（学习）活动

活动 1　我是什么车

意向目标

能有节奏地吟诵，并进行简单的创编，感受语言的美。

活动准备

童谣《这是什么车》音频；交通工具卡片（自行车、平衡车、小汽车、大货车、公交车等）。

活动过程

1. 教师播放《这是什么车》的音频，请幼儿伴随节奏舞动。

—小朋友们，小车要启动了！

2. 教师询问幼儿想做什么车，然后创编。比如，“我是自行车，我是公交车；我要往门走，我要往桌子走；遇到急转弯，一起按喇叭；叮叮叮，叭叭叭。”所有幼儿一起游戏，可多次询问以帮助幼儿不断熟悉游戏。

—小朋友们，你是什么车？你想到哪里去？

3. 教师给予幼儿自由合作游戏的时间，并注意观察，对自主游戏有困难的幼儿给予指导。

—小朋友们，和你的小伙伴一起去想去的地方吧！

生成引导和日常评价

1. 教师要根据本班幼儿发展水平，合理评判该活动是否适合在本班开展以及如何进行难度调整，以适应本班幼儿发展水平。对于较小年龄的幼儿，教师可带领他们进行游戏；对于较大年龄的幼儿，教师可为其提供自由合作、独立游戏的条件。

2. 教师有意识地带领幼儿感受语言的韵律美，游戏时可以借助打击乐器、非洲鼓等进行自由表演。

3. 教师要注意帮助幼儿熟悉童谣的节奏，可以借助身体打节拍，对歌曲的内容识记不做要求。

4. 教师要注意营造宽松自由的游戏氛围，不要求幼儿动作一致。

5. 教师要善于运用激励性评价鼓励幼儿发挥创造性表现。

活动拓展

请家长在家中和幼儿玩“这是什么车”游戏。

活动 2　五花八门的交通工具

意向目标

熟悉更多的交通工具，能区分不同交通工具。

活动准备

“今天我怎么来幼儿园的？”记录板，小白板、立体书《五花八门的交通工具》、各种交通工具贴纸。

活动过程

1. 说一说。

—小朋友们，看一看你们今天是怎么来幼儿园的？

教师出示“今天我怎么来幼儿园的？”记录板，特别指出乘坐交通工具有改变的幼儿，并请幼儿说一说为什么。

2. 教师将幼儿使用的交通工具罗列出来，粘贴在小白板上。

—这些是你们经常使用的交通工具（教师展示小白板）。老师这里有一个秘密宝库，里面有各种各样的车，看看你们能不能找出自己坐过的车？

3. 教师出示《五花八门的交通工具》立体书，与幼儿一起翻阅。

—这是什么车？是什么样子？

生成引导和日常评价

1. 教师要根据本班幼儿发展水平，合理评判该活动是否适合在本班开展以及如何进行难度调整，以适应本班幼儿发展水平。对于年龄较小的幼儿，教师将重点放在帮助他们熟悉不同的交通工具，让幼儿知道交通工具的种类很多；对于年龄较大的幼儿，教师在此基础上鼓励他们说出不同交通工具的名称以及自己是怎样区分的。

2. 教师在与幼儿共读绘本时要注意调动幼儿的兴趣，尽可能保持积极情绪，集中幼儿的注意力。

3. 教师要多通过提问回应了解幼儿的学习状态，开展必要的生成活动。

4. 绘本共读活动。幼儿的注意力很难持续集中，教师要善于运用激励性评价做好纪律管理，比如：“× × 宝宝一直看着我，他听得好认真呀！”

5. 教师对幼儿的回答要多具体肯定，减少否定，为幼儿做好积极的心理建设。

活动拓展

请家长和孩子一起记录见到的交通工具。

活动 3　特别的车

意向目标

对几种特别的车感兴趣。

活动过程

警车、救护车、消防车模型以及鸣笛音频、“听听这是什么车”音频。

活动过程

1. 听音辨车。

—小朋友，竖起耳朵听一听，这是什么车？

教师播放“听听这是什么车”的音频，帮助幼儿通过鸣笛辨别不同的车，并请他们根据已有经验说一说对该车的了解。

2. 鼓励幼儿模仿不同车的鸣笛声。

—除了这几种车，你们还听过什么特别的鸣笛声？模仿出来让大家听听吧！

教师鼓励幼儿模仿，然后大家一起猜。

3. 讨论多种车的鸣笛声及其特点、功能。

—我也收集了很多车的鸣笛声，让我们来听听是什么车？

教师出示警车、救护车、消防车模型，播放鸣笛音频，请幼儿猜一猜并与幼儿讨论这些车的特点及功能。

生成引导和日常评价

1. 教师要根据本班幼儿发展水平，合理评判该活动是否适合在本班开展以及如何进行难度调整，以适应本班幼儿发展水平。对于年龄较小的幼儿，教师将该活动的重点放在锻炼其听觉敏感度上；对于年龄较大的幼儿，教师要在此基础上引导幼儿准确模仿鸣笛声，或者将鸣笛声与对应的车建立对应关系。

2. 教师引导幼儿了解车的特点时，应从整体到细节，先了解车的外部特征，根据幼儿接受程度过渡到对车辆内部的认识。

3. 教师应有意识地引导幼儿从所有交通工具共有的部件开始认识，在此基础上根据幼儿的接受程度再过渡到某种特殊车辆特有的部件，以此来帮助幼儿区分不同的车。

4. 教师可以通过创设情境，帮助幼儿深入了解几种特殊车辆的用途，比如，假装有人受伤、发生火灾、遇到坏人、走丢等情境。

5. 教师要将交通工具的认识与幼儿的生活相结合，善用激励性评价鼓励幼儿主动分享自己关于这几种特殊车辆的故事，比如："谢谢你的分享，我们对警车的认识更全面了。"

活动拓展

1. 教师可以在建构区引导幼儿搭建特别的车。

2. 教师可以在美工区引导幼儿画一画特别的车或者用超轻黏土捏一捏自己喜欢的车。

活动 4　大大的小小的

意向目标

尝试通过对比判断大小，为不同大小的车选择合适的车轮，在遇到困难时可向他人求助。

活动准备

自行车、汽车、公交车、电动车等不同大小的车平面模型（没有轮子）、大大小小的圆形卡片若干。

活动过程

1. 问题导入。

—小朋友们，交通工具家里出大事了，它们的车轮不见了，停在马路上走不了，马路上乱成一片。小朋友，愿意帮助交通工具们吗?

2. 交流讨论。

教师展示车辆平面模型及大大小小的圆形卡片。

—这些车轮（卡片）有的大有的小，为什么?

教师倾听幼儿的想法，捕捉关键信息，帮助幼儿理解交通工具有的车轮大，有的车轮小，并和幼儿一起通过对比知道什么是大，什么是小。

—我们应该怎么帮助交通工具呀?

教师根据幼儿的回答进一步提问，帮助幼儿知道要根据大小给交通工具选择合适的车轮。

生成引导和日常评价

1. 教师要根据本班幼儿发展水平，合理评判该活动是否适合在本班开展以及如何进行难度调整，以适应本班幼儿发展水平。对于年龄较小的幼儿，能够在两个或者多个车轮中找出最大或最小的一个即可；对于年龄较大的幼儿，教师可根据其发展水平，在找出最大或最小的之外，找出次大的、次小的，并尝试将车轮对应上合适的车辆模型。

2. 教师在引导幼儿区分大小时，建议从幼儿的生活着手，从周围熟悉的事物开始感知大小，逐步积累有关大小的经验。

3. 教师要注意创造幼儿之间交往的机会，当发现幼儿有困难时，可建议幼儿向其他人求助。

4. 教师在请幼儿回答问题时，可追问幼儿其回答背后的原因，了解幼儿的相关经验。

5. 教师要善于引导和鼓励幼儿，强化幼儿良好的行为。比如：“你在遇到困难时向我求助，我感到很开心！”

活动拓展

1. 教师将车辆平面模型投放在益智区或数学区，供幼儿自主学习和操作。

2. 教师鼓励幼儿在美工区画大大小小漂亮的车轮。

活动5 这是什么车

意向目标

尝试进行简单的配对游戏，加深对不同的车的认识，享受集体游戏的快乐。

活动准备

各种交通工具图画（残缺的）若干、残缺的部分图若干、哭脸贴纸、微笑脸贴纸。

活动过程

1. 问题导入。

—小朋友们，交通工具的小伙伴们遇到大麻烦了，它们把自己“身体”的某部分弄丢了，你们可以帮它们找回来吗?

2. 教师拿出粘有哭脸的残缺的交通工具图画，和幼儿一起将残缺的交通工具拼完整。在这个过程中，按照幼儿的想法粘贴，教师不做过多干涉。

—哇，你们真厉害，帮了交通工具的大忙了，但是好像有的交通工具还在哭泣呀?

3. 教师观察幼儿拼图的情况，拼对的，把哭脸拿下换上笑脸；拼错的，依然是哭脸。教师把拼错的交通工具拿到集体面前，请大家一起帮忙寻找正确的残缺图，找到正确的后贴上笑脸。

4. 所有交通工具复位后，教师请幼儿说一说它们是什么交通工具，是如何辨别出来的。

生成引导和日常评价

1. 教师要根据本班幼儿发展水平，合理评判该活动是否适合在本班开展以及如何进行难度调整，以适应本班幼儿发展水平。对于年龄较小的幼儿，教师可以一次出示一种交通工具，供幼儿配对；对于年龄较大的幼儿，教师可以一次出示多种交通工具，供幼儿自主配对。

2. 对于残缺交通工具图画的选择，教师要选择幼儿知道的、熟悉的交通工具作为拼图对象。

3. 若班级中幼儿数量较多，教师可以将幼儿分为两组（一位教师带一组），每组交通工具数量和幼儿数量相同。

4. 教师提醒幼儿要先仔细观察，有困难时向同伴或教师求助。

5. 当教师希望幼儿在某方面获得改变时，可以通过激励性评价纠正幼儿不好的行为并帮助其保持好的行为。

活动拓展

教师将各种交通工具图画（残缺的）若干份、残缺的部分图若干份、哭脸贴纸、笑脸贴纸投放在益智区，供幼儿自主操作。

了解简单的交通常识

一、总体构想

意向目标	1. 知道出行要注意交通安全。 2. 有初步的自我保护意识。 3. 愿意尝试加入新群体，并能够融入与适应。
主题音乐	《礼貌乘车》
区域布置	（区域材料要确保份数，避免婴幼儿争抢。） 娃娃家：提供十字路口、车辆卡片、人行道、红绿灯、交警服饰等道具。 美工区：放置彩色卡纸、幼儿剪刀、彩笔等工具。 表演区：放置铃铛、铃鼓、响板、沙锤等。 益智区：投放色块拼接类材料。
互动要点	1. 教师要注意将幼儿带入生活情境，提高幼儿对交通规则的敏感性。 2. 教师要多创造需要幼儿团体合作完成的任务，给予幼儿交往的机会。 3. 教师在活动中应有意识地运用简单的交往策略，在集体活动中融入幼儿团体，在潜移默化中帮助幼儿学习与人交往的策略。 4. 教师在日常生活中利用一些契机帮助幼儿认识到规则在生活中的普遍性以及在生活中的意义。
家园共育	1. 请家长在日常生活中为孩子普及交通规则并在外出时自觉遵守，为孩子起到示范作用。 2. 请家长在日常生活中多带孩子外出走一走，并有意识地观察交通标志。

二、课程计划

晨新时刻	1. 晨接问好：关注幼儿特殊需求，协助幼儿做好入园准备。愉快地与幼儿打招呼、拥抱，和已经来到活动室的幼儿围在一起交谈，并不断邀请后来的幼儿加入谈话。 2. 晨间整理：鼓励幼儿自主放置书包，教师要注意陪伴，鼓励幼儿在需要帮助时向教师求助。 3. 早餐准备：教师可以请幼儿协助摆放餐具，尽可能使每名幼儿都有机会参与。 4. 晨新律动：晨新律动以多种形式呈现，律动方式建议为合作律动、唱答律动。 5. 晨间谈话： （1）马路上除了车还有什么？ （2）你知道哪些交通规则？ （3）如果不遵守交通规则会发生什么事情？
生活时刻	1. 教师在一日流程的恰当时间，比如排队、散步时引导幼儿说说自己和家人平时乘车排队、在马路上行走的一些规则，并及时在一日生活中应用。 2. 教师在一日生活中注意提醒幼儿遵守规则，培养规则意识。 3. 教师在参与幼儿游戏时，与幼儿讨论红绿灯的知识，帮助幼儿获得安全过马路的经验。 4. 过渡环节：在室内活动或者外出散步时念唱童谣。
游戏（学习）时刻	活动 1　斑马线在哪里 活动 2　注意！红绿灯 活动 3　走一走，停一停 活动 4　向这走，向那走 活动 5　来我家玩吧
区域时刻	自选，给予幼儿自主选择区域游戏的权力，尊重幼儿的选择。
户外时刻	1. 教师将活动内容创编成体育游戏，保证幼儿有充足的户外运动时间。 2. 教师可以根据当天游戏（学习）时刻活动设计恰当的户外活动内容。 3. 教师要保证幼儿每日适宜强度、频次的大运动活动，做好运动中的观察及照护，避免发生伤害。

续表

再见时刻	1. 离园整理：教师要帮助幼儿做好离园准备，引导有需要的幼儿如厕、喝水，并给幼儿独自整理书包的机会。 2. 唱再见歌：共唱再见歌，与每名幼儿愉悦地告别。 3. 与家长沟通：与家长沟通近期需要协助的事宜，交代需要家长注意的事项，比如与幼儿讨论回家路上要遵守哪些交通规则并进行实践。

三、童谣

这是什么车

丁零零——
这是什么车？
这是自行车。
嘀嘀嘀——
这是什么车？
这是小汽车。
叭叭叭——
这是什么车？
这是公交车。
遇到急转弯，一起按喇叭。
丁零零——
嘀嘀嘀——
叭叭叭——

生成引导和日常评价

教师带领幼儿根据歌词创编动作，可以在一日生活中的过渡环节、餐前等时间唱诵童谣。

四、游戏（学习）活动

活动1 斑马线在哪里

意向目标

知道行人应该走斑马线，意识到斑马线对行人安全过马路的重要性。

活动准备

十字路口平面图（画上人行道）、小朋友模型、红绿灯、其他马路上可能有的东西。

活动过程

1. 问题导入。

—小朋友们，我们知道马路上有很多车，除了这些车，还有什么呢？

唤醒幼儿前两周的学习经验，接着深入发问，自然引入马路上的其他事物，比如人、事、物等，唤起新一周的学习。

2. 教师出示十字路口平面图，将小朋友模型贴在适当位置，请幼儿想办法帮助小朋友过马路。

—马路上不仅有车，还有人、植物等，快看！十字路口有一个小朋友正着急呢，他叫车车，他想过马路，可是应该怎么走呢？

3. 教师用教具模拟车车不走人行道、随意穿行的场景，与幼儿一起讨论，帮助他们知道过马路应该走人行道，引导幼儿总结人行道的样子以及作用。

—车车想到马路对面，他想马上过去，可以直接过去吗？

—小朋友，你们到幼儿园的路上要不要过马路？我们过马路需要走人行道，保护自己

生成引导和日常评价

1. 教师要根据本班幼儿发展水平，合理评判该活动是否适合在本班开展以及如何进行难度调整，以适应本班幼儿发展水平。对于较小年龄的幼儿，可以将“十字路口”

平面图的场景布置在活动室内，更加直观生动，提高真实感和参与感；对于年龄较大的幼儿，可以用“十字路口”平面图。在进行故事情境创设时，要注重与幼儿的实际生活相联系。

2. 教师要注意给予幼儿互动的机会，比如可以请幼儿合作，为大家示范操作。

3. 提问是帮助幼儿巩固之前经验以及唤起兴趣开展后续活动的良好方式，教师要注意倾听幼儿的回答，不可为提问而提问。

4. 教师要注意创设问题情景，激发幼儿探索的兴趣。

5. 教师要善于激励幼儿并及时做出恰当的反馈，比如：“你真是一个善于观察的孩子，发现了 ××。”

活动拓展

教师和幼儿一起到十字路口情境模拟区模拟行人过马路。

活动 2　注意！红绿灯

意向目标

懂得红绿灯的含义和作用，能较好地控制身体，在与同伴的游戏中感到愉快。

活动准备

红色、黄色、绿色圆形卡片。

活动过程

1. 问题导入。

—小朋友们，在你们的帮助下，车车找到去对面的路了，可是还有一个难题困扰着他：马路上这么多车来来回回地开，他什么时候应该走，什么时候应该停呢？

教师将问题抛给幼儿供其思考、讨论，如果幼儿理解起来较为困难，可以举生活中的例子帮助他们理解。

2. 教师与幼儿对话，捕捉关键信息，引导幼儿知道红灯停、绿灯行、黄灯亮了要等一等，知道红绿灯的作用很大，是保证正常交通秩序的重要法宝。

—原来人行道对面有红绿灯啊，红绿灯应该怎么看？你们可以帮一帮他吗？

3. 教师划定起点和终点，教师站在终点，幼儿站在起点，教师背对幼儿，随机举红色、黄色、绿色三种颜色的卡片，每次举卡片前说“注意！红绿灯”以提醒幼儿注意并作出相应行动（红色卡片代表全身不能动，绿色卡片代表可以行走，黄色卡片代表可以原地活动）。

—小朋友们，我们一起帮助马路上的小朋友认识红绿灯吧！

生成引导和日常评价

1. 教师要根据本班幼儿发展水平，合理评判该活动是否适合在本班开展以及如何进行难度调整，以适应本班幼儿发展水平。对于年龄较小的幼儿，可以减少前面关于“红绿灯”的讨论部分，在游戏中了解红绿灯对行人的作用；对于年龄较大的幼儿，教师可引导他们先充分讨论再进行游戏。

2. 教师应多与婴幼儿沟通，了解婴幼儿关于红绿灯方面的经验，以便更好地进行活动。

3. 教师可以根据幼儿的接受程度调整游戏难度，如加快或降慢口令。

4. 教师允许幼儿发表自己的观点并对幼儿的想法给予一定的支持，也可以根据幼儿的想法生成新的活动。

5. 教师要在活动中善用激励性评价，比如：“××在注意听老师讲话，他的反应很快哟！”

活动拓展

1. 教师引导幼儿在益智区玩色块拼接类材料。

2. 教师引导幼儿在美工区画一画红绿灯。

活动3　走一走，停一停

意向目标

知道走人行道时的注意事项，有遵守交通规则的意识，喜欢与同伴一起游戏。

活动准备

户外场地模拟人行道（4个组成正方形）、红绿灯模型。

活动过程

1. 交流讨论过马路的正确方法。

—小朋友们，马路上很危险，有很多车开来开去，如果我们不遵守交通规则，就很容易发生意外。你们知道我们过马路时要怎么做才能保护自己吗？

教师请幼儿发表自己的观点，并引导和帮助幼儿总结过马路时的注意事项：过马路前先站立，绿灯亮了才能走。人行道上左右看，保护自己我最行。

2. 游戏：过马路。

—小朋友们，我们要过马路了，竖起小耳朵，睁大小眼睛，注意安全呀！

教师请幼儿站在人行道两头，教师首先带领幼儿熟悉规则。

规则如下：红灯时站在原处，绿灯时过马路，不同路段人行道的红绿灯可以不同步。（教师可以与幼儿一边念童谣，一边游戏。）

生成引导和日常评价

1. 教师要根据本班幼儿发展水平，合理评判该活动是否适合在本班开展以及如何进行难度调整，以适应本班幼儿发展水平。对于年龄较小的幼儿，教师可以减少游戏规则，并在游戏时一边念诵童谣一边进行游戏；对于年龄较大的幼儿，教师可以请他们多分享自己生活中的经验，在此基础上再进行充分的游戏。

2. 教师可以在导入部分请幼儿说一说来园时自己是怎么过马路的，在与幼儿的谈话中自然引入活动。

3. 教师鼓励幼儿与同伴牵手过马路，也可以根据自己的目的地自由选择走人行道的顺序。

4. 教师在游戏时要注意多次重复口令，提醒幼儿过马路时的注意事项（用童谣的方式）。

5. 教师要善于用激励性评价，比如：“× × 小朋友过马路时先看红绿灯，然后在人行道上也会左右看，不跑也不闹，他做得很不错。”

活动拓展

游戏结束后，教师请幼儿和自己一起收拾活动场地，并请部分幼儿说一说游戏时的感受。

活动 4　向这走，向那走[①]

意向目标

能根据直走、拐弯等标志做出相应行动。

活动准备

左转、右转、直行标志。

活动过程

1. 问题导入。

—小朋友们，你们怎么知道哪个杯子是你的？

教师引导幼儿思考，并举例指示牌在生活中的作用，引导幼儿关注生活中的标志，帮助幼儿迁移生活中的经验。

2. 认识交通标志。

—这些交通标志是什么意思？如果你遇到这些交通标志会怎么做？

教师展示直行、左转、右转的标志，帮助幼儿了解怎么识别以及应该怎么做。

3. 游戏：一起去小班。

—小朋友们，我们下个月要去一个新的地方了，你们猜一猜是哪里？跟着路上的标志，让我们出发去寻找吧！

教师提前在活动室到小班的路上贴上交通标志，请幼儿根据交通标志行走，抵达目的地。

生成引导和日常评价

1. 教师要根据本班幼儿发展水平，合理评判该活动是否适合在本班开展以及如何进行难度调整，以适应本班幼儿发展水平。对于年龄较小的幼儿，教师可以先带他们进行随着交通标志寻找目的地的游戏，游戏结束后根据幼儿的情况进行简单的总结和经验梳理；对于年龄较大的幼儿，教师可以先帮助他们对其生活经验进行梳理，然后在此基础上进行游戏。

---

① 本活动适合 3 岁左右的幼儿，可以根据幼儿的年龄进行选择。——作者注

2. 无论年龄大小，教师都要尽可能唤起幼儿关于交通标志的生活经验，在此基础上开展活动。

3. 教师和幼儿识认交通标志时要注意通过游戏的形式，带幼儿重复学习。

4. 教师要善于提问。提问的目的一方面是唤起幼儿的已有经验，帮助幼儿思考；另一方面是通过提问引出接下来的活动。教师要考虑幼儿认知发展的特点，尽可能将问题以及解决问题的过程具体化、形象化，并给予幼儿动手操作的机会。

5. 教师要注意日常评价，评价的目的不只是表扬幼儿好的行为，更重要的是通过评价，改正幼儿不好的行为，或者强化幼儿的某种行为。

活动拓展

教师和幼儿一起将备用的交通标志、画笔等给模拟街道、活动室主题墙以及涂鸦墙等相关环境增添交通标志，供幼儿自主游戏。

活动 5　来我家玩吧

意向目标

体验和同伴共同游戏的快乐。

活动准备

马路上的元素道具（红绿灯、人行道、直走、左右转）等，教师搭好的马路。

活动过程

1. 导入。

—小朋友们，邀请你的好朋友一起回家吧！

2. 教师示范游戏：在搭建区选择一个地方作为自己的家，然后以开火车的形式带幼儿绕着建构区的路线走，边走边说出走的路线，比如，我们现在在人行道上走，绿灯了我们安全通过，然后现在向右边走。

3. 教师根据本班幼儿发展水平，邀请幼儿做火车头，带大家进行开火车的游戏。

生成引导和日常评价

1. 教师要根据本班幼儿发展水平合理评判该活动是否适合在本班开展，以及如何进行难度调整以适应本班幼儿发展水平。对于较小年龄的幼儿，教师不需要让幼儿做火车头，但是可以给幼儿自己选择“家”的权利，并带领幼儿多次重复游戏；对于年龄较大的幼儿，可以请他们尝试做火车头，带大家多次重复游戏。

2. 教师在整个活动中要特别注意幼儿的已有经验，并根据幼儿的已有经验进行游戏中的口令下达。

3. 游戏结束后，不必着急清理游戏现场，可以给一定时间让幼儿自己或者与同伴合作在其中进行探索。比如：“小朋友，请你的小伙伴一起回家做客吧，要记得遵守交通规则，注意安全呀！”

活动拓展

教师可以在游戏后或者其他生活时间和幼儿说一说想邀请谁去自己家以及自己想去谁家，准备怎么去等。

知道基本的乘坐交通工具规则

一、总体构想

意向目标	1. 初显文明出行的意识和行为。 2. 尝试独立行动，自信做某事。 3. 积极主动与他人交往并感到愉快。
主题音乐	《礼貌乘车》
区域布置	（区域材料要确保份数，避免幼儿争抢。） 生活区：放置抹布、洗涤剂、免洗消毒酒精等。 娃娃家：提供十字路口、车辆卡片、人行道、红绿灯、交警服饰等道具，公交车模型。 美工区：放置彩色卡纸、幼儿剪刀、彩笔等工具。 表演区：放置铃铛、铃鼓、响板、沙锤等。
互动要点	1. 教师要继续保持宽松、自由、和谐的交流氛围，满足幼儿交往的需求。 2. 教师要多给幼儿独立做事情的机会，并且不过分要求事情的完成度，多鼓励幼儿敢做、坚持做的品质。 3. 教师在活动开展过程中要给予幼儿更多与他人互动的机会，在一日生活中为幼儿普及生活中的公共常识。 4. 创造条件和机会，帮助幼儿多听、多看、多说、多问、多想以及与幼儿谈论生活中的所见所闻。
家园共育	1. 请家长在家中让孩子帮忙做家务，尽量自己的事情自己做。 2. 家长在闲暇时多带孩子去户外、公共场所转一转，了解外出基本生存、安全常识。 3. 带孩子坐一坐公共交通工具，为孩子普及乘坐交通工具的注意事项。 4. 教师可以请家长在家中与孩子一起制定一些规则并遵守，培养孩子的规则意识。 5. 鼓励家长积极配合教师，做好家园共育。

二、课程计划

晨新时刻	1. 晨接问好：愉快地与幼儿打招呼，向每名幼儿问候并拥抱，询问有没有有趣的事情想和教师分享。 2. 晨间整理：教师鼓励幼儿整理自己的书包，并注意观察给予必要的帮助。 3. 早餐准备：安排幼儿轮流帮助教师摆放餐具。 4. 晨新律动：围绕主题音乐《礼貌乘车》进行多种形式的律动，推荐合作律动、唱答律动、打击乐律动、角色律动。 5. 晨间谈话： （1）上小班后会发生什么变化？ （2）你知道在公共场所需要注意什么吗？
生活时刻	1. 在合适的时间和幼儿谈论外出保护自身安全的方法，提高幼儿的安全意识，比如喝水、上下楼梯。 2. 在日常生活中逐步渗透幼儿要升小班了，比如对幼儿在生活自理能力上提高要求。 3. 在过渡环节、散步时间或者幼儿等待时间念诵童谣《这是什么车》，可伴以肢体动作。
游戏（学习）时刻	活动 1　我是哥哥姐姐啦 活动 2　我能自己做 活动 3　我在马路上 活动 4　车来了 结题　小班，我来啦
区域时刻	自选，给予幼儿自主选择区域游戏的权力，尊重幼儿选择。
户外时刻	1. 教师可以根据本阶段活动内容创编适合本班幼儿水平的体育游戏。 2. 教师有意识地在体育游戏中加入需要同伴合作完成的任务，锻炼幼儿的交往能力。
再见时刻	1. 离园整理：提醒并帮助幼儿做好离园准备，请幼儿在教师引导下自主整理书包以及离园前自由游戏的机会。 2. 唱再见歌：共唱再见歌，与每名幼儿愉快地告别。 3. 与家长沟通：通过家长会或其他形式与家长在给予幼儿更多自主性和提高幼儿生活自理能力方面达成一致。向家长介绍幼儿升入小班后需要在哪些方面做好准备。

三、童谣

这是什么车

丁零零——

这是什么车？

这是自行车。

嘀嘀嘀——

这是什么车？

这是小汽车。

叭叭叭——

这是什么车？

这是公交车。

遇到急转弯，一起按喇叭。

丁零零——

嘀嘀嘀——

叭叭叭——

生成引导和日常评价

教师以游戏的形式与幼儿共同唱诵，并引导幼儿进行简单的创编。教师要注重创设情境给予幼儿真实的体验，将实际体验与童相结合增加幼儿对童谣的理解和感受力。

四、游戏（学习）活动

活动 1　我是哥哥姐姐啦

意向目标

能凭借印象或者实地观察画画，知道自己要升入小班，对升入小班充满期待。

活动准备

幼儿去年 9 月份的照片、现在的照片、画纸、画笔。

活动过程

1. 回忆入园时情景。

—小朋友们，这是谁?

教师出示去年 9 月和现在幼儿的照片，和幼儿一起回忆刚入园时的故事。

2. 交流讨论。

—小朋友，你们长大了一岁要进入小班做哥哥姐姐了，你们知道小班是什么样的吗？你们知道去小班应该怎么走吗?

3. 如果方便的话，比如，在托幼一体化的幼儿园，可以请几名幼儿带领大家一起参观小班，在去小班的路上，教师要注意使用“左转”“右转”“直行”等词语，帮助幼儿巩固、迁移已有经验。

生成引导和日常评价

1. 教师要根据本班幼儿发展水平，合理评判该活动是否适合在本班开展以及如何进行难度调整，以适应本班幼儿发展水平。对于年龄较大的幼儿，教师可以让他们将去小班的线路画下来，然后标上行进的标志（向左、向右、直行）等。

2. 教师在与幼儿回忆往事时，重点引导幼儿对比之前和现在在哪些地方有进步，比如，之前小朋友们总是哭，现在小朋友们不哭了，还找到了新朋友。

3. 在幼儿说或者画路线时，教师可视情况而定，如果托育班在幼儿园，可以直接让幼儿根据路线图走一走；如果不在幼儿园，可以请幼儿想象着说或者画自己想要去的幼儿园小班。

4. 教师在与幼儿讨论时，多帮助幼儿发现自己能够独立完成的事情，帮助幼儿关注自己能力的提高并不断肯定自己。

活动拓展

绘制结束后，教师可以请幼儿去小班逛一逛。没有条件的，可以请家长带幼儿去就近的幼儿园小班看一看。

活动2 我能自己做

意向目标

愿意尝试独立完成任务，感受独自完成事情的成就感。

活动准备

书包、水杯、口罩、帽子、儿童游戏人民币等。

活动过程

1. 问题导入。

—小朋友们，你们知道小班是什么样子吗？期不期待进入小班？为什么？

教师首先倾听幼儿对是否期待进入小班的想法，然后根据幼儿的回答做灵活应答。

2. 准备去小班。

—小班是你们想的那样吗？我们一起去看看吧！但是在去之前我们需要做一些准备。（这里默认去的小班在本园或就近幼儿园的小班）

教师拿出地图，指明要去的地点，帮助幼儿感受目的地与幼儿园的距离以及应该怎么去。

—小朋友们，我们准备坐公交车去（当要去的幼儿园较远时），外出时我们需要准备什么呢？

教师让幼儿拿着自己的书包，收拾准备外出的物品（活动室的物品可供幼儿自由选择）。

—你们都收拾好了，让我们看看有什么？

教师有目的地选择几名幼儿的书包，请他（她）和大家分享自己准备的物品。

生成引导和日常评价

1. 教师要根据本班幼儿发展水平，合理评判该活动是否适合在本班开展以及如何进行难度调整，以适应本班幼儿发展水平。对于年龄较小的幼儿，可以不对小班是什么样做讨论，对于幼儿年龄较大的幼儿则建议在充分讨论后唤起他们的已有经验再开展后续活动。

2. 在活动中，给予幼儿选择物品的机会，一方面是培养幼儿独立的能力，另一方面是锻炼幼儿的自我判断和控制能力。

3. 在幼儿选择物品时，教师不做太多干涉（在保证安全的前提下），应注意观察幼儿的选择行为便于在分享环节有的放矢。

4. 教师在分享环节要帮助幼儿知道什么应该拿，什么不应该拿。

5. 教师对幼儿的评价要多关注其能力发展，不强求任务完成度，对幼儿要有完成比完美更重要的心态。

活动拓展

分享结束后，教师再请婴幼儿检查自己带的东西是否合适，婴幼儿可以继续选择添加或者减少携带的东西，最后请婴幼儿整理好自己的书包放回原位。

活动 3　我在马路上

意向目标

熟悉并知道要遵守交通规则，并意识到遵守交通规则的重要性，愿意尝试新挑战。

活动准备

十字路口情境模拟区、警服、环卫工人服、小车等。

活动过程

1. 回忆已有经验。

—小朋友们，我们画了去小班的路线，也准备好了去小班的书包，接下来我们要出发了，走出去会遇到什么呢?

教师带着幼儿回忆前几周的学习，并在此基础上展开大胆的想象。

2. 角色扮演游戏。

—我们背着小书包去十字路口模拟区吧！看一看，当我们走在马路上时，会遇到什么有趣的事情呢?

教师带幼儿到情景模拟区进行角色表演。

—小朋友，你在马路上扮演了什么角色? 遇到了什么事情? 你是怎么做的?

角色扮演游戏结束后，教师请幼儿说一说自己在游戏中的感受。

生成引导和日常评价

1. 教师要根据本班幼儿发展水平，合理评判该活动是否适合在本班开展以及如何进行难度调整，以适应本班幼儿发展水平。对于年龄较小的幼儿，教师不必带领他们回顾前几周的学习内容，可以借助童谣或者晨新歌曲在游戏中不断强化外出时的交通规则；对于年龄较大的幼儿，可以有意识带领他们进行经验梳理。

2. 教师在游戏前可与幼儿讨论马路上可能有什么，帮助幼儿明确自己接下来将要在游戏中扮演的角色。

3. 教师可根据实际情况，为幼儿的角色游戏制造冲突，帮助幼儿直面可能发生的事情并学会解决突发情况。

4. 教师在分享环节可通过幼儿的分享帮助他们熟悉与巩固在马路上需要注意的事项，以及如何处理某些突发情况。

5. 教师应注重对幼儿的随机应变以及愿意尝试新挑战方面进行激励性评价。

活动拓展

活动结束后，教师请幼儿帮忙收拾场地并做好自我整理。

活动4　车来了

意向目标

了解乘坐交通工具时的注意事项，能够跟随集体进行活动，做文明小乘客。

活动准备

模拟公交车（有条件的用真的公交车）。

活动过程

1. 导入。

—小朋友们，看一看，我们的活动室有什么不一样？

教师可以先带幼儿看看“公交车”，然后“上车”和幼儿一起讨论公交车上有什么，接着寻找座位，坐下说说在行驶过程中需要注意的地方。

—小朋友们了解了怎样乘坐公交车，那我们就一起乘车出发吧！

2. 教师带幼儿玩“文明小乘客”游戏。比如，教师当司机，请幼儿戴上口罩排队，拿着“人民币”投币后找座位坐下，然后系上安全带，安安静静，不吵也不闹。教师说：“××× 到了，请下车和上车的小朋友注意安全。”

（以上默认为模拟公交车）

生成引导和日常评价

1. 教师要根据本班幼儿发展水平，合理评判该活动是否适合在本班开展以及如何进行难度调整，以适应本班幼儿发展水平。乘坐公共交通工具的安全规则较多，教师对不同年龄段的幼儿的要求要有所区别，对于年龄较小的幼儿，要引导他们自觉排队，并在他人的帮助下投币、寻找座位并坐下等待；对于年龄较大的幼儿，可以提高对他们的学习要求。

2. 教师要在前一天将模拟公交车放在活动室一侧，并将幼儿的小板凳在公交车里摆放好。

3. 教师在和幼儿讨论过程中，可以针对交流的各种问题进行模拟演示，以帮助幼儿更好地理解。

4. 游戏过程中，教师可以将《礼貌乘车》作为游戏的背景音乐，让幼儿在轻松愉快的氛围中进行游戏。

5. 教师要根据平时对幼儿的了解选择站点名称，并注意提醒幼儿记住乘车注意事项，做到文明乘车。

6. 教师要注意观察幼儿流动情况，对于一直在车上未移动的幼儿，要帮助其移动，比如，“×× 乘客，我们的车已经到终点站了，所有乘客都要下车了。”

活动拓展

集体活动结束后，教师鼓励幼儿多观察、多体会做文明小乘客的感觉，可以去公交车上继续自主游戏。

结题　小班，我来啦

意向目标

有遵守交通规则的意识，尝试独立完成准备工作，主动参与集体活动并感到愉快。

活动准备

公交车、幼儿园某个小班（视情况而定）。

活动过程

1. 导入。

—小朋友们，我们马上就要升入小班啦！今天我们一起去小班，做一次小班小朋友吧！

2. 教师首先请幼儿独自收拾准备去小班的书包，然后排好队准备出发。

—小朋友们，在公交车上我们需要注意什么？

3. 教师注意提醒幼儿在公交车上应该做什么和不应该做什么，维持好秩序。

—小朋友们，小班到了。我们过马路时需要遵守什么交通规则？我们应该怎么做？

4. 教师带幼儿过马路，要帮助他们回忆与巩固过马路的注意事项。

（该活动为一次游学活动，教师带幼儿到小班做一天“见习小班生”，亲身感受与体验小班与托班的不同，若本园有小班，可根据实际情况调整活动。）

生成引导和日常评价

1. 教师要根据本班幼儿发展水平，合理评判该活动是否适合在本班开展以及如何进行难度调整，以适应本班幼儿发展水平。教师可以根据本班幼儿年龄决定是否邀请家长共同参加此次游学活动，与家长一同见证幼儿的成长。

2. 在整个活动过程中，教师要做好各个环节的协调、准备工作，切实做好安全防护。

3. 教师和幼儿返回活动室后，要坐在一起说一说当天的感受，教师要注意倾听并进行适时追问。

活动拓展

教师请幼儿对即将到托班的弟弟妹妹说一说话，教师帮幼儿记录。

附录1　1.5~3岁幼儿发展里程碑

我们依照《托育机构保育指导大纲（试行）》，制定了“1.5~3岁幼儿发展里程碑”，从营养、睡眠与卫生，运动，语言，认知，情感与社会性五个领域阐述了1.5~3岁幼儿的关键发展阶梯。教师在开展活动时，可参考本发展里程碑，找到幼儿的现有水平和最近发展区，更科学、合理地调节活动难度，开展活动。

此外，每个幼儿都是独立而不同的个体，发展特点、发展水平、发展速度各不相同。因此，“1.5~3岁幼儿发展里程碑”模糊了年龄概念，仅标出了幼儿不同水平的特征，强调教师应允许幼儿有自己的步调，尊重他们的个体差异性。

一、营养、睡眠与卫生

（一）目标

1. 获取安全、营养的食物，达到正常生长发育水平；
2. 养成良好的饮食习惯；
3. 获得充足睡眠；
4. 养成独自入睡和作息规律的良好睡眠习惯；
5. 学习盥洗、如厕、穿脱衣服等生活技能；
6. 逐步养成良好的生活卫生习惯。

（二）发展阶梯

1. 营养与喂食

项目	水平1	水平2	水平3
选择多种食物	表达对食物的喜欢或不喜欢，吃完喜欢的食物，喝配方奶作为辅食。	在成人的鼓励下认识多种食物，尝试原来较少尝试的食物，逐渐喜欢多种食物。	喜欢越来越多的食物。

续表

项目	水平 1	水平 2	水平 3
按需求进食	用语言、肢体动作发出进食需求。	用语言、肢体动作发出“吃饱了”的信号。	面对自己的食物，主动调节进食量，如未吃饱，主动提出要添饭。
按需求喝水	除了用吸管杯、鸭嘴杯之外，还愿意用普通杯子喝水。	在提醒下自己喝水，不用喂。用水杯喝水时不洒水。	根据自身感受主动喝水。
专注进食	吃饭时不哭闹，尝试用力所能及的方式自己吃饭。	除了偶尔需要喂饭，大部分时间能自己吃完。	专注吃饭，一般在 20 分钟内吃完饭。
协助分餐、摆放餐具	模仿成人的动作，比如擦桌子。	饭前、饭后愿意协助成人做家务，比如递送东西，协助摆餐垫、小勺。	在幼儿园，餐后自己送回碗、勺等，并尝试归类放置。

2. 睡眠

睡眠规律	有符合月龄的睡眠时长，白天睡觉时间越来越短，在专属的地方睡觉。		
	水平 1	水平 2	水平 3
独自入睡	在成人的哄睡下，按时睡觉。	在相对固定的时间，在成人提醒下按时睡觉，在唤醒下按时醒来。	在相对固定的时间，在有成人的空间里，独自睡觉，顺利起床。

3. 生活与卫生

项目	水平 1	水平 2	水平 3
主动如厕	配合成人换纸尿裤，不穿纸尿裤时，能识别自己的便意，并让成人知道。	尝试自主小便，如厕前脱裤子。	尝试自主小便，如厕前后脱、穿裤子。
洗　手	配合成人，能用清水和肥皂洗手心和手背。	知道在一些固定的时间需要洗手，比如玩完玩具后、户外回来后、吃饭前、如厕后。	根据实际需要洗手，比如手脏了去洗手，会仔细洗手。
擦　手	在成人协助下，擦干小手，会擦手的动作。	在成人提醒下，擦干小手，用无差别的毛巾擦手，比如一次性纸巾，或只用一次就去消毒的毛巾。	在洗手后主动擦手，在幼儿园，根据标识找到自己的毛巾。

续表

项目	水平 1	水平 2	水平 3
漱　口	在进餐后、喝奶后、吃水果后喝几口温开水。	短暂含漱温开水，并喝掉。	含漱清水达一定的时长，并吐掉。
穿、脱衣服	配合成人穿、脱衣服。	自己脱单衣和裤子，可以解按扣、拉下拉链。	自己穿单衣、裤子，脱下未扣扣子的外套；自己穿内裤。
穿、脱鞋	练习脱鞋的动作。	在合适的时候脱鞋，在成人提醒下，把鞋放到指定的鞋架上。	尝试自己穿鞋，穿不上时成人适时帮助。
咳嗽、打喷嚏	打喷嚏后配合成人给自己擦鼻涕。	打喷嚏时用手捂住口鼻，然后配合成人给自己擦鼻涕、洗手。	

二、运动

（一）目标

1. 掌握基本的大运动技能；
2. 达到良好的精细动作发育水平。

（二）发展阶梯

1. **大动作**　涉及幼儿全身大肌肉活动的动作，主要包括爬行、行走、跑、双脚跳、单脚跳、扭转、投掷、踢、接、滑行等。

项目	水平 1	水平 2	水平 3	水平 4
钻　爬	* 钻爬直径 70~80 厘米的桶或藤圈。	* 在成人的帮助下练习攀登攀登架。	* 尝试独自攀登 100~120 厘米高的攀登架。 * 自如地在 70 厘米高的竹竿下或藤圈内钻爬。	* 在 70 厘米高的拱形门下来回钻爬。 * 双手、双脚协调地爬攀登架。

续表

项目	水平 1	水平 2	水平 3	水平 4
站		* 单脚站 2 秒以上。		* 能单脚站 2~10 秒。
走　跑	* 可以朝着指定的方向行走，自如地向前方和斜方行走；慢慢地可以追着移动的物体跑 2~3 米。 * 能用脚尖走路。 * 可以在 30 厘米宽的平行线内行走，不踩线。 * 可以在走路时推、拉物体。	* 尝试倒着走。 * 可以向一个方向跑比较长的距离。 * 在成人的帮助下能走过宽 30 厘米、高 10~12 厘米、长 2 米的平衡木或斜坡。	* 能上体挺直、下体协调地走。 * 能在宽 25 厘米的平行线内走，不踩线；能独自在宽 25 厘米、高 12 厘米、长 2 米的平衡木或斜坡上走。 * 能双臂自然摆动、上下肢基本协调地跑，快速跑不跌倒。 * 能与同伴互相追逐跑。	* 能与同伴一个跟着一个走，按地上的图案走成一个大圆圈。 * 能独自走过宽 20~22 厘米、高 15~20 厘米、长 2 米的平衡木或斜坡。 * 半分钟能跑 30 米左右。
蹲	* 可以蹲着玩，并随成人一起蹲下和站起。 * 可以蹲着挪动身体。			
投　掷	* 可以挥动手臂，向着目标投掷皮球、沙包等物体。			
踢	* 可以向前踢球。	* 用爆发力踢物体。		
上下台阶	* 尝试双手扶着栏杆上台阶。 * 尝试牵着大人的一只手下台阶。	* 能双手扶栏杆，两脚一阶上下楼梯。	* 能扶着栏杆两脚交替上下楼梯，发展到不扶栏杆双脚交替上下楼。	* 能不扶任何东西双脚交替上下楼梯。

续表

项目	水平 1	水平 2	水平 3	水平 4
跟随节奏	* 喜欢跟随音乐节奏活动身体。	* 跟随音乐伴奏模仿兔子跳、小鸟飞、小鸭走等动作。	* 跟随音乐学做模仿动作。	* 能听音乐或口令上下肢协调且轻松地、有节奏地跑。 * 会听音乐做简单表演，动作自然。
跳	* 被扶着可以跳离地面，熟练后可以自己起跳，然后双脚可以连续起跳 2 次。	* 能在没有扶持的情况下跳离地面。 * 出现蹲跳动作（双足跟着地）。 * 尝试从高处跳下。	* 能双脚较协调地向上、向前跳。 * 连续原地蹲跳 2 次（不站立起）。 * 可以双手扶着单脚跳跃 2 次。	* 能双脚向前连续行进跳 3~4 米。 * 开始练习立定跳远。 * 练习两脚交替跳（高度 5 厘米以上）。
跨		* 能跨过 6~8 厘米高的障碍物。		
骑　车		* 开始学骑儿童三轮自行车。	* 开始骑四个轮子的自行车。	
玩　球			* 会滚球、投球、接球。 * 能单手拍球，拍一下抱一下。	* 能有目标地滚球、投球和套圈。 * 能单手连续拍球 10 次以上。
全身运动			* 能在软垫上手脚并用地爬行。	

2. **精细动作**　主要由小型肌肉或肌肉群运动而产生的动作。典型的精细动作分三类：一是与手有关的动作，如抓握、伸够、绘画、书写、双手协调、自理动作、使用工具等；二是非手部的精细动作，如用脚趾抓捡物体、眼部运动；三是手眼协调动作。

项目	水平 1	水平 2	水平 3	水平 4
搭积木	* 能将 6~8 块积木叠高。	* 搭 6~10 块积木并会搭成桥状。	* 会用积木搭简单的物体（比如火车、房子、桥）。 * 能将 8~9 块积木叠高。	* 能用积木搭出较形象的物体，如汽车、建筑物。

续表

项目	水平 1	水平 2	水平 3	水平 4
画　画	* 可以上、下、左、右涂圈圈，模仿画圆形。 * 可以用蜡笔或钢笔做个人的记号。	* 能握笔画点、连线、涂画。 * 照样本，画横线。	* 学会用三指握笔，画竖线、平行线、交叉线，画闭合的圆圈。	* 正确用三指握笔，画圆形、方形、十字和简单人形。 * 在线上描绘（描线）。
取放物体	* 将三角形形状的积木放入相同形状的凹洞。	* 能用木棍够取大小玩具，如用木棍将玩具从桌下拨出来，拿到。 * 连续捡、捏起细小的东西，如小纸团、豆子等。	* 每次捡一颗豆子，每分钟能捡 13~15 颗，能分颜色捡豆子。	* 会插较小的积塑片。
插拔物体	* 会用大积塑片任意插出物体。	* 会用大积塑片插出简单的物体、形状。	* 尝试使用较小积塑片插出物体。	
端拿物体	* 可以双手端碗、端杯。	* 可以双手端碗、端杯，吃喝时不洒。	* 能用杯子喝水，能一手端碗。	* 能一手端碗，用勺舀饭，不洒出。
翻　书	* 可以用 5 个手指翻书，每次翻 1~2 页。	* 能用手指翻薄书，一页一页地翻。	* 能有序地一页一页翻书。	
揉搓物体	* 能双手搓橡皮泥，搓圆、按扁。	* 能双手配合搓橡皮泥成简单形状。	* 喜欢用彩色橡皮泥制作简单的物品，如面条、筷子、珠子等。	* 能用橡皮泥捏简单物品。
串　珠		* 能用硬粗绳穿内径较大的木珠。	* 能用粗绳子穿木珠。	* 每分钟穿珠 10 颗左右。 * 能用粗线穿洞洞板。
穿脱衣服	* 会按、解按扣。 * 会拉下拉链。 * 会脱下未扣扣子的外套。 * 能配合保育员给自己穿脱衣服。	* 会解开外套上的大扣子，并脱下外套。 * 会戴帽子。	* 不用大人帮助能自己解纽扣，并尝试扣扣子。 * 能脱下内裤。 * 可以穿上没有鞋带的鞋子。 * 尝试自己穿脱袜子。	* 在大人帮助下能自己穿脱衣服并逐渐会自己穿衣。 * 能扣上外套的大扣子。 * 能自己穿内裤、穿鞋。

续表

项目	水平 1	水平 2	水平 3	水平 4
旋转手腕	* 可以用双手转门把。 * 可以给玩具上发条。	* 能一手扭动门把并开门。	* 能准确地为三个大小不同的螺口瓶子配盖，拧好。	
利　手	* 形成用右手或左手的习惯。			
拼　图	* 会拼正方形、圆形、三角形板。	* 会拼 2~3 块图形嵌板。	* 能完成 3 块拼图。	* 能完成 5~6 块拼图，会用圆形、正方形、三角形拼出简单形象的图形。
撕纸、折纸		* 尝试将纸撕成小块儿。 * 能将纸折 2~3 折，但不成形。	* 能撕不同质地的纸。 * 能用双手把软纸团成一团。 * 能折正方形，边角基本整齐；能角对角地折出三角形；能折近似长方形，边角不齐。	* 会按针孔定型撕出圆形、三角形、正方形等形状。 * 能用 10×10 厘米的纸模仿折成长方形、三角形和狗头，边角整齐。 * 会用撕纸的方式撕出面条。
用勺筷		* 开始用勺子会外溢，逐渐练习，直到拿稳勺子不外溢。	* 进餐时会使用勺子。	
倒　水			* 能将水从小瓶倒入大瓶，手眼配合，尽量不洒到外面。	* 能一手倒水入容器，不洒到外面。
夹东西			* 能用镊子夹枣，放入盘中。	* 能用镊子夹花生米，放入盘中。
剪　纸			* 使用剪刀，可剪断 15 厘米的纸。	* 会用儿童专用钝头剪刀将纸剪开一个小口或剪成纸条。

续表

项目	水平 1	水平 2	水平 3	水平 4
切东西				* 能一手按面包片，另一手持餐刀，将其切成两半。
擦　脸				* 会用毛巾擦脸。

三、语言

（一）目标

1. 对声音和语言感兴趣，学会正确发音；
2. 学会倾听和理解语言，逐步掌握词汇和简单的句子；
3. 学会运用语言进行交流，表达自己的需求；
4. 愿意听故事、看图书，初步发展早期阅读的兴趣和习惯。

（二）发展阶梯

幼儿语言方面的表现主要体现在需求表达、理解指令、使用代词、指认物品、哼唱儿歌 / 童谣、书写准备与阅读准备。具体表现如下表。

项目	水平 1	水平 2	水平 3	水平 4
需求表达	* 学说双词句，出现牙牙学语的句子，如用“牛奶”表示喝牛奶，“衣服”表示穿衣服；会使用语调，使用指示性命令。	* 会使用语言表达自己的需要、愿望。	* 能说出自己的名字、年龄、性别和父母的姓名。	* 会用更多疑问句向成人或同伴提出问题。

续表

项目	水平 1	水平 2	水平 3	水平 4
语言表达	* 看到自己熟悉的图片，能用动作或词语表达出来。	* 学习社会性词汇 —— 如“× × 好”“请”“谢谢你”，对不同的人打招呼。	* 会说 3~5 个句子。 * 学习听耳语，正确转述 3~4 个字的话。 * 能说明一件简单的事情。	* 会说“谁”“哪里”“做什么”“这是什么”“为什么”等句子。 * 逐步说出复杂的完整句（简单句→复杂句→复合句）。 * 学习说更长的句子。 * 能简单讲述自己对新事物或新环境的印象。 * 能将词连接成有秩序的语言，语言的内容与结构开始复杂起来。
理解指令	* 能听懂成人的话，按成人的语言要求取放物品，找出相同图片。	* 能理解一般问话，如“那是什么”，开始向他人提问；能理解并执行只有一步或两步的命令。	* 能理解并执行三步连续指令。 * 会回答生活上的问题。 * 能听清成人的话，按成人的语言指示做简单的动作，如鸟飞、兔跳。	* 会回答“谁在做什么”的问句。 * 能完成成人分配的简单任务。 * 能听懂“在哪里”“是谁的”“有多少”等问题并做出回答。
使用代词 / 形容词	* 理解并会使用“我”；能说出 2~3 个身体部位。	* 词汇量迅速扩张，会使用名词、动词、简单代词（我、你）、介词（在……上面）等。	* 会在人、食物、玩具前面使用形容词。	* 学会用“我”“你”“他”“这个”“那个”等代词。

续表

项目	水平 1	水平 2	水平 3	水平 4
方位 / 时间理解		* 初步理解“上”“下”。	* 在理解“上”“下”的基础上逐渐理解“里面”。 * 对“今天”有一定的理解。	* 理解“上”“下”“里面”“旁边”等方位概念；有初步的时间概念，知道“明天”指的不是“现在”。
指认物品	* 认识常见物品，学说各类事物的名词，比如动物、生活用品的名称，模仿正确发音。 * 能识别图片中熟悉的物品，比如，认出照片中的自己或指出图片中熟悉的物品。 * 能找出实物中的圆形和方形。	* 指认物品，知道某些常见物品的名称。 * 知道玩伴的名字，并能够说出名字。	* 能在认识各种物品的基础上，说出常见物品的用途。 * 学习观察图片及图书画面，用言语、动作或表情表达自己对图书内容的理解。	* 不仅知道常见物品的用途，还学习使用它们。 * 学习观察图书画面，对熟悉的内容用词语简单地讲出来。 * 能介绍家庭照片上的人和职业，会说自己家的门牌号码及电话号码。
哼唱儿歌 / 童谣	* 跟念短小儿歌。	* 喜欢跟着成人学说话、唱歌、说歌谣。	* 能唱一首完整的儿歌（适合幼儿的简短儿歌），能唱准，唱完，吐字清晰。	* 学习猜动物、日常用品的谜语。 * 学习背诵 2 ~ 3 首儿歌。 * 学习唱旋律简单的歌曲。
书写准备	* 喜欢涂涂画画。	* 尝试使用记号笔，在示范下模仿画直线。	* 继续涂涂画画，能模仿画横线。	* 能够有控制地涂画；能在指定范围内涂鸦；模仿画圆形。 * 能按照自己的意愿涂鸦，能模仿画出“十”字和斜线“/”“\”。

续表

项目	水平 1	水平 2	水平 3	水平 4
阅读准备	* 能边翻书边听成人讲述故事。	* 能看着图书听成人讲故事，模仿图书中角色的动作和表情，回答成人提出的简单问题。	* 能听成人讲故事，学习故事中角色的对话，听完故事能说出讲的是什么人、什么事。	* 能与成人一起翻看图书，能跟念书上的故事和儿歌。 * 喜欢听故事，理解故事主要情节，并能在成人帮助下简单复述内容。 * 独立地翻看图书，学习用简单的语言讲述自己所看到的东西。

四、认知

（一）目标

1. 学习运用各种感官探索周围环境，逐步发展注意、记忆、思维等认知能力。
2. 尝试辨别生活中常见物体的特征。
3. 学习主动思考，积极探索，想办法解决问题。

（二）发展阶梯

1. **认知能力** 人脑加工、储存和提取信息的能力，包括注意、记忆、思维和想象等。

项目	水平 1	水平 2	水平 3	水平 4
注　意	* 能集中注意 5 分钟左右。 * 能发现并注意到身边的新物品。	* 能集中注意 8 分钟左右。 * 能注意到玩具细小的变化。	* 能集中注意 15 分钟左右。	* 能集中注意 10~20 分钟。 * 有意注意开始出现。 * 开始关注周围人对自己的态度。

续表

项目	水平 1	水平 2	水平 3	水平 4
记　忆	* 记得自己的常用物品和物品的位置。 * 能记住一天之内的事情。	* 看到熟悉物品的图片能叫出名字。 * 可以回忆几天以前的重大事情。	* 能唱一些儿歌。	* 不看图和提示也能说出熟悉物品的名字。 * 知道父母的名字和职业。 * 可以回忆几个星期以前的重大事情。
思　维	* 物体消失在眼前，肯定物体还存在。 * 能延迟模仿，即模仿之前出现的他人行为。 * 能采用替代物来象征其他东西进行游戏，尤其当物品具有共同特征时。	* 通过观察，能找到他人事先移走的物体。 * 能用“你”“我”“他”这些人称代词。 * 开始预测简单和熟悉的行为的结果，比如，按灯的开关，可以打开灯或关上灯。	* 能将物体简单归类。 * 能区分自己的和别人的东西。 * 认识 1~3 种颜色。 * 体验“1”和“许多”的区别。 * 会数 1~5。	* 能简单按物品的用途分类，比如吃的、玩的。 * 开始理解复数代词（比如“我们”“你们”“他们”）；认识部分形状。 * 能进行简单的推理，比如，看到打伞，猜到外面在下雨。 * 开始有想象的表现。

2. **辨别**　对不同的事物在认识上加以区别。

项目	水平 1	水平 2
辨　别	* 能根据事物的外部特征辨认事物，能找出一样的木块。	* 能分辨冷和热等表面特征。 * 能初步感知物体的大小和长短； * 能区分物体外表的柔软与坚硬、光滑与粗糙； * 感知四季的明显特征，如冬天冷、夏天热，能根据明显的特征判断天气类型，如晴天、雨天。 * 能将玩具等物品简单归类，比如按吃的、玩的的类别分类。

3. **问题解决** 在问题情境下，经由思考、推理而达到目的的过程。

项目	水平 1	水平 2
问题解决	* 模仿成人的行为解决问题，比如模仿成人，尝试转动门把手。 * 通过积极的探索、游戏、试验来解决问题，比如尝试从不同角度来插入物体，使其能够进入洞里。 * 使用已有的材料解决问题，比如使用水桶将大量的图书运到房间的另一处。 * 使用动作或语言与成人交流，解决问题，比如用手势告诉成人有困难。	* 在解决问题时能够使用更加精细的技能，比如自己清理撒出来的食物。 * 开始尝试自己解决问题，或在成人的有限支持下解决问题，比如，在解决问题时，开始偶尔表现出拒绝成人帮助的行为，渐渐能自己寻求帮助。 * 在解决问题的过程中，能保持更长时间。 * 解决问题的能力增强，开始能够使用更少的试验或试误去解决问题。 * 在玩耍、解决问题时，会以更复杂的方式运用想象力和创造力。 * 完成任务时会有成就感。

五、情感与社会性

（一）目标

1. 有安全感，能够理解和表达情绪。
2. 有初步的自我意识，逐步发展情绪和行为的自我控制力。
3. 与成人和同伴积极互动，发展初步的社会交往能力。

（二）发展阶梯

1. 自我意识

幼儿自我意识的发展意味着他从一个具有一定感觉和情绪、尚无自我意识的新生儿，发展为能够认识自己、把自己作为主体从客体中区别出来的个体，知道有关自己的一些事情，比如名字和性别等，对自己的动作、语言逐渐具有掌控力。

项目	水平 1	水平 2	水平 3	水平 4
自我认同	* 以自我为中心，从自己的角度看待事情，但开始有一点点理解他人。 * 识别出属于自己的东西，愿意收拾自己的东西。 * 初步熟悉自己日常生活的地方，知道什么东西放在哪里。 * 在与周围环境互动时，对自己的身体力量有初步的认识。 * 对自己能做的事情感兴趣。	* 听到自己的名字会做出反应，可以完整说出自己的姓名、性别。 * 开始意识到客体不依赖于自己的经验存在，即知道不在面前的东西还存在。 * 开始使用“我”“我的”“你”“你的”等人称代词。 * 会指出自己的身体部位，知道五官、手脚的作用。 * 会用语言来表达饥饿或口渴等生理需求。	* 表现出独立性。 * 认识“我的”和“你的”的不同。 * 希望获得父母的喜爱。 * 当被问到“你叫什么名字”时，会回答。 * 能在与同伴合影的照片中（10 人以下）指出自己，并能说出同伴的名字。 * 愿意自己的事情自己做。	* 能正确描述自己，知道自己的年龄。 * 能更加正确地回答自己是男孩还是女孩。 * 关注别人对自己的态度。 * 开始能表达自我感受。 * 能控制自己的某些行为。
情感（识别、标记和调节自己的情感）	* 会表达自己的情感（比如爸爸妈妈来接时，会笑。） * 开始表现出同情。 * 可能会变得害羞。 * 主动寻求他人的表扬。 * 可能会对新的事物产生恐惧，比如害怕自己不认识的动物或声音。 * 受到表扬时开心，受到批评时不开心。	* 会用一个字表达情感。 * 爱和憎恨的情感开始慢慢出现。 * 会笑自己或别人好笑的动作。 * 会开始随着幻想变换情绪。 * 能对他人的情绪做出反应。 * 可能会出现故意伤人行为，比如扯头发，并觉得好玩。	* 会用简单词语表达自己的情感，但不明白是如何影响他人的（如生气时打、咬他人）。 * 会为了得到他人的赞扬而行动，能对他人表现出情感。 * 能识别他人的情绪，辨别同伴的态度。 * 开始表达复杂的情绪，如自豪、尴尬和内疚等。	* 开始出现骄傲、内疚的情绪。 * 会运用语言表达情绪。 * 开始对学习、探索抱有极大的热情，喜欢参与活动。 * 正在掌握简单的情绪调控技能。 * 当同伴受伤或受挫折时，表现出难过。

2. 与他人交往

幼儿天生就具备交流的能力，能用哭笑声、身体动作和独特的婴儿语与成人交流。随着年龄的增长，他们的交流能力逐步加强，开始凭借习得的社交能力来理解他人的表情和语调，开始探索行为和社会互动。

项目	水平 1	水平 2	水平 3	水平 4
建立关系	* 乐于观察同伴，比如看同伴玩，并模仿别人的任务；能在成人的带领下和同伴友好地游戏。 * 当觉得安全时，会探索一个新的环境。 * 会要求别人的关注，比如会抓住一个成人的手，或用其他方式，要求成人注意自己。 * 对成人的态度能做出相应的反应；会用面部表情、手势和简单的语言与成人交往，并去拓展与不认识的人的关系；有事会请成人帮助，能用语言表达。	* 见到不同的人会打招呼，与亲近的人交谈对话越来越多；初步形成遵守集体规则的观念，开始知道家庭固定的作息，初步形成在某些地方可以或不可以做哪些事情的概念。 * 在探索环境时，会用语言或其他方式（如拉成人的手）寻求成人协助，多数情况下会黏着成人，但有时又可以推开成人不要成人管，自己去探索。 * 主动获取别人的关注：发怪声或做奇怪的动作引别人笑；有兴趣为其他人表演。 * 与人对话时，会随着说话人注视的方向而转换自己的注视方向。	* 主动问候熟悉的人；开始喜欢与同伴、成人谈论感兴趣的事情，愿意用语言向他人叙述自己的所见，并能提出自己的愿望。 * 用语言表达请人帮助做的具体事情与要求，能主动向客人问好、说再见。	* 与他人互动并建立交往的规则；能根据性别、年龄来称呼人；能根据他人的态度、表情做相应的反应和活动；能和熟悉的成人维持较长时间的互动。 * 开始会命令他人；可以轮流做某事；有时会找借口逃避责罚；能说出某些情境中应遵守的规则。 * 开始尝试过集体生活（上幼儿园），并表现出分离焦虑。

续表

项目	水平 1	水平 2	水平 3	水平 4
与人友好相处	* 知道他人做事或生病时，自己要安静，不打扰他人。 * 可能开始出现逆反行为，做与成人要求相反的事情。 * 希望给人帮助，帮助他人完成任务；开始有分享的行为（虽然还很困难）；他人生病时，开始有关心的态度。	* 看到同伴摔倒能扶起，有简单的是非观念；会表达感谢。 * 乐于跟随同伴一起或自己主动到外面玩，能将自己的玩具借给同伴，会自发与同伴分享物品或成就。 * 喜欢做力所能及的事，模仿做家务。	* 有帮助别人的愿望，懂得同情弱小，爱护小弟弟、小妹妹；开始愿意分享；喜欢听到、看到同伴的成功和快乐。 * 喜欢与同伴一起玩；能叫出同伴的姓名，分清他们的性别；愿意主动找同伴玩，但游戏类型依旧以平行游戏为主，还不会合作。	* 开始会回应同伴的社会行为（比如问好）；能主动与同伴交往、游戏，开始尝试合作游戏，可以坚持在幼儿园愉快地过一整天。 * 有同情心，愿意帮助有困难的人，能主动把自己快乐的事告诉成人或与同伴分享；能和宠物正向互动（比如摸它）。 * 能耐心等待成人为他做事，不会不耐烦，甚至能协助大人清扫或擦桌子。 * 对固定的作息有所回应（比如吃饭时会主动坐到桌边）。

附录 2　1.5~3 岁幼儿生活照料要点

一、1.5~3 岁幼儿午睡照料要点

在园午睡的过程是帮助幼儿自己安抚自己、建立节律的过程，是释放压力、发展生理机能（如使用膀胱的能力）的过程，适宜的午睡前、中、后的活动有助于幼儿体验掌控主动的感觉和责任感，形成自主和胜任的心理暗示，感受到被呵护和照料的幸福感，进而获得价值感（我是被爱的）。安全、轻松、尊重、亲密是午睡照料的核心，鼓励自主入睡，反对强迫入睡。午睡时长与诸多因素有关，午睡长短不会实质性地伤害幼儿的健康，但是强迫午睡会给幼儿带来长期的压力，且对幼儿造成健康方面的损害。

（一）与家长充分沟通

1. 与家长沟通理念，认同双方理念。

2. 沟通幼儿睡眠情况：是否自己睡？是与父母同床睡吗？与父母在同一个房间，还是与父母住在不同房间？

3. 沟通幼儿睡眠时间：白天睡几次？晚上几点睡？早上几点醒？

4. 沟通幼儿家长哄睡习惯：拍睡？奶睡？是否用安抚奶嘴？安慰物是布偶/毯子？

5. 与幼儿家长沟通，幼儿是否有影响入睡的疾病，是否有湿疹（瘙痒）、鼻炎、哮喘、多动症等。

6. 沟通识别幼儿想睡觉的信号。

（二）营造适合午睡的环境

1. **创设舒适、卫生的午睡环境**　为幼儿提供良好的睡眠环境和设施，温湿度适宜，白天睡眠不过度遮蔽光线，每天清洁消毒睡具及睡室，保持良好的午睡卫生环境，设立独立床位，保障安全、卫生。

2. **营造富有轻松感的午睡环境**　调暗灯光，播放轻柔舒缓的音乐或教师自己哼唱

催眠曲、讲述简短的睡眠故事（故事最好以“小动物们 / 小朋友们都去睡觉了”为结尾）。幼儿如果很困，可以随时去午睡；如果在起床时间起不来，可以允许有适当的拖延；如果幼儿拒绝午睡，教师需接纳其情绪，并巧妙引导。

对于还没有建立起午睡习惯或入睡时哭闹的幼儿，教师须一方面接纳其情绪，另一方面给他们温和的界限：“小眼睛现在还想睁着，不愿意闭上是吗？那我们就安静地躺下来，让小手、小脚、小肚子休息一会吧。”

对于持续吵闹的幼儿，教师可以给予其一些情绪舒缓的时间，温和地抱起他：“哦，你还没有准备好躺下来休息，那老师陪陪你。”

也可以带幼儿去一个相对空一点、没有玩具刺激的空间，轻声告诉幼儿：“现在外面的玩具都在休息了，我们需要在这里安静地等待它们醒来。”静静等待一会儿后，教师询问幼儿：“想进去躺着等吗？我们在小床上玩一个‘洗车’的游戏（身体抚触）吧。”然后，把宝宝的身体想象成小车子，从头到脚轻轻“洗”一遍：动作轻柔地抚触幼儿，帮助幼儿慢慢放松每一个身体部位。

3. **营造有尊重感的午睡环境**　不催促、不呵斥，肯定幼儿的独立与自主，对于需要哄睡的幼儿给予帮助，无差别地爱护每名幼儿。

4. **营造有亲密感的午睡环境**　拥抱幼儿道午安，对每名幼儿轻声说悄悄话，表达对他们的喜欢和肯定。

（三）睡前指导要点

1. 将“要睡觉了”的信息传递给幼儿，让幼儿知道接下来要发生的事情，并慢慢形成常规，让幼儿能够自主完成睡前要做的事情（而不是被提醒和催促），形成“我很能干”的自我意识。

2. 组织幼儿集体如厕，为有需要的幼儿穿纸尿裤。

3. 温柔地查看幼儿，如鼻子、嘴巴里是否有异物，身上有没有藏小玩具等，并让幼儿理解为什么要这样做。

4. 鼓励幼儿清洁自理，学会自己漱口、换睡衣、摆好鞋子。

5. 讲睡前故事。除了“睡觉故事”，也可以选择其他内容的故事，但是注意不要引发怪兽想象；用人声讲，不要用扩音设备，不要在电脑上播放故事，可以配一点轻音乐，但是不要盖住教师讲故事的声音。

6. 对于刚刚进入集体生活的幼儿而言，教师可以以幼儿的身份示范如何进行睡前准备：一名教师假装为幼儿，与另外一名教师配合，回应“老师”提出的要求，示范正确的做法，比如，如何漱口，如何张开嘴巴请教师看，等等。年龄较小的幼儿往往不能通过教师的语言来理解到底应该怎么做，最直接的方式就是做给他们看。

（四）午睡中的指导要点

1. 鼓励已经盖好被子的幼儿进行午睡。在幼儿睡着后，检查被子是否盖好，观察幼儿呼吸、脸色等身体有无异常。

2. 注意观察已经入睡的幼儿的睡姿，避免其仰睡和头部被枕头压迫。

3. 耐心安抚不能自主入睡的幼儿，可陪在他们身边，但不要和他们说话。

4. 如果有幼儿提前醒来，并且表示不想再次入睡，可请其进入阅读区阅读，或进行其他不影响别的幼儿睡眠的活动。

5. 幼儿刚进班时，在新的环境中入睡容易产生不安全感，因此，要允许家长为他们准备入睡时的安慰物，但是要注意卫生和安全。

6. 发现幼儿有尿意后，提醒他们及时如厕。如果出现尿床现象，不要批评，可请该幼儿 同清理，并轻声告诉他：“下次想尿尿的时候可以告诉老师，老师会带你去尿尿。”

7. 午睡过程中始终有本班保育人员看护，定时巡查、照护和记录幼儿的午睡情况，并及时向卫生保健人员反馈异常情况。

（五）午睡后的指导要点

1. 播放轻柔的音乐，轻轻唤醒幼儿；或者，教师可一边轻抚幼儿的身体，一边唱起床歌。

2. 教师引导幼儿睡醒后穿好衣服鞋袜，并逐渐能自主整理床铺。如果幼儿生活自理能力较弱，教师可通过游戏的方式帮助他整理床铺。

教师和幼儿手拉被子，一边整理，一边唱叠被子的歌谣：“抖一抖，铺一铺，折一折，变成小方块！”

3. 耐心安抚有起床气的幼儿。有些幼儿在起床之后，容易产生情绪波动，这时，教师可以抱抱他，与他聊聊此时的感受。

4. 已经准备好的幼儿可先洗脸、漱口，吃下午茶，避免消极等待。

（六）常见问题

1. 为了避免窒息，不要让幼儿仰睡，被子不要太厚重，床铺不要太软，不要有很多东西（如玩偶）。

2. 照料拒绝午睡的幼儿。

首先，教师需要分析幼儿抵触午睡的原因，比如，不习惯、想获得教师的特别关注、隐性反抗（迟迟不睡、诸多要求）、心智发育的问题（智力滞后、多动症）等。

其次，寻找相应的解决策略。

固定睡前准备模式，帮助幼儿建立秩序感。

（1）与家长和孩子对话，共同协商一个折中的过渡方案。

（2）建立预期，比如：讲完一个故事就要睡觉了。

（3）巩固安全感，陪幼儿入睡，并确认睡醒后老师会在身边。

（4）增加上午的运动量。

3. 照料容易产生恐惧的幼儿。

首先，教师需要分析幼儿恐惧的原因，如怕死、怕怪兽和想象中的可怕事物、分离焦虑、怕尿床等。

其次，寻找相应的解决策略。

· 睡前不进行刺激性活动。

· 避免暴力信息源，如有暴力或恐怖片段的动画片。

· 安抚幼儿，让他们获得安全感。当幼儿做噩梦或表现出恐惧时，教师可拥抱幼儿，让他们意识到老师是可以保护他的。

4. 照料呼吸异常的幼儿。

首先，教师需细心观察，发现有呼吸异常的幼儿，立即反映给家长和医生，共同寻找原因，如肥胖、舌位低、鼻腔异物堵塞、尘螨过敏等。

其次，采取相应策略。

· 咨询儿科医生，以获得科学的应对方式。

· 合理安排幼儿的锻炼和饮食。

· 午睡时多加关注，如幼儿有异常，及时带其就医。

· 定期清洁床铺，保持床铺干净、干燥。

二、1.5~3 岁幼儿如厕照料要点

如厕训练是幼儿生长发育准备就绪的自然结果，是幼儿成长过程中展现各方面进步的机会，是家长、教师与幼儿练习亲子沟通、师幼沟通的机会，是幼儿体验制定目标、朝着目标迈进、最终获得成功的机会，是幼儿增强自信心和自尊心的方法。如厕训练的心理意义大于生理意义，当幼儿成功地完成如厕训练后，他将变得更加自信和独立，"掌握一项新技能"产生的自豪感将支持他的进一步发展，所以如厕训练不应该以有损幼儿的自尊心与掌控力为代价，家长和教师与其说是训练师，不如说是推动者。

（一）（照料穿纸尿片的幼儿）设置合适的换尿布的地方

1. 尿布台可以设置在活动室中，确保站在原地就能拿到尿布垫、纸尿裤、消毒湿巾（擦拭幼儿）、消毒剂喷瓶和一次性纸巾（清理尿布垫）、免洗消毒洗手液（擦拭照料者的手）、一次性手套、专用的有盖脚踩垃圾桶、脏衣筐以及套在上面的塑料袋。

2. 尿布台可以设置在卫生间 / 盥洗室附近，原地能操作温水花洒（带止停功能）、一次性手套、消毒湿巾（擦拭幼儿）、一次性纸巾（擦干幼儿）、爽身粉 / 润肤霜（可选择，由幼儿自行提供）。

3. 尿布台高度合适，照料者不必长时间弯腰。

4. 尿布台有护栏，避免躺卧的幼儿翻身掉落；有护栏和抓手，护栏可避免站立的学步儿跌落，抓手供学步儿抓握，可以在面向墙面的一侧安装镜子。

5. 在尿布台下面设置抽拉楼梯，方便学步儿自己走上去。

（二）教师遵循正确的换尿布流程

1. 洗手：必要时戴上一次性手套（比如，当幼儿大便异样、照料者手上有伤口等）。

2. 用语言和手势告诉幼儿你想给他换尿片。

3. 稍等待，让幼儿有时间反应一下，知道接下来要发生的事。

4. 抱起幼儿或领着幼儿来到尿布台，尊重幼儿躺着或站着的喜好。

5. 幼儿一旦上了尿布台，照料者要确保始终有一只手在幼儿的身上，确保幼儿不

会跌落。

在给幼儿换尿布时，用温柔的语气描述你正在做的事情，不要急于快速结束换尿布的过程。描述各个动作，并请幼儿来帮忙，哪怕他还是小婴儿。如果为站立的学步儿换尿片，照料者和学步儿都面向镜子，通过镜子让学步儿看见照料者的脸。同时，照料者可以说："现在我要脱掉你的小裤子，请你抬起小屁股/小脚丫，谢谢你！真棒！"

6. 如果幼儿的衣裤脏了，就放进套着塑料袋的脏衣筐中，后续清洗或带回家（取决于托育园的服务）；如果幼儿的衣裤是干净的，可以继续穿，就暂时放在幼儿的身边。

7. 用一次性湿巾一次性地从前向后擦拭肛门区域（不要反复用一张湿巾来回擦拭）。如果有必要，用另一块湿巾重复以上步骤，或者用温水花洒从前向后冲洗肛门区域。教师应特别注意皮肤褶皱的清洁，确保把幼儿的皮肤擦干，根据家庭习惯选择擦上爽身粉或润肤霜。

8. 如果照料者戴了手套，要在取下手套之前，处理好所有脏东西。

9. 用干净的湿巾擦拭幼儿的手。

10. 带领幼儿回到游戏区域。

11. 立即返回，对尿布台表面、侧面、扶手、水槽龙头、湿巾盖进行消毒。

12. 彻底清洗自己的双手。

（三）帮助幼儿逐渐不用纸尿片，培养如厕习惯

1. 教师及家长须统一观念，认可如厕训练需要遵循每名幼儿的节奏，如厕是自然就绪的结果，切不可急于求成。

2. 观察与沟通。

每名幼儿的如厕准备不同，教师应与每名幼儿的家长沟通，获得如下信息。

（1）幼儿是否可以短暂地憋大小便？

（2）幼儿是否在大小便之前有一些不同寻常的反应（如拉纸尿裤、哭、说出来等）？

（3）幼儿是否在小马桶上排过便？他们是被家长安排坐上小马桶，还是自己主动坐上小马桶的？

（4）家长是否通过交谈、阅读绘本等和幼儿说过马桶的用法？幼儿听完之后的反

应是什么?

（5）家长是否为孩子安排了规律的排便时间，比如喝完奶去尿尿?

3. 判断幼儿的如厕准备信号，脱下纸尿裤。

教师与家长沟通并细致观察，可通过如下描述判断班级里每名幼儿的如厕准备信号。

（1）能将胀胀的感觉与排尿或排便联系起来，通常在 1~1 岁半。

（2）能用表情、姿势或语言表示要小便或大便，比如用力拉扯纸尿裤，通常在 1~1.5 岁。

（3）纸尿裤被尿湿后表现得很不舒服，想要换纸尿裤，或刻意等到穿上纸尿裤时再排便或排尿。

（4）幼儿能憋着尿意和便意走到厕所，脱下裤子再排出大小便，通常在 1 岁半之后。

（5）午睡后纸尿裤是干燥的。

（6）想排尿和排便时知道去找到马桶，或者请老师帮助，通常在 2 岁左右。

（7）在马桶上排尿和排便时，能始终集中注意力。

如果幼儿能达到第（2）种水平，可以尝试在少部分时间脱下纸尿裤，进行如厕训练。

如果幼儿能达到第（4）种水平，可以尝试在大部分时间（如除睡觉外）脱下纸尿裤，进行如厕训练。

如果幼儿能达到第（5）种水平，可以不再穿戴纸尿裤。

4. 教幼儿识别便意并知道去厕所。

如厕训练有一些固定的流程，但是教师也应有灵活的计划，用于面向不同风格、不同程度的幼儿。幼儿在托育园和在家里应该有统一的方式。

（1）“这是幼儿园的小马桶，和家里的小马桶一样吗？”教师为幼儿介绍托育园马桶的用法，并帮助幼儿将之与家里自己使用的马桶建立联系。

（2）教会幼儿识别自己想大小便的感觉。当幼儿还不会主动表达、只是被教师发现时，教师要用中性的语言评论：“哦，我想是便便（或哗哗）要来了，是吗？”

不要进行负面的评价（如“脏”“臭”等）。教师发现幼儿有想大小便的迹象时，要将他们带到马桶上，帮他们脱下裤子并用语言描述过程，表扬顺利完成的行为。

（3）“老师，我想尿尿！”教会幼儿在意识到想大小便之后可以做什么，比如，找老师帮助、独自找到马桶，将身体感觉与正确的反应联系起来。

（4）“宝贝们，现在是上厕所时间。”在固定时间提醒幼儿去排尿或排便。

5. 引导幼儿学会如厕后，可以怎么做。

（1）“男孩子尿尿时要……”“女孩子尿尿时要……”和幼儿讨论如何如厕，用简单的语言描述他们的身体器官及排便方式。

（2）“老师在这里陪着你。”当幼儿刚刚尝试排便且独自在厕所时，安排一位教师陪伴他。

“和妈妈 / 爸爸一起上厕所。”在家中，可以由妈妈和女孩、爸爸与男孩一起如厕。

6. 帮助幼儿成为自主如厕的人。

虽然大多数情况下托育园都是集体如厕与个别如厕相结合，但是我们的目标还是培养幼儿成为自主如厕的人。

（1）“当想尿尿 / 拉臭臭时可以这么做。”给幼儿信心和权力，明确不同的情况下如何上厕所，比如，集体活动时举手，自主游戏时自己去厕所。

（2）“哗，尿尿 / 臭臭拜拜了！”帮助幼儿养成便后冲厕所的习惯，维持环境干净。

（3）“专心尿尿 / 拉臭臭哦！”帮助幼儿养成如厕时集中注意力的习惯，在适合的时间内完成如厕。

（4）“记得洗手哦！”帮助幼儿养成便后自主洗手的习惯，男孩子还应该在小便前洗手。

（5）“宝贝真是大孩子了！”为幼儿设立成就清单，在他们取得每一个进步时都鼓励他们。

7. 当幼儿需要大便时，我们可做如下引导。

（1）请幼儿上大便前先撕取适量的纸巾。

（2）请幼儿双腿分开，站在蹲厕的两边，然后把裤子往下拉至膝盖上方。

（3）请幼儿蹲下，这里需要关注幼儿能否保持平衡地蹲下，如果需要可搀扶幼儿。

（4）如厕后，引导幼儿使用纸巾从下往上擦拭屁股，两手轻轻将纸巾对折。

（5）引导幼儿擦拭好后，将纸巾丢到蹲坑里，并穿上裤子。

（6）提醒幼儿如厕后按冲水钮。

（四）常见问题应对

1. 如何应对小便失禁（尿裤子）的幼儿

首先，教师需对问题进行分析，比如幼儿膀胱容量小、锻炼少、控制排尿的肌肉不够有力。

其次，教师寻找妥当的方式应对。

（1）不要批评，保持幽默感，化解幼儿的尴尬，并和他们一起收拾干净，说说下次可以怎么做。

（2）表扬进步，比如："宝贝，你尿完之后知道找老师，真棒！"

（3）偶尔提醒幼儿是必要的，尤其是当他们表现出想上厕所的迹象（转来转去、抓私处、蹲着）时，但是千万不要不断地问是否要去卫生间，因为这是在剥夺幼儿的控制感，让他们变得抵触。

（4）如果尿频严重，需求助医生，排除尿路感染等问题。

2. 如何应对大便失禁（拉裤子）的幼儿

首先，教师需对问题进行分析，2 岁以上的幼儿，已经明事理了，如果还是出现大便失禁，可能的原因包括承受情绪压力、对如厕训练抗拒、因疼痛拒绝排便，然后在憋尿或憋大便后不自觉地漏排出来。

其次，教师寻找妥当应对的方式。

- 解决消化的问题。
- 陪伴幼儿大便，且不催促，帮助处理擦屁股等问题，帮助幼儿摆脱在园排便的压力。

3. 教师可以跟家长沟通什么

首先，教师需要与家长沟通孩子的如厕习惯，包括有便意时的表现、有便意后家长的应对方式（如询问后带着孩子去厕所）、称呼如厕行为的方式（尿尿 / 嘘嘘 / 便便 / 臭臭……）、穿纸尿裤的习惯。

其次，征求孩子的意见，为他们选择穿合适的衣服。刚刚脱纸尿片时，让孩子挑选喜欢的内裤，告诉孩子大人都穿内裤。孩子初始有自主如厕意愿的想法非常朴素，他们可能会相信，如果不穿像哥哥那样的内裤，他就不能使用马桶。要给孩子穿松紧带腰的宽松下装。

最后，请同性家长陪伴孩子如厕并示范。

三、1.5~3 岁幼儿穿衣照料要点

幼儿天生渴望自己照料自己，大多数幼儿开始有自己的审美和选择自己喜欢的衣服的意愿，穿衣不仅仅能发展幼儿的精细动作和大肌肉动作的协调与力量，更是发展自我认知、自尊的重要机会。幼儿学会按照正确的程序穿好衣服，感受穿好衣服的感觉，也是对认知能力和执行力的锻炼，无论在家庭还是幼儿园中，家长和教师都应该将穿衣看作是重要的发展机会，肯定幼儿为此付出的努力，哪怕是很小的婴儿，家长和教师也不应为了追求效率而没有交流地全盘代劳。

（一）教师邀请幼儿参与穿衣过程，让幼儿懂得配合

1. 告诉幼儿即将发生的事情，如：“宝贝，请你来脱袜子吧。”

2. 用语言和手势请求幼儿的帮助（对幼儿说话时，将词语和动作结合起来，帮助他们记住词语），在继续之前，停顿。如托着幼儿的小脚，指着袜子说“现在我要脱掉你的袜子了”，停顿。

3. 做一半留一半，一边做一边说。如用力拉袜子的末端，将其部分脱掉，同时说“我把袜子脱掉一半，你来脱下另一半”，停顿。

4. 用眼神、语言和手势鼓励幼儿配合。如请幼儿模仿老师，将另一只袜子用力拉掉。

（二）教师邀请幼儿自己完成穿衣过程，让幼儿知道怎样“对付”不同的衣物

1. 告诉幼儿即将发生的事，说的时候语言要和衣服对应，如：“宝贝，现在要换衬衫了。”

2. 用语言和手势邀请幼儿，在继续之前，等待。如教师将幼儿小书包中的衬衫拿出，向幼儿摇动，示意要换衣服了。

3. 给有限的选择，将任务难度简化到幼儿可以做到的程度，在继续之前，停顿。

如教师拿着衬衫，请幼儿选择："先穿这只袖子，还是先穿那只袖子呢？"

4. 用眼神、语言和手势表示鼓励和肯定。

（三）教师给予充足的时间，让幼儿主动穿衣、换衣，发展其精细动作

1. 告诉幼儿即将发生的事，说的时候语言要和衣服对应，如："孩子们，现在要换衬衫了。"

2. 让幼儿自己拿衣服，如用语言指引幼儿去寻找自己的小书包。

3. 如果有难度，（集体换衣）可以将幼儿要换的衣服找出来，铺在每个孩子的椅背上（椅子背面有大照片，代表专用椅子）。

4. 给予幼儿充足的时间，鼓励其自己穿衣，教师帮忙拉上拉链头，幼儿拉拉链。

四、1.5~3 岁幼儿就餐照料要点

对于幼儿而言，吃饭是获得营养、建立饮食习惯的过程，是释放压力、舒缓身心的过程，是发展精细动作（如使用筷子和勺子）的过程，是体验掌控感和责任感的过程，是感受到被呵护和照料的过程，是获得价值感（我能做到，我是被爱的）的过程。幼儿进食的偏好与诸多因素有关，有些是遗传自父母的味觉偏好，有些则来自之前遭遇的事件带来的条件反射，但只要饮食整体上均衡、能满足生长发育的需要，就无须为偶尔的少食而忧虑。与偶尔的饮食不规律相比，"强迫吃饭""强迫吃不喜欢的菜"会造成幼儿长期的压力，且压力会造成对健康的损害。

（一）与家长充分沟通

1. 与家长沟通理念，认同双方理念。

2. 餐前洗手：是自觉餐前洗手，还是在家长提醒下由家长帮助洗手？

3. 餐前带围兜：是家长要求幼儿戴围兜，还是幼儿习惯了要戴围兜？

4. 自主进餐：可以自己吃饭，还是家长帮忙喂饭？或者是先自己吃，后家长喂？

5. 进餐时间：能在 30 分钟内吃完饭吗？超过 30 分钟的，吃饭很慢吗？

6. 进餐习惯：能够安静地吃饭吗？喜欢在吃饭时说话吗？吃饭时专注力不够，总

是站起来去其他地方吗？

7. 进餐喜好：了解每名幼儿对食物过敏的情况并张贴在工作栏上；每日了解幼儿的身体情况，重点关注生病的幼儿；了解幼儿喜欢吃的和不喜欢吃的食物并寻求原因。

8. 饭后擦嘴、漱口：有饭后擦嘴、漱口的习惯吗？

9. 餐后收拾：能帮忙收拾桌面、放自己的碗勺吗？还是从不收拾桌面？

（二）营造适合就餐的环境

1. 物质准备：在教室设置固定的功能区，培养幼儿餐前、餐后好习惯，熟悉用餐流程。

（1）告知家长帮幼儿准备小毛巾，毛巾上有幼儿的名字或代表他们的标志；幼儿悬挂自己的小毛巾。

（2）教师和幼儿一起餐前洗手，拿小毛巾擦嘴、擦手，然后挂好小毛巾；餐后洗手、漱口、擦嘴。

（3）室内设置固定的取餐区和餐盘放置区，和幼儿一起了解这些区域的功能，让幼儿知道放置物品的区域（可根据具体情况设置取餐区和餐盘放置区）。

（4）和幼儿确定吃饭的流程并逐步熟悉整个流程：洗手—取餐—吃饭—放回餐盘—洗手、漱口、擦嘴—餐后活动。

（5）准备骨碟，并和幼儿一起了解骨碟的作用：可以放置一些骨头、掉落的饭粒、不想吃的食物等。

（6）和幼儿商量饭后可以进行的游戏，如看书、完成前面的游戏、户外散步、进娃娃家游戏等。

（7）保持生活场所的安全与卫生，预防幼儿吸入异物、烧烫身体、跌落、中毒等情况发生。

2. 心理环境：幼儿能够在轻松的环境中愉悦地进食。

（1）营造有安全感的就餐环境：为幼儿提供熟悉的环境和措施，让幼儿有固定的就餐位置，餐桌旁边无其他玩具、用具的影响。

（2）营造有轻松感的就餐环境：播放轻柔舒缓的音乐伴随幼儿用餐，教师轻言轻语地引导不愿意吃饭的幼儿，并询问幼儿具体的原因。

（3）营造有尊重感的就餐环境：不催促、不呵斥，肯定幼儿的独立与自主，对于需要喂饭的幼儿给予帮助，无差别地爱护每名幼儿。如有幼儿不喜欢吃蔬菜，不必强求，可在平时观察幼儿喜欢和不喜欢的食物，通过绘本故事、实物观察让幼儿了解食物的好处，逐渐培养幼儿的饮食习惯。

（三）餐前指导要点

1. 播放就餐提示音乐，将“要吃饭了”的信息传递给幼儿，让幼儿知道接下来要发生的事情，并慢慢形成常规，能够自我指导地完成就餐要做的事情（而不是被提醒和催促），形成“我很能干”的自我意识。

2. 用语言和手势辅助幼儿餐前洗手（将语言和动作结合起来，帮助幼儿理解语言）。

保育小妙招

如何引导不爱洗手的幼儿餐前洗手？

教师和幼儿来到洗手池，教师模仿幼儿洗手的动作，一边洗一边念：“吃饭之前要洗手！挽起袖子，冲冲水，洗手液挤一挤，搓搓搓，再冲水，最后再来擦擦手。”

3. 可根据幼儿的习惯在餐前戴围兜。

4. 在等待餐食时可介绍当天的菜谱，可以给蔬菜起名字，引起幼儿的食欲。

5. 使用比较仪式化的方式，比如：“请小朋友们用餐！”说明幼儿可以用餐了。

6. 对于刚刚进入集体生活的新生而言，可以由教师以幼儿的身份示范如何进行餐前准备，比如洗手、找到自己的小椅子就座。

（四）进餐时指导要点

1. 食物搭配均衡，每日膳食由谷薯类、肉类、蛋类、豆类、乳及乳制品、蔬菜、水果等组成。同类食物可轮流选用，做到膳食多样化。13 ~ 24 个月的幼儿则可以继续用母乳或配方奶喂养，引入奶制品作为辅食的同时，每日提供多种类食物。

2. 每日三餐两点，主副食并重。加餐以奶类、水果为主，配以少量松软面点。分量适宜，不要影响正餐进食量。

3. 鼓励幼儿尝试多样的食物，不要挑食，如幼儿实在不愿意尝试，也不用急于一时，鼓励但不强迫进食。

4. 鼓励幼儿用勺子自主进餐，必要时可帮助还不会自主进餐的幼儿。值得注意的是，一旦幼儿能够独立地坐、抓、嘬、咀嚼，就可以开始从依赖他人的投喂逐渐向独立进食过渡。

5. 注意观察幼儿的进食情况，引导幼儿细嚼慢咽，进食时不闲聊，专注进食，鼓励幼儿吃完餐盘里的所有食物，如幼儿明确表示不愿进食的话，没有吃完也没有关系，不强迫进食。

6. 桌面放有骨碟，幼儿可根据演示将骨头等放入桌面骨碟里。

7. 鼓励幼儿表达自己的需求，如“还要添饭”。

8. 注意幼儿喝汤时呛水和食物堵塞情况。

9. 为过敏、生病等有特殊饮食需求的幼儿提供适宜的食物。

10. 对于刚刚进入集体生活的新生而言，教师可适当地帮助幼儿进餐，比如喂饭、熟悉用餐流程。

（五）餐后指导要点

1. 辅助幼儿将餐盘放入指定的收餐盘处。

2. 辅助幼儿进入盥洗室漱口、擦嘴、洗手。

3. 引导先吃完饭的幼儿进行餐后自主活动。

4. 协助幼儿收拾桌面食物残渣。

5. 鼓励较大的幼儿或能力较强的幼儿参与餐后整理和清洁工作。

6. 餐后可带着幼儿开展 10 分钟的散步活动。

（六）喝水指导要点

1. 与家长充分沟通

（1）与家长沟通理念，认同双方理念。

（2）用水杯情况：在家里习惯用直饮式水杯还是用吸管式水杯？

（3）是否自己喝：会自觉喝水吗？还是需要家长督促喝水？

（4）喝水习惯：在家里常喝有味道的水吗？还是在家里常喝白开水？

（5）喝水量：是一次喝半杯水、少量水，还是只喝一口？

（6）喝完添水：看到水杯没水会主动自己添水吗？看到水杯没水会要求大人添水

吗？添水时会不会洒出来？

（7）端水：是否会双手端水不洒出来？是否会双手端水轻缓地走路？

教师观察幼儿平时的喝水量和喝水喜好，培养幼儿的喝水习惯。

2. 环境准备　设置固定的饮水区，培养幼儿自主喝水习惯

（1）设置饮水区（接水区和喝水区），在地面张贴脚印标识，墙面张贴一次饮水量标识。

（2）设置和幼儿身高相符的水杯置物架，和幼儿一起在杯子上贴好姓名贴，引导幼儿识别自己的水杯。

（3）和幼儿商定喝水的规则并知道整个流程：接水—喝水—放回水杯。

（4）准备好干燥的拖把，随时保持饮水区地面干燥。

（5）和幼儿商量并演示一次的喝水量，确保每天的饮水量达到基本要求。

3. 喝水具体指导要点

（1）引导幼儿来到接水区，幼儿自己接水，并按照墙面提示一次接水半杯左右。

（2）幼儿能够双手端好水杯不洒水，自行喝水。

（3）幼儿一次饮水量达到半杯或 1/3 杯。

（4）幼儿喝完水将水杯放回原处。

（5）知道渴了或听到提醒就会喝水。

（6）每次喝水的间隔不能超过 45 分钟。

（7）对于刚刚进入集体生活的新生而言，可示范整个喝水过程，可适当帮助幼儿接水，引导幼儿注意观察自己的名字贴 / 照片贴，并将水杯放回原处。

此外，在各生活环节中，做好观察，发现有精神状态不好、烦躁、咳嗽、打喷嚏、呕吐等表现的幼儿，要加强看护，必要时及时隔离，并联系家长；对处于急慢性疾病恢复期的幼儿，及时调整活动强度和时间。

出 版 人　郑豪杰
责任编辑　徐　杰
版式设计　郝晓红
责任校对　张晓雯
责任印制　李孟晓

图书在版编目（CIP）数据

婴幼儿生活探究课程．下 / 叶平枝主编；刘宁，覃文希，向嘉欣副主编．—北京：教育科学出版社，2024.3
ISBN 978-7-5191-3583-6

Ⅰ．①婴…　Ⅱ．①叶…　②刘…　③覃…　④向…　Ⅲ．①学前教育—教学参考资料　Ⅳ．①G613

中国国家版本馆CIP数据核字（2023）第210037号

婴幼儿生活探究课程　下
YING-YOU'ER SHENGHUO TANJIU KECHENG

出版发行	教育科学出版社		
社　　址	北京·朝阳区安慧北里安园甲9号	**邮　　编**	100101
总编室电话	010-64981290	**编辑部电话**	010-64989386
出版部电话	010-64989487	**市场部电话**	010-64989572
传　　真	010-64891796	**网　　址**	http://www.esph.com.cn
经　　销	各地新华书店		
制　　作	北京京久科创文化有限公司		
印　　刷	保定市中画美凯印刷有限公司		
开　　本	787毫米×1092毫米　1/16	**版　　次**	2024年3月第1版
印　　张	19.25	**印　　次**	2024年3月第1次印刷
字　　数	311千	**定　　价**	75.00元

图书出现印装质量问题，本社负责调换。